司马法精要新解

中国历代兵书精要新解丛书

葛琳 著

新时代出版社

图书在版编目（CIP）数据

司马法精要新解 / 葛琳著 . -- 北京 : 新时代出版社, 2025. 1. -- ISBN 978-7-5042-2657-0

Ⅰ . E892.2

中国国家版本馆 CIP 数据核字第 2025NW4620 号

※

新时代出版社 出版发行

（北京市海淀区紫竹院南路 23 号　邮政编码 100048）
雅迪云印（天津）科技有限公司印刷
新华书店经售

*

开本 710×1000　1/16　　印张 17¼　　字数 172 千字
2025 年 1 月第 1 版第 1 次印刷　　定价 68.00 元

（本书如有印装错误，我社负责调换）

国防书店：(010) 88540777　　书店传真：(010) 88540776
发行业务：(010) 88540717　　发行传真：(010) 88540762

总　序

中国古代兵书卷帙浩繁、汗牛充栋，据统计，从先秦到清末共有3380部，23503卷，其中存世兵书2308部，18567卷。如此众多的兵书，既是中华优秀传统文化的重要组成部分，又是一座神秘又耀眼的文化宝库。这座宝库历经数千年的沉淀，是由无数兵家战将的鲜血凝成的兵家圣殿，是经过无数思想巨匠之手建筑起来的智慧殿堂。在这座宝库里，珍藏着不可胜数的制胜秘笈，也陈列着不计其数的泣血篇章。由于长期被尘封在石室金匮之中，使其更添一份神秘色彩，一般人难以窥视其貌。随着文明的进步和社会的发展，这座宝库的大门逐渐敞开，人们惊奇地发现，那些朽蚀的简牍、发黄的卷帙上的文字仍然鲜活，仍然充满生命力。如果按照现代军事科学的分类加以解读，其内容涵盖了战争性质及其基本规律、指导战争的战略谋略及战法、国防建设和军队建设、保障和辅助战争行动等各种专门知识的理论。如此广博的思想内容，经过千百年的战争实践检验，以及一代又一代兵家战将的不断补充，日臻完善。这些兵书为中国传统军事文化奠定了坚实的根基，注入了鲜活的灵魂。

在2023年6月2日召开的文化传承发展座谈会上，习近平总书记发表了重要讲话，他强调："中华文明的连续性，从根本上决定了中华民族必然走自己的路。"当今世界，随着军事技术的飞速发展，战争理论、作战方式、建军思想、国防观念、后勤保障都在发生巨大的变化。同时，东西方军事文化日益交融、渗透，互相影响，互相借鉴，大有趋同之势。在此过程中，如果我们掉以轻心，盲目地模仿或照搬西方的模式，必然失去自我，失去中国军事文化的根基和灵魂。如果剑不如人，剑法也不如人，势必每战必殆。毛泽东军事思想充分吸收了中国传统军事文化的养料，其活的灵魂就是"你打你的，我打我的"，绝不按对手的思路打仗，绝不随对手的节奏起舞。在险象环生、强敌如林的当代世界战略格局中，要想在军事上形成有效的威慑力，在战场上稳操胜券，在平时确保国家安全，我们必须做到"两手都要硬"。一手是加速发展先进军事技术和武器装备，提升国家军事硬实力；另一手则是继承中国传统优秀军事文化的根与魂，结合马克思主义军事理论，以习近平强军思想为指导，创新和发展具有中国特色的军事理论，加强军事软实力。思想是行动的先导和指南，吸收前人智慧、创新军事理论十分重要和必要，正是基于这一紧迫的时代要求，我们编写了《中国历代兵书精要新解》丛书，以期为推动军事理论的创新和发展作出贡献。

《中国历代兵书精要新解》丛书，共计14本，300余万字。所谓"历代"，是指所选兵书上至先秦，下至民国，纵跨历朝历代。所谓"精要"，是指对精选的每本兵书择其思想精髓和要点加以评述。所谓"新解"，至少包含三"新"：一是作者队伍以新时代培养出来的具有军事博士学位的教研骨干为主体，思想新、观念新、文笔新；二是写作方法有所创新，突破原文加注释的传统模式，按照兵书逻辑思路，层层提炼要点，再加以理论评述，点、线、面有机结合；三是材料新，基于兵书原典，参照前人学术成果，大量吸收古今战例，甚至社会竞争、企业经营、体育竞赛的案例，以新的视角诠释兵家思想观点。

整套丛书有总有分，纵向排序。第一部《中国历代兵书精要通览》作为总览，总体上介绍了中国古代兵法的发展概况、基本特点和现实价值，并从浩如烟海的兵书宝库中精选约40部有代表性的兵书，提炼其精华，评说其要义。第二部至第十四部则是对各部兵书的细致解析，依次是《孙子兵法精要新解》《吴子精要新解》《司马法精要新解》《孙膑兵法精要新解》《尉缭子精要新解》《鬼谷子精要新解》《六韬精要新解》《三略精要新解》《将苑精要新解》《唐李问对精要新解》《纪效新书精要新解》《三十六计精要新解》《曾胡治兵语录精要新解》。这些兵书基本上涵盖了中国古代军事思想的精髓，各有千秋，颇具代表性。每位作者在深入研究、吃透精髓的基础上，以深入浅出的文笔展现其思想精华，并将古代军事智慧与现实军事斗争、社会竞争相结合，深入剖析其现实价值和借鉴意义。

任何事物都是时代的产物，不可避免地带有时代的印记。古代统治阶级不断把封建迷信、腐败落后的东西强加到社会生活的意识形态领域中，限制着人们的思想进步，阻碍着科学的发展。形成于中国古代社会的兵书，自然会留下一些时代烙印。虽然这套丛书的所有书目都是从中国古代兵书宝库中精心挑选出来的，堪称精品中的精品，作者也尽力展现其思想精要，但某些篇章或段落中难免隐含一些糟粕的内容。因此，我们建议军事领域的广大读者在品读本套丛书时，既要注重取其精华，又要注重去其糟粕，这是我们对包括古代兵书在内的一切传统文化的根本态度。惟有如此，方能从古老悠久的兵书宝库中获得创新中国特色军事理论的启示，方能继承和发展中华民族优秀军事思想的根与魂，为推进当代中国军事文化向前发展做出积极的贡献。对于非军事领域的广大读者而言，也不妨秉持这一根本态度，方可从战争之道领悟竞争之妙，从制胜秘诀寻觅智赢神方，从统军之法发现管理奇招，为追求卓越、实现人生理想提供智慧的启示和方法的指引。

经国防大学出版社原总编刘会民老师举荐，本套丛书由我们团队倾心打造，集结了众多专家和学者的智慧与心血。在选题立项过程中，我们得到了新时代出版社领导的大力支持，他们基于全面弘扬中国传统优秀军事文化的初心，紧扣时代的要求，果断立项，并与我们共同策划选题。在写作过程中，我们得到了新时代出版社诸位编辑的大力协助，他们严谨的工作态度和卓越的专业素养，为本书从构思走向现实提供了坚实的保障。同时，各位社领导和编辑也提出了许多宝贵和中肯的意见，为本书的完善提供了关键的指导。在此，我谨代表整个编写团队，向他们表达最衷心的感谢。

这套丛书的出版，是我们共同努力的成果，也是我们共同智慧的结晶。它不仅仅代表着我个人的努力，更凝聚了整个团队的心血和付出。我深信，这套丛书将会为读者带来新的思考和启示，为繁荣中国特色军事文化增光添彩。

2023 年冬至

目 录

前言
 （一）《司马法》的成书 // 2
 （二）《司马法》的作者 // 4
 （三）《司马法》的主要兵学思想 // 9
 （四）《司马法》目前的版本情况 // 21

一、《仁本第一》逻辑思路及经典谋略 // 001
 [篇题解析] // 002
 [正文注释] // 004
 [译文] // 008
 [新解] // 011
  （一）以仁为本，以战止战 // 011
  （二）慎战备战，双重并重 // 014
  （三）以礼为固，以仁为胜 // 019
  （四）圣德之治，贤王之法 // 027
  （五）王驭诸侯，九伐之法 // 033

二、《天子之义第二》逻辑思路及经典谋略 // 039
 [篇题解析] // 040
 [正文注释] // 042

[译文] // 047

[新解] // 051

（一）教而后战，行兵有章 // 051

（二）国容有礼，军容有法 // 055

（三）赏罚有度，治军之则 // 059

（四）兵利其器，不杂不利 // 066

（五）三代誓师，车旗章制 // 070

（六）宽严相济，把握适度 // 077

（七）以舒为主，古方阵法 // 081

三、《定爵第三》逻辑思路及经典谋略 // 087

[篇题解析] // 088

[正文注释] // 091

[译文] // 098

[新解] // 103

（一）"五虑"为则，积极备战 // 103

（二）发展武器，"右兵"思想 // 109

（三）明法审令，以治为胜 // 113

（四）重视谋略，掌控主动 // 123

（五）仁而有信，为将之道 // 130

（六）视敌而举，因敌制胜 // 138

（七）实战为准，严以施训 // 142

四、《严位第四》逻辑思路及经典谋略 // 147

[篇题解析] // 148

[正文注释] // 151

[译文] //156

[新解] //161

（一）"相为轻重"，用兵思想 //161

（二）避实击虚，巧造战机 //169

（三）先秦军阵，形式规则 //175

（四）将帅武德，指挥艺术 //179

（五）大善用本，谋略制胜 //186

（六）刑德并举，治气治军 //191

五、《用众第五》逻辑思路及经典谋略 //199

[篇题解析] //200

[正文注释] //202

[译文] //205

[新解] //207

（一）掌握兵力，众寡之用 //207

（二）待敌观变，后发制人 //215

（三）示形动敌，有效打击 //219

（四）行军宿营，有效择地 //224

（五）行动休息，把握节奏 //228

（六）稳固军心，提高战力 //232

附录　史记·司马穰苴列传 //239

[译文] //242

前 言

《司马法》是中国古代经典的兵学著作,是最早的官修兵书之一,迄今已有两千多年的历史。它反映了夏商周至战国初期的各种军事制度与军事思想,是先秦时期"司马"之官职治军用兵的法典。早在西汉时,汉武帝就曾"置尚武之官,以《司马兵法》选位,秩比博士";北宋元丰三年(公元1080年),《司马法》被选入中国古代第一部官方军事教科书——《武经七书》,定位为将帅必读书目;清康熙四十八年(公元1709年),朝廷又从"七书"中精选三本,被称为《武经三书》,《司马法》又被列入"三书"之一。可见,《司马法》是中国古代兵学典籍最高水平的代表之一,是官方认定的兵学权威著作。司马迁在《史记·司马穰苴列传》中盛赞《司马法》"闳廓深远,虽三代征伐,未能竟其义";《唐李问对》"卷上"中指出:"今世所传兵家流,又分权谋、形势、阴阳、技巧四种,皆出《司马法》也。"更是将《司马法》看作是中国兵学的总源头。

而且,《司马法》还流传至日本、法国等国家,早在1600年,日本就出现了研究《司马法》的专著《校定训点司马法》和《司马法评判》;1772年,法国传教士约瑟夫·阿米奥特精选中国多部兵学名著译成法文作为《中国军事艺术》丛书中的第二部,在巴黎出版发行,其中就包括《司马法》五篇,这是有文字可考的《司马法》传入欧洲的开端。近代法国学者把

《司马法》誉为世界历史上最早的"军事法典"。

总之,《司马法》自问世以来,一直被尊奉为兵学著作的权威性经典,对中国军事思想的形成与发展产生过深远的影响。作为中国古代军事文化宝库中的璀璨瑰宝,《司马法》在古今中外享有很高的声誉。

(一)《司马法》的成书

《司马法》也称《司马兵法》,是我国最古老的兵学著作之一。《司马法》非一时一人之作,是不断增益积累而成的。"司马"是古代官职的名称,西周时期,"司马"作为国家军事行政部门的首脑,掌管军政、军赋和率军出征。可以说,《司马法》就是先秦时期司马之官职治军用兵的制度法典。《司马法》成书时间跨度大,内容比较复杂,这给我们理解和研究《司马法》的内容和学术价值造成了相当的困难,因此非常有必要对《司马法》的成书以及流传等进行介绍。

关于《司马法》成书的重要依据,最早见于司马迁所著《史记》中的三条重要记载:

一是《史记·太史公自序》:"非兵不强,非德不昌,黄帝、汤、武以兴,桀、纣、二世以崩,可不慎欤?《司马法》所从来尚矣,太公、孙、吴、王子能绍而明之,切近世,极人变。作《律书》第三。"二是《史记·太史公自序》:"自古王者而有《司马法》,穰苴能申明之。"三是《史记·司马穰苴列传》:"至常曾孙和,因自立,为齐威王,用兵行威,大放穰苴之法,而诸侯朝齐""齐威王使大夫追论古者《司马兵法》而附穰苴于其中,因号曰《司马穰苴兵法》。"

根据《史记》的记载,《司马法》成书过程分三个阶段:

第一，春秋中期以前作为官方军事文献的"古本《司马兵法》"。其内容是关于远古有虞氏以来夏、商、周三代的军礼法规，性质可能与《军志》《军政》《今典》等相近，或者说"司马法"为一类兵书的名称。当时的"司马法"属于官学，具有官方认可的权威性，其编撰者是作为"司马"之职的官员。前文已说过，"司马"为古代官职名，据《周礼》记载，西周时期设有"夏官司马"的部门，其职能是"帅其属而掌邦政，以佐王平邦国"，有大司马、小司马等官职。"司马"之职官按照"司马法"来处理事务，流传也只在"司马"之职。据《周礼》记载："司兵，掌五兵五盾，各辨其物与其等，以待军事。及授兵，从《司马之法》以颁之，及其受兵输，亦如之。"这也说明，西周时期确实存在一部《司马之法》，是供武官"司马"参照遵循的法典、军法类的著作，也就是"古本《司马兵法》"。

第二，春秋时期齐国著名军事家司马穰苴对古本《司马兵法》进行过深入的研究和阐述，对《司马法》的成书作出了巨大的贡献。根据《史记》中对司马穰苴的记载，司马穰苴能够"申明"《司马兵法》，借鉴并运用兵法打败了强大的敌人，而且对"古本"的理论进行了解释和创新，并在其后的战争实践中被认可和运用。应该说，司马穰苴对古本《司马兵法》的"申明"，是在春秋中期以前的诸多"司马"调整和增补的基础上进行的，因为司马迁明确说过："太公、孙、吴、王子能绍而明之"。但司马穰苴的"申明"是一次非常具有代表意义的"申明"，是《司马法》在成书过程中实现了理论新发展的重要阶段。

第三，《司马法》兵书的定型阶段。至战国时，《司马法》在长期流传的过程中已有散失，齐威王非常重视军事理论的研究,"使大夫追论古本《司马兵法》",即齐威王专门指派大夫整理流传下来的"古本《司马兵法》",并将司马穰苴的军事思想附录其中,称之为《司马穰苴兵法》,即《司马兵法》,简称《司马法》,后世流传下来的《司马法》皆由此书而来。所以司马穰苴是该书部分内容的作者,全书的编撰者是齐威王时的大夫。因此,齐威王和他的大夫们为保存并传承古代军事文化传统和理论思想作出了重要的贡献。

可见,《司马法》最初是官学典籍,从官方文献逐渐积累成为包含三代征伐之法的兵书。尽管《司马法》最终成书在战国中期,书中有战国时代的特色痕迹。但是,全书中仍保留有相当部分的"三代"精神特征,其基本性质比较接近于《四库全书总目提要》所言:"其言大抵据道依德,本仁祖义,三代军政之遗规,犹藉存什一于千百。盖其时去古未远,先王旧典,未尽无徵,撷拾成编,亦汉文博士追述王制之类也。"

总之,《司马法》最终定本在战国中期的齐威王时代,其主题内容包括三个部分:其一,古本《司马兵法》,即西周时期的官学性质的军法典籍;其二,司马穰苴的军事思想以及对古本《司马兵法》的研究理论;其三,战国中期齐威王的大夫们在追论、阐释古本《司马兵法》时,根据战国时期战争发展的新特点而加入的新观点。概括而言,《司马法》是一部兼容了夏商周、春秋及战国前期等不同时代军事思想的"混合型"兵书。

(二)《司马法》的作者

与《孙子兵法》《吴子》《孙膑兵法》等兵书不同的是,《司马法》的成书过程漫长,并非一部独著。历代很多书中都把《司马法》的作者认定为春秋末期齐国著名军事家司马穰苴,这一说法始于《隋书·经籍志》，后世大多因袭此说法，而在《隋书》之前的《汉书·艺文志》中则没标明其作者。《史记·司马穰苴列传》中记载，齐威王大放"穰苴之法"，并"使大夫追论古者《司马兵法》而附穰苴于其中，因号曰《司马穰苴兵法》。"也正因此后世才多误以为司马穰苴是《司马法》的作者。而《史记·太史公自序》中司马迁说："自古王者而有《司马法》，穰苴能申明之，作《司马穰苴列传》第四。"这里的"申明"显然不是原创的意思。但这些资料也都说明司马穰苴和《司马法》有着很深的渊源，可以说，司马穰苴是《司马法》部分内容的作者，而且他对《司马法》的成书与传播作出了巨大的贡献，这一事迹在《史记》《战国策》《晏子春秋》等书中也都有记载。因此，非常有必要对司马穰苴做下全面介绍。

司马穰苴，田氏，生卒年月已无法详考，主要活动于春秋时齐景公统治时期，被齐景公尊为大司马。穰苴的军政才能可以用文能服众、武能威敌来概括。据《史记·司马穰苴列传》中记载："司马穰苴者，田完之苗裔。"田完，即陈国的公子完。由于陈国的内部斗争，陈完被迫出走齐国，并改田氏，当时是齐桓公十四年，田完在齐桓公手下任"工正"一职，是主管工匠的官吏。到了田完四世孙田无宇时，已官至"上大夫"。先秦兵学，以齐国为最盛，齐国是西周初年太公姜尚的封地。田氏家族是齐国新兴势力的代表，是有名的军事世家，家族人才辈出，如著名将领田书，《孙子兵法》的作者——兵圣孙武就是田书的曾孙。

作为"田氏庶孽"，穰苴成长在如此声名显赫的军事世家，这种得天独厚的优越条件对于培养穰苴的军事素养、深入研究兵学理论和积极投身战争实践，都具有极其重要的意义。穰苴在齐景公初年身份地位一般，但他素有大志，学识渊博，精通兵法，这为穰苴日后的传奇军事生涯奠定了坚实的基础。

穰苴生活时期的齐国早已没有齐桓公"九合诸侯一匡天下"的雄厚实力，呈现出衰落之势。齐景公即位后，"好治宫室，聚狗马，奢侈，厚赋重刑"，百姓苦不堪言。政治上的腐败，必然导致军事上的松懈和军队战斗力的下降。当时的齐国，上下离心，士气萎靡，在诸侯国间的战斗中屡屡失利。齐景公十八年（公元前530年）左右，齐国的两个强大的邻国——晋国和燕国出兵大举攻齐，齐军连战连败，形势危急，齐景公心急如焚，却无计可施。同样焦虑的还有大臣晏婴，他非常赏识穰苴在军事方面的才华，认为穰苴能够担当抗击燕晋大军的重任，于是将穰苴郑重推荐给齐景公："穰苴虽然在田氏宗族中属于旁支子孙，但有文才武略，对内能团结众人，对外能克敌制胜，希望君王您能授予他将帅之职，让他发挥才能，承担破敌保国的重任。"

齐景公马上召见穰苴，商议退敌良策。穰苴对当前形势的分析判断得当，对用兵作战有独到的见解，齐景公听后非常满意，认为穰苴是不可多得的良将，当即任命他为将军，统帅齐军抗击燕晋大军的进攻。

穰苴一下子被提拔为将军，成为显赫的高官，他觉得责任重大，任务艰巨，于是向齐景公建议："我的身份一向卑微，大王把我从普通人中破格提拔，使我的地位在诸多大夫们之上，士兵不会亲附于我，百姓还未信任我，人的资望轻微，威信树立不起来。希望大王能够派一位大王亲近信任的、又在国内有威望的大臣来担任监军，这样我就可以更好地指挥军队作战了。"齐景公答应了他的要求，派自己的宠臣庄贾作监军。穰苴辞别齐景公后，与庄贾约定：明日正午在军营门口集合。

第二天，穰苴早早来到军中，命人立起了计时的木表和漏壶，等待庄贾。但由于庄贾平时很得齐景公宠信，一向骄横惯了，自己又是监军，根本没有把出征的军令当回事，忙着应付亲戚朋友为他的饯行。到了正午，穰苴见庄贾仍没有到，就下令推倒木表，放掉滴漏里的水，进入军营，巡视营地，整顿军队，申明军法号令。等一切部署完毕，已经是日暮时分，庄贾这时才醉醺醺地到来。穰苴问："为什么约定了时间还迟到？"庄贾毫不在意地说："我因为诸位大夫、亲戚都来送行，所以耽误了一会儿。"穰苴神情严肃地说："身为将领，在接受命令之日就应该忘掉自己的家庭，来到军营整装待发，就要受军纪的约束而忘掉自己的亲友，战鼓响起战况紧急时，就要忘掉自己的生命。如今敌国军队已经深入我国境，举国上下骚动不安，士兵在边境奋战。大王为此寝食难安，全国百姓的生命都掌握在你我手中，你还有心饮酒作乐相互送别！"紧接着，穰苴把军法官叫过来，问道："按照军法，对误了规定的报到时间而迟到的，该是如何处置？"军法官答道："按律当斩！"庄贾顿时酒意全无，惊恐至极，慌忙派人飞马报告齐景公，请他出面救自己一命。报信的人还没有来得及返回，穰苴为了整肃军纪，就下令将庄贾就地斩首，向全军巡行示众。全军将士受到了极大的震撼，深切感受到了军法的威严。

当齐景公派的使者拿着符节前来赦免庄贾时，使者的车直接驶入军营。穰苴说："将帅在军中，国君的命令有的可以不接受。"又问军法官说："驾车直闯军营的，按军法怎么处理？"军法官回答："按律当斩！"使者恐惧异常。穰苴说："国君的使者不能斩首。"于是，下令斩了使者的仆人，砍断了使者乘车左边的辅木，杀死了左边驾车的马，并在全军巡行示众。全军将士因此对穰苴更加敬畏，再也没人敢视军纪为儿戏了。之后，穰苴让使者回去禀报齐景公整个事件的始末，而他便集合部队率大军出发。

这时的齐军，军容整肃，军纪严明。在行军途中，穰苴深入士兵中间，安营扎寨、凿井立灶、饮水吃饭、健康情况、医药供给等，都详细了解询问，妥善处理。他把专门提供给主帅的粮饷全部拿出来用以改善士兵的生活，自己则和将士们同甘共苦，和普通士兵吃一样的伙食。对于患病的士兵，更是关怀备至。这样，穰苴很快赢得了将士们的信任和拥戴，全军士气高昂，士兵们都愿意追随主帅慨然赴命。几日后，穰苴部署部队准备作战时，连伤病号都纷纷请求一同出战，将士们都争先恐后请求上战场杀敌立功。消息传到晋、燕军中，当得知穰苴正率领军容严整、士气高涨的齐军前来抗击时，都为齐军的军威所震慑，自知无法抵抗，于是，晋燕军队主动撤退，放弃了攻齐的计划。穰苴率大军趁势追击，一举收复了齐国被占领的全部城池，胜利班师回朝。

当军队行进到齐国都城临淄的郊外时，穰苴下令终止临战状态，废除战时执行的军纪条令，举行效忠国家和君主的誓盟仪式，然后才进入城中。这一仗，粉碎了晋国、燕国联合攻齐的企图，保卫了国家的安宁。齐国上下一片欢腾，齐景公亲率大夫们到郊外隆重迎接，举行了隆重的犒赏仪式。齐景公任命田穰苴为大司马，执掌齐国的军事大权，司马穰苴从此闻名遐迩。同时，田氏家族在齐国的势力也进一步壮大起来。

然而，田氏在齐国的迅速发展，引起了其他贵族尤其是国惠子、高昭子、鲍氏的极大嫉恨，也使得田氏和国君之间的矛盾日益加深。后来，为了打击田氏家族的势力，国惠子、高昭子和鲍氏勾结起来陷害穰苴，在齐景公面前多次进谗言，不断地诋毁、诬陷穰苴，挑拨他和齐景公之间的关系。齐景公也渐渐忘了国家曾经被侵略的屈辱，对穰苴产生了猜忌，担心他功高震主，威胁王位。齐景公听信谗言，罢免了穰苴的官职。经此打击，穰苴十分抑郁，将自己的精力都放在研究兵法上，他一方面总结自己的治军和作战经验，撰写兵学著作；另一方面深入研究古代的《司马兵法》，阐述其中的兵学理论。

然而，政治上的打击，无法奋战疆场的压抑，让他最终积愤成疾，发病而死。田氏家族因此对国惠子、高昭子等异常愤恨。田氏的后代田常最终弑杀齐简公，灭了高、国二族。田常的孙子田和，自立为齐王，号太公。田和的孙子为齐威王发扬穰苴用兵的思想方法，依靠军事实力威慑天下，使齐国"最强于诸侯"，诸侯都前来朝拜，以示归附。这时，距穰苴去世已有150年，齐威王十分推崇穰苴的兵学理论，命令大夫们追论研究古代的《司马兵法》，并将穰苴的兵学著作附在其中，因此称之为《司马穰苴兵法》，简称《司马法》。

（三）《司马法》的主要兵学思想

《司马法》最早著录于东汉班固的《汉书·艺文志》，称"《军礼司马法》百五十五篇"，即共一百五十五篇。在"兵权谋"类的书目篇末，班固自注："出《司马法》入礼也。"班固将《司马法》归入"礼"类，且将书名题为《军礼司马法》。之所以如此，是因为他看到书中大量记载了国家的军事制度和治军的法律规章等内容，因此，特地将《司马法》从"兵权谋"类移到"礼"类。令人遗憾的是，在流传的过程中，《司马法》

散佚严重,至唐代修撰的《隋书·经籍志》的著录中仅残存三卷五篇,被列入子部兵家类,称为《司马法》,即今本《司马法》三卷五篇的原型。

在通读《司马法》之前,先要搞清楚两组概念。一是"礼"与"法"的概念。在先秦时期,"礼"和"法"概念上的区别并不明显,所谓"周礼",即西周时期维护奴隶主贵族权益的等级制度和与此相适应的一套完整的礼节仪式,其中包含政治、军事等领域的所有制度与法规。"军礼"属于《周礼》规定的"五礼"之一,是礼乐制度在军事领域的集中体现,西周时期就是以一整套"军礼"来指导军事活动。《司马法》是以言军礼为主旨,这个军礼兼有道德与法的内容,所以这里的"军礼"又可以称为"军法"。二是"军法"与"兵法"的概念。"兵法"主要是指"用兵之法",即用兵的原则或者是用兵的艺术。而"军法"则多带有条例和操典的制度性质,包括军赋制度、军队编制、军事装备保障、指挥联络方式、军中礼仪和奖惩措施等,一般属于官修文书的范围。

《司马法》是古代"军法"著作的代表,而不是纯粹意义上的"兵法",以追述司马之职的官守、古代军礼或军法为主要内容,包括古代战争基本理论、军制、军礼、赏罚并重的治军原则、阵法训练和兵器装备的使用等内容,因而显得有些庞杂,却具有很强的综合性和独特性。《司马法》与《孙子兵法》等先秦兵书明显不同的是,对具体的作战指导方法及谋略的运用等问题阐述相对较少,这也是"军法"与"兵法"两类兵书差异的具体表现。

《司马法》形成于西周,经历春秋,成书于战国这一特定历史转型期,所以其思想带有明显的轨迹性、归纳性、糅杂性。同先秦其他兵书相比,《司马法》讲权谋少,讲军队建设的内容多;在讲加强军队建设时,讲原则性的话少,讲具体操作方法的多,具有鲜明的制度特色。《司马法》曾被《汉书》归为"礼"类,但在《隋书》及以后的正史书志中均被列入"兵"家,这个事实也反映了《司马法》跟其他兵书的明显不同,是既谈礼又谈兵,兵礼兼重。

从篇章结构看,《司马法》共有"仁本""天子之义""定爵""严位""用众"五篇,篇名以每篇的第一句话中的文字来命名,并不是内容的概括。前两篇较多地反映了三代征伐及春秋中期以前的"军礼"制度,后三篇则较多地体现了战国时代的战争特点和军事思想。

以仁为本、以战止战的战争观

在战争问题上,《司马法》认为战争是随着客观需要而产生的,它与"仁"并不互相矛盾。《司马法》开宗明义:"古者,以仁为本,以义治之之谓正,正不获意则权。权出于战,不出于中人。""权(变)"是当以仁义手段达不到目的的情况下采取的,是为了达到更长远的、更大的仁。所以,"权"与"正"都是手段,是一个问题的两个方面,以此肯定了战争的不可避免性和必要性,论证了战争和政治之间的内在辩证关系。

《司马法》根据战争的具体情况,将其划分为正义和非正义两大类,指出正义战争的目的是"讨不义""诛有罪",肯定并支持以仁爱为根本宗旨的"义战"。由此,《司马法》明确主张:"杀人安人,杀之可也;攻其国,爱其民,攻之可也;以战止战,虽战可也"。通过战争手段制止战争,战争的最终目的是除暴安良,是为了赢得和平。《司马法》一方面立足于"仁""义"的立场,致力于避免"不义"的战争;同时正视战争的客观存在，肯定正义战争的必要性，对比当时社会流行的否定一切战争和把战争视为万能手段的偏颇言论，具有重要的进步意义，反映出《司马法》在战争问题上的认识深度。这体现了春秋时期社会政治、经济、文化等方面正在经历的根本性变革，标志着西周以来的礼乐文明正在走向衰亡。追求和平，提倡以战止战的战争观，也是中国历代军事思想的基本宗旨和逻辑起点。

《司马法》重视分析军事与政治的关系，从"仁本"的立场出发，把正义战争的道德伦理原则归纳为："以礼为固，以仁为胜"。"仁"是战争活动的出发点和目的，只有以"爱民""安人"的"仁"作为战争的道德原则，才能实现"仁见亲"，赢得民众拥戴，取得战争胜利。"礼"是贯彻"仁"这一内核的外在表现，尚"仁"必守"礼"，因此，"以礼为固"是古典礼乐文明的中心内容，是当时对正义战争的道德要求，表现为通过一系列"军礼"对军事活动的全面要求与规范。

慎战与备战并重的国防建设思想

战争是政治的继续，兵凶战危，战争是流血的政治，是关系到国家存亡、民众生死的大事。历史事实表明，肆意开战，穷兵黩武，到头来必定会走向失败；麻痹忘战，松懈战备，会导致丧师辱国的恶果。如何处理好二者的辩证关系呢？《司马法》十分精辟地指出："故国虽大，好战必亡；天下虽安，忘战必危"，其核心是要"慎战"与"备战"并重，既不能执迷武力，轻启战端；又要重视战争，积极备战，未雨绸缪，切不可忘战、轻战。这充分反映出《司马法》在战争与国防问题认识上的思想高度，几千年来，这句警世名言一直提醒着人们时刻不能忘记战争，不可忽视国防建设。

由于春秋战国时期战事频繁，所以《司马法》尤其重视做好战争准备，在多篇中论述了国防建设和备战的重要性。书中一再强调，即使在没有战争的"天下太平"时期，也要时刻枕戈待旦，每年要坚持"春振旅，秋治兵"，并且借"春蒐秋狝"的围猎活动进行军事训练和接近实战的军事演习，使部队熟练战法；并提出了以"五虑"为中心的战备思想，即"顺天、阜财、怿众、利地、右兵"，凡从事战争活动必须要在事前做好顺应天时、厚积财富、悦服民心、利用地利、重视武器装备五个方面的充分准备。

值得我们重视的是：其一，"阜财"思想，强调经济财力对战争活动的重要性。在大力发展本国经济的同时，还要"阜财因敌"，善于利用敌人的财富资源，以战养战。其二，"右兵"思想，即重视武器装备在军事活动中的地位和作用，军队"以甲固，以兵胜"，主张"兵不杂不利"，要把各种兵器混同配置和协同使用，充分发挥各种兵器的整体威力。特别强调要"见物与侔，是谓两之"，即一旦发现敌人使用新型兵器，我军要快速学习仿造出类似的兵器，保持敌我双方武器装备力量的平衡。《司马法》对武器装备建设的重视在我国古代兵学著作中是非常突出的。其三，要创造良好的政治条件和储备特有技能的人才，"收游士，申教诏，讯厥众，求厥技""因心之动"，团结广大民众，统一上下的意志，根据民心所向采取行动是保证军事斗争胜利的最根本前提。积极寻求和任用具有各种专业技能的人才，充分发挥其积极作用，以提高军队的战斗力。

总之，《司马法》构建了一个完整且成熟的备战思想的理论体系，深刻揭示了战争与政治、经济、武器装备及天候地理条件之间密不可分的联系，既强调在物质层面上保证了战争的需求，也重视在精神层面强化忧患意识和尚武精神，把国防建设的主客观要求结合在一起，对于后世国防建设思想和实践的发展成熟产生积极而深远的影响。直至今天，《司马法》仍是国防建设指导思想的不刊之论，值得后人深入研究和高度重视。

"国容不入军，军容不入国"为中心的治军思想

《司马法》的治军思想是全书军事思想理论体系的重要组成部分，在准确把握军队建设的特点和规律的基础上，构建一套较为完善的治军理论体系。其中最为标志性的论述，就是强调"国容不入军，军容不入国"的思想，明确区分治军与治国两者之间的根本差异，指出国家的礼仪制度不能用于军中，而军中的法规条令也同样不能用于处理国家及朝廷的相关事务，这是治军必须首要解决的认识问题。因为"在国言文而语温，在朝恭以逊，修己以待人，不召不至，不问不言，难进易退。在军抗而立，在行遂而果，介者不拜，兵车不式，城不上趋，危事不齿"，揭示治军与治国的不同特点和要求，在国行"国礼"，在军行"军礼"，如果混为一谈，会导致治军和治国的效果都受到削弱，"国将不能治，军将不能战"，深刻指出礼与法的互为表里、互为补充关系。正是由于认识到"居国和，在军法，刃上察"这三种情况的区别，《司马法》根据治军的自身特点，提出较为系统且影响深远的建军治军理论及方法措施。

一是以礼教民，重视军事教育。提出"虽有明君，士不先教，不可用也"，要先教而后战。扎实的军事教育训练是提升军队战斗力和在战场上克敌制胜的强有力保障。教育训练首先要抓好思想教育，也就是在意识形态层面上的教化，即"以礼义教民"，具体教育内容上要符合实际，简明扼要，积极提倡"六德以时合教"，即"礼、仁、信、义、勇、智"六个方面来教育和培养士兵。《司马法》已经认识到，思想教育的过程是一

个由外在引导促进内在自主激发的过程，进而要将提高官兵训练和作战的积极性、主动性，思想教育和军事训练相结合，最终达到全面提高军队战斗力的目的。

二是治军以法，严明赏罚。全书用大量篇幅来具体论述治军立法的规则和要求。从对比夏、商、周三代赏罚制度的异同出发，论述"法治"让位给"德治"是顺应时代发展的结果，是治理军队的必然要求。重视军事法治建设，提出立法要依据广大官兵的心理要求和实际执行能力，并通过实践的检验和反复执行，才能形成人人拥护并自觉遵守的法规制度。在执行过程中，严明赏罚，树立权威，"从命为士上赏，犯命为士上戮"，做到令行禁止。同时注意防微杜渐，避免"小罪胜，大罪因"；宽严适度，把握好适当的分寸，既不能过于软弱松懈，也不能过于残酷严苛；赏罚及时准确，"赏不逾时，罚不迁列"，只有及时兑现的赏罚才能发挥出应有的鼓励与惩戒作用；"大捷不赏，大败不诛"，赏罚不是万能的，大赏大罚也会产生争功炫耀、推诿过错的争斗之心，不利于军队的团结。必须要引起注意的是，严格赏罚不足以成为制胜的充分条件，不是将士自主内驱力的最大动因，更不足以成为忠诚的绝对保证。因此，要德刑相辅，把道德激励和严明军法两方面结合，准确掌握官兵的心理状态，运用好道德的激励功能，用道义来感化官兵，统一军心士气，使军队达到"不令而行"、勇往直前、英勇杀敌的最佳境界。

三是重视治将。《司马法》高度重视将帅的地位和作用，强调将帅是军队的灵魂。优秀的将帅要德才兼备，具备"仁、义、智、勇、信"五种品德。提出"将军，身也；卒，支也；伍，指拇也"，要与广大官兵团结一心，密切配合，才能做到"三军一人，胜"。要尊重官兵，爱兵如子，身先士卒，言而有信，"见危难勿忘其众"。能够正确对待荣辱得失，具有大的胸怀和担当，"胜则与众分善"，"不胜取过在己"，不独享战功，敢于承担责任。在临战指挥时，将帅应做到沉着冷静，正确地制定战略战术，准确把握战机，面对各种复杂局面从容不迫，应有强大的控制能力和领导能力，这样的将领将会赢得将士们的极大信任并至死追随。

总之，《司马法》提出了中国古代以法治军的基本思路和框架，把政治、法律、道德等充分融入其治军思想体系中，吸收结合儒法两家的优秀思想为己所用，充分发挥军队管理中儒与法的各自优势，提出了教化与赏罚二者并重的管理理论。《司马法》所阐述的以法治军的思想和具体原则，为后世历代制定军队法令条例提供了基本的参考依据。很多重要思想概括出了管理领域适用的普遍规律，至今都具有重要的研究价值和指导意义。

灵活独特的作战指导思想

虽然《司马法》的内容重点不是作战指导思想，但全书也提出了很多独到深刻的见解。其中，最为独特的是提出了以"相为轻重"为代表的作战思想。"轻重"是把战争中的诸多因素抽象成"轻"和"重"这对立统一的两个方面，是对战争中多种相关矛盾的关系进行军事哲学概括。在现存的篇章中，主要探讨了三种轻重关系。一是以强胜弱的轻重关系。"凡战：以轻行轻则危，以重行重则无功，以轻行重则败，以重行轻则战，故战相为轻重。"主要体现在兵力部署和运用方面，主张集中优势兵力，对敌形成绝对的压倒性优势，以强击弱，战胜敌人。二是以弱胜强的轻重转化。轻重关系是辩证的，不是一成不变的。轻重关系转化的情况之一是"凡车马坚，甲兵利，轻乃重"。只要兵车坚固结实，甲胄兵器精良，即使在兵力上不占优势，也可以实现实力的由弱转强。三是注意军事力量使用上的轻重关系，如果军事力量已经强于对方，不要一次性投入己方的全部兵力，即"凡战，既固勿重，重进勿尽，凡尽危"。

掌握兵力"众寡"之用。《司马法》围绕兵力众寡的不同特点和运用要求阐述了一系列用兵的原则，"凡战之道，用寡固，用众治，寡利烦，众利正。用众进止，用寡进退"，兵少则易散，要侧重防守，力求稳固。兵多则易乱，要严明法纪，做到严整有序。重点论述了在敌众我寡、敌寡我众的情况下如何灵活应对，当我众敌寡时，要与敌展开正面较量，快速实施包围，同时注意要"远裹而阙之"，即给敌人留一条逃跑的生路，防止敌人做困兽之斗。当敌众我寡时，就要虚张声势迷惑敌人，想办法把敌人的优势转化成劣势，出奇制胜。要能够根据兵力情况灵活运用不同的战法，该集中时集中，该分散时分散，能够以最有效的方式运用手中的兵力去战胜敌人。

重视谋略，避实击虚。用兵作战做到"智""勇""巧"三者的有机结合，"凡战，智也；斗，勇也；陈，巧也"，重视运用谋略，占据主动，做到"用其所欲，行其所能，废其不欲不能，于敌反是"，就是要以己之长，攻敌之短，避开敌人锋芒，让其长处无法发挥出来，打击敌人的薄弱环节。攻心治气是最高级别的击虚，"击其微静，避其强静；击其倦劳，避其闲窕；击其大惧，避其小惧，自古之政也。"攻击兵力薄弱而故作镇静的敌人，避开兵力强大而沉着镇静的敌人；攻击疲惫不堪的敌人，避开休整良好、安逸有备的敌人；攻击惊恐畏惧的敌人，避开小心谨慎、已有戒备的敌人。也就是进攻要选择敌人最薄弱的环节、在敌人最虚弱的时候、在敌人最想不到的地方；进攻要利用敌人慌乱、无备、疲弱、畏惧的状态，一举实现突破。

视敌而举，因敌制胜。作战是敌对双方打击或抗击对方的军事行动，就要根据不同的敌情而采取不同的战法，量敌而动，才有取胜的把握。要"称众，因地，因敌令陈"，即要衡量双方兵力情况，利用各种地形条件，根据敌情变化排兵布阵。要通过示形动敌，观察敌情变化，判断敌人的作战企图，即"众寡以观其变，进退以观其固，危而观其惧，静而观其怠，动而观其疑，袭而观其治"，为实施有效的打击提供可靠依据。一旦掌握了敌人的真正实力和行动部署，立即"击其疑，加其卒，致其屈，袭其规，因其不避，阻其图，夺其虑，乘其惧"，即选准正确的时机和打击目标，果断进攻，给对手以毁灭性打击。

《司马法》还提醒将帅要注意在作战指挥上做到"无复先术"，即每次作战都不要重复之前取胜的战法，要根据战争的实际情况灵活变化，强调战法不可墨守成规，要打破思维惯性，不断创新变化，捕捉战机。要敢于突破常规，出其不意，主动营造决定性的取胜机会。

对春秋中期以前尤其是周代"军礼"的大量记述

由于《司马法》所涉及的战争观念、军礼军法、兵制兵种、战法方式等内容具有较长的时间跨度，为我们今天了解、把握我国古代战争和军事思想发展的历史演变轨迹提供了重要的依据。其中，极其珍贵的是《司马法》大量记述了周代军礼的部分内容，是现存兵书中详细记录春秋中期以前军事制度、作战方式、军事思想等军事内容的少数兵学典籍之一，为我们真实地还原了当时的军事活动形态。

西周时期确立了奴隶制的古典礼乐文明，体现在军事方面，则是以一整套"军礼"来指导军事有关的所有活动。在战争目的方面，强调"兴甲兵以讨不义"，要按"九伐之法"动用武力，即当对方犯有"凭弱犯寡""贼贤害民""放弑其君"等九种严重罪行时，才可以发兵征讨。在发动战争时，"不违时，不历民病""不加丧，不因凶""冬夏不兴师"，指不违背农时，不在瘟疫疾病流行时发兵，不在敌国的国丧期间和发生灾害时发兵，不在极寒酷暑时节举兵。在战场交战时，"成列而鼓"，等敌人布阵完毕再发起进攻；"不穷不能而哀怜伤病"，不杀失去作战能力的敌人，怜悯敌方的伤病员；"逐奔不过百步，纵绥不过三舍"，追逐败逃的敌军不能超过一百步，追击主动后撤的敌军不超九十里。历史上著名的宋襄公因坚持"君子不重伤"（不伤害已经受伤的敌人）"不擒二毛"（不俘虏敌军中头发花白、上了年纪的老兵）"不鼓不成列"（不进攻尚未做好战斗准备的敌人）等"古军礼"而战败，千百年来被嘲笑是"迂腐式仁义"的典范。

但是，如果以当时的时代视角来看，就不能简单以此定论，他的做法是坚持贯彻"古军礼"的表现，尽管这种战争观念现在已经很难理解，但的确存在过，是现在我们了解古代战争观念演变的重要依据。宋襄公的失败，恰恰是春秋时期从"以礼用兵"到"诡道用兵"作战方式转型的重要标志。在对待敌国及其民众方面，要"无暴圣祇，无行田猎，无毁土功，无燔墙屋，无伐林木，无取六畜、禾黍、器械。见其老幼，奉归勿伤。虽遇壮者，不校勿敌。敌若伤之，医药归之"，不能亵渎对方的神祇，不能进行围猎、破坏水利和建筑工程，不能焚烧房舍、砍伐林木、掠取牲畜、粮食和生产用具。保护老人和孩子，遇到不抵抗的年轻人就不能把他视为敌人。敌人如果受伤了，要给予治疗并送回。在战后处理方面，遵循"服而舍人"的原则，战争不是为了吞并对方，只要对方表示臣服，便不再继续进行军事攻击，给对方继续生存的机会。在战后献俘凯旋方面，"得意则恺歌，示喜也。偃伯灵台，答民之劳，示休也"，在与民共享胜利的同时注意休养生息。在休战期间的军事训练方面，"天下既平，春蒐秋狝，诸侯春振旅，秋治兵，所以不忘战也"。通过定期在农闲时节以"春蒐""秋狝"等田猎的方式来训练士兵，进行备战。

书中还完整地记载了一段兴师程序："其有失命、乱常、背德、逆天之时，而危有功之君，遍告于诸侯，彰明有罪。乃告于皇天上帝日月星辰，祷于后土四海神祇川冢社，乃造于先王。然后冢宰征师于诸侯曰：'某国为不道，征之，以某年月日师至于某国，会天子正刑。'"文中明确解释了讨伐"不道"的正当目的，以表示有合法的理由进行征伐，并且陈述了调用军队的原因和时间地点等，真实还原了三代出兵制度的真实场景。

总之，以上各种"古军礼"是为西周特殊的政治体制的需要而设计的，由于当时各国诸侯相互之间都有宗族、姻亲关系，因此在战争形式上就笼罩了一层温情的色彩。战争以惩罚、教训为手段，目的是让抗命的诸侯改恶从善，继续忠于周天子，进一步巩固"封建亲戚，以藩屏国"的政治体制下周王朝的长治久安。这些交战规则到了春秋时期并未完全打破，尽管随着社会的变迁，"古军礼"已经受到了极大的冲击，但从整体上来说，其基本精神依旧受到人们的尊重和遵行，仍普遍遵循"义礼之战"的交战规定，信守承诺，遵守信义，公平对决，一般不会乘人之危，更不会穷追猛打，不以阴谋诡诈取胜，这与后世坚持的"兵以诈立""出奇设伏"的战法截然不同，具有鲜明的时代特色。

（四）《司马法》目前的版本情况

《司马法》现有今本、辑本两个类别，因为除了今本《司马法》五篇以外，还有一定数量的《司马法》逸文流传下来，主要散见于汉唐时期的《太平御览》《通典》《群书治要》。对辑本做出重大贡献的是清朝朴学家张澍、钱熙祚、黄以周、王仁俊等。其中，张澍和钱熙祚辑有逸文一卷，分别收于《二酉堂丛书》与《指海》；黄以周所辑为《军礼司马法》二卷，以及该书所附《司马法逸文》；王仁俊辑有逸文一卷，收于《玉函山房辑佚书续编》和《经籍佚文》之中，这两部书都为稿本，所收逸文量较少。他们从古书的引文及其注疏中辑得《司马法》逸文约六十条，共计一千六百余字。

今本《司马法》共计三千四百余字，版本比较多样，根据田旭东《司马法浅说》中记录，仅明清时期的版本就多达六十余种，其中主要有《武经七书》本、《孙吴司马法》本、《四库全书》本、《四部丛刊》本、《四库备要》本，以及《平津馆丛书》《半亩园丛书》等各种丛书本。

一

《仁本第一》
逻辑思路及经典谋略

[篇题解析]

《仁本》是今本《司马法》的第一篇，本篇的第一句为"古者，以仁为本，"因此选取"仁本"二字作为本篇的篇题。《司马法》全书以"仁"为治国治军之根本，崇尚仁义的战争观，"以仁为本"是本书军事思想的出发点和归宿。本篇，首先通过论述"仁"与战争的关系问题，初步阐述了战争和政治的关系，揭示了战争的本质问题，即"以义治之之谓正。正不获意则权"，就是说治理国家、解决矛盾，如果用正常的政治手段达不到预期效果，就要用非正常手段——战争来解决问题。这和克劳塞维茨提出的"战争无非是政治通过另一种手段的继续"的观点具有一致性，虽然理论体系并不成熟，尚在初级阶段，但《司马法》却比西方《战争论》的这一著名论断要早两千多年。

为实现"仁爱、爱民"的政治目的，《司马法》提出了"以战止战"积极的战争观，由此战争的性质被分成正义战争和非正义战争两大类，并非如当时的很多思想家持一味否定战争或者战争万能论的观点，而是支持正义战争，从人类社会发展的角度积极看待战争问题，从而得出辩证的理论观点——"以战止战，虽战可也"。在此基础上深刻阐述了"慎战"和"备战"并重的思想，提出"故国虽大，好战必亡；天下虽安，忘战必危"的千古著名论断。一方面警示统治者不要穷兵黩武，即使是国力强盛的大国，"好战"则"必亡"，对战争要持谨慎态度；另一方面提醒君主不能弭兵息武，即使在太平盛世，也不能忘记备战的重要性，必须居安思危。这充分反映了《司马法》对战争事物的理解所达到的思想高度，直至今天仍有重大而深远的指导意义。

"仁本"对战争的道德制约并非只是停留在虚无的理论层面，而是体现在宣战程序、用兵原则、治军方法、作战规则等涉及战争行为的各个方面。本篇通过记述春秋中期以前的"古军礼"的部分内容，包括"逐奔不过百步，纵绥不过三舍""不穷不能而哀怜伤病""成列而鼓""入罪人之地，无暴圣祇，无行田猎，无毁土功，无燔墙屋，无伐林木，无取六畜、禾黍、器械""争义不争利""敌若伤之、医药归之"等，体现出当时"仁义"观影响下的爱民思想和原始的人道主义精神。这些内容生动地再现了当时的战争场景，为我们研究春秋以前的战争原貌提供了大量的史实资料。同时，提出军人的必备素养"六德"——礼、仁、信、义、勇、智，也是"仁本"思想的另一具体体现。

本篇把春秋中期以前的政治发展历史划分成三个阶段，"圣德之治""贤王之治"和"王霸之治"，分别总结了三个时代的特点；同时，记述了在以仁为怀的原则下，驾驭诸侯的六种方法、讨伐"不义之国"的九条原则，等等，这些在春秋时期的其他著作中都能找到相关的历史印证。

[正文注释]

古者，以仁为本，以义治之之谓正。正不获意则权。权出于战，不出于中人①。是故杀人安人②，杀之可也；攻其国，爱其民③，攻之可也；以战止战，虽战可也。故仁见亲，义见说④，智见恃⑤，勇见方⑥，信见信⑦。内得爱焉，所以守也；外得威焉，所以战也。

战道⑧，不违时，不历民病，所以爱吾民也；不加丧⑨，不因凶⑩，所以爱夫其⑪民也；冬夏不兴师，所以兼爱⑫民也。故国虽大，好战必亡；天下虽安，忘战必危。天下既平，天子大恺⑬，

---

① 中人：中和仁爱。
② 杀人安人：指通过杀死坏人的途径来保护大多数民众。
③ 攻其国，爱其民：指攻打敌国的出发点是为了爱护帮助该国的民众。
④ 说：通"悦"，喜悦，悦服。
⑤ 恃：依赖，依靠。
⑥ 方：百姓以身仿效、效法。
⑦ 信见信：第一个"信"字为名词，意为诚信；第二个"信"为动词，意为被民众所信任。
⑧ 战道：用兵打仗的原则。道，规律，原则。
⑨ 丧：丧事，指敌国君主的丧期。不在敌国国君的丧期内兴兵，这是"古军礼"的一条重要原则。
⑩ 凶：饥饿，饥荒。古人把丰年称作"穰"，灾年称作"凶"。
⑪ 其：指敌对国家。
⑫ 兼爱：爱无差等，一视同仁。这里指同时爱护"吾民"与"其民"。
⑬ 恺（kǎi）：古代军队凯旋时所奏的军乐。这里指凯旋奏捷。

春蒐秋狝①，诸侯春振旅②，秋治兵，所以不忘战也。

古者，逐奔③不过百步，纵绥④不过三舍⑤，是以明其礼也。不穷不能⑥而哀怜伤病，是以明其仁也。成列⑦而鼓⑧，是以明其信也。争义不争利，是以明其义也。又能舍服⑨，是以明其勇也。知终知始⑩，是以明其智也。六德⑪以时合教，以为民纪之道⑫也，自古之政也。

先王之治，顺天之道，设地之宜，官民之德⑬，而正名⑭治物⑮。立国⑯辨职⑰，以爵分禄，诸侯说怀，海外⑱来服，狱⑲弭⑳而

---

① 蒐、狝：原为古代田猎的名称，指春秋以前以田猎的方式进行军事检阅和演习的活动，目的在于长期进行战争准备。春季时称为"蒐"（sōu）；秋季时称为"狝"（xiǎn）。

② 振旅：整治军队。此举一般在春季举行，故曰"春振旅"。

③ 逐奔：追逐溃逃之敌。古代作战的要求是追击败逃的敌人不超过一百步。

④ 纵绥：这里指在战场外追击主动退却的敌人。纵，追击。绥，退却，这里指退兵。

⑤ 舍：指驻军。古代行军一般日行三十里，凡三十里则需设营，所以驻军一日叫舍，三十里的距离也叫舍。

⑥ 不穷不能：指不逼迫已经丧失战斗力之敌。穷，使……陷入困境。

⑦ 成列：指摆好阵势，布阵完毕。

⑧ 鼓：是古代作战指挥的工具，击鼓而进，鸣金而退。"成列而鼓"是"古军礼"的一项重要原则，是要等敌人摆好阵势后，再击鼓发起进攻。

⑨ 舍服：赦免降服的敌人。舍，赦免。

⑩ 始、终：指预见战争的开端和结局。

⑪ 六德：指"礼、仁、信、义、勇、智"六种品德。

⑫ 民纪之道：普通民众据以行动的规范准则。

⑬ 官民之德：任用民众中德行优秀的人担任官职。官，授以官职。

⑭ 正名：指辨正名称、名分，即设官分职。

⑮ 治物：管理事务，即各司其事。

⑯ 立国：即分封建国。

⑰ 辨职：区分职权范围。

⑱ 海外：古人所谓"海内"是指天子所居王畿和王畿之外封建的各诸侯国，"海外"则是指王畿、侯国之外的各藩国。

⑲ 狱：诉讼、案件。

⑳ 弭：平息，消除。

兵寝①，圣德之治也。

其次，贤王制礼乐法度，乃作五刑②，兴甲兵以讨不义。巡狩③省方④，会诸侯，考不同⑤。其有失命、乱常、背德、逆天之时，而危有功之君，遍告于诸侯，彰明有罪。乃告于皇天上帝日月星辰，祷于后土四海神祇川冢社，乃造⑥于先王。然后冢宰⑦征师于诸侯曰："某国为不道，征之，以某年月日师至于某国，会天子正刑⑧"。冢宰与百官布令于军曰："入罪人之地，无暴神祇⑨，无行田猎，无毁土功⑩，无燔墙屋⑪，无伐林木，无取六畜、禾黍、器械。见其老幼，奉归勿伤。虽遇壮者，不校勿敌⑫。敌若伤之，医药归之。"既诛有罪，王及诸侯修正其国，举贤立明，正复厥职⑬。

王霸之所以治诸侯者六：以土地形⑭诸侯，以政令平⑮诸侯，以礼信亲诸侯，以材力说诸侯，以谋人⑯维诸侯，以兵革服诸

---

① 寝：停止。
② 五刑：即商周时期设置的墨（刺面）、劓（割鼻）、剕（挖去膝盖骨或斩足）、宫（割生殖器）、大辟（砍头）等五种刑罚。
③ 巡狩：指天子巡视各诸侯国。《孟子》："天子适诸侯曰巡狩。"
④ 省方：视察四方。《易经》："先王以省方观民设教。"
⑤ 考不同：指考核其是否有违反礼乐法度的地方。
⑥ 造：一种祭祀的名称。这里指到祖庙向先王祭告。
⑦ 冢宰：周代的官名。在《周礼》中记载为天官之长，六官之首。
⑧ 正刑：实施严正惩罚。
⑨ 无暴神祇：不要侵犯、亵渎对方的神祇。暴，侮辱，亵渎。神祇，天神称神，地神称祇。
⑩ 土功：指水利、房建等工程。
⑪ 燔（fán）：焚毁，焚烧。
⑫ 不校勿敌：凡不抵抗者不以为敌。校，较量，抵抗。
⑬ 正复厥职：调整、恢复好该国的各级官职、机构。
⑭ 形：指控制，规范。
⑮ 平：约束、抑制。
⑯ 谋人：使者。

侯。同患同利以合诸侯，比小事大①以和诸侯。

会之以发禁者九：凭弱犯寡则眚②之，贼③贤害民则伐之，暴内陵外则坛④之，野荒民散则削之，负固⑤不服则侵之，贼杀其亲则正之⑥，放弑⑦其君则残⑧之，犯令陵政⑨则杜⑩之，外内乱⑪，禽兽行，则灭之。

---

① 比小事大：指大国亲近小国，小国侍奉大国。比，亲近。事，事奉，尊敬。《周礼》："使小国事大国，大国比小国。"
② 眚（shěng）：通"省"，指削减的意思。
③ 贼：虐待、杀害。
④ 坛（shàn）：通"墠"，清除空地。这里指废除暴君，另立新君。
⑤ 负固：仗恃险要的地势。
⑥ 正：正法。《周礼》："贼杀其亲则正之"，郑玄注："正之者，执而治其罪。"
⑦ 放弑：放逐、篡杀。
⑧ 残：诛杀。
⑨ 犯令陵政：违反政令，破坏法纪。陵，扰乱。
⑩ 杜：封闭，孤立。
⑪ 外内乱：内外淫乱逆伦。

[译文]

　　古时，人们以仁爱为根本，用合乎仁义的方法治理国家和军队，这是正常的方法，称为常法。如果用正常方法达不到目的，那么就不得不采取非常规手段，称为权变。权变的手段表现为战争，而不是中和仁爱。因此，如果杀人能使民众得到安宁，那么杀人是可以的；如果进攻其他国家，是为了爱护该国的民众，那么进攻是可以的。如果用战争的手段是为了制止战争，那么即使发动战争也是可以的。所以，君主施行仁爱，就会获得民众的亲近；推行正义就会收获民众的悦服；拥有智慧就会被民众倚靠；勇敢就会被民众效法；讲究诚信就会获得民众的信任。对内就能得到民众的爱戴，可以守卫国家；对外保持强大的威慑力量，则可以战胜敌人。

　　用兵的原则是：不违背农时，不在瘟疫疾病流行时发兵，这是为了爱护自己的民众。不在敌国的国丧期间发兵，也不在敌国发生饥荒时发兵，这是为了爱护敌国的民众。不在冬夏两季发兵，这是出于对敌我双方民众的爱护。所以，国家虽然强大，穷兵黩武必定会灭亡；天下虽然安定，忘记备战则必有危险。当天下已经安定和平，天子庆功凯旋，但仍然要在每年的春秋两季以田猎的方式进行军事训练，各国诸侯也要在春季整顿军队，在秋季训练军队，这样做是为了不忘备战，重视备战。

　　古代作战，追逐溃败的敌军不超百步，追击主动后撤的敌军不超九十里，这是为了展现礼让的精神。不过分逼迫失去作战能力的敌军，并且怜悯敌方的伤病人员，这是为了展现仁爱的精神。等敌军摆好作战阵势，再击鼓进攻，这是为了展现诚信的态度。恪守大义而不追逐小利，这是为了展现崇高的正义。赦免已经投降的敌人，这是为了展现真正的勇敢。能够预测战争的开端和结局，这是为了展现高超的智慧。根据"六德"对民众进行适时地、集中地教导，并将其作为民众言行的规范准则，这是自古以来的为政之道。

上古时期先王治理天下，能顺应自然规律，因势利导，因地制宜，任人唯贤，并能做到权责分明，各司其职。分封建国，区分职权等级，按爵位高低分配俸禄。这样，诸侯各国心悦诚服，海外的邦国也众心归附，诉讼平息，战争停止，这才是圣王用仁德治理天下的最完美状态。

后来，贤明的天子制定礼乐法度来教化民众，设置五种刑罚来惩治罪犯，动用军队来征讨不义。天子巡视诸侯各国考察民情，会见诸侯考核其政绩作为。如果发现诸侯国君中出现违抗命令、破坏法纪、违背道德、违背天道、迫害贤能的行为，便通告诸侯各国，公布其罪状，禀报给皇天上帝日月星辰的所有神灵，向后土四海的一切神灵祈祷，告诉于宗庙祖先。随后，由六官之首的冢宰向诸侯各国发布征集军队的命令："某国行为无道，现在要出兵征伐它。各诸侯国军队应于某年某月某日抵达某地，随同天子，对犯罪的诸侯实施严正惩罚。"冢宰和百官一起在军中颁布命令："大军进入有罪国君管辖的国境内，不准亵渎对方的神祇，不准举行围猎，不准破坏水利工程和建筑，不准焚烧房舍，不准砍伐林木，不准掠取牲畜、粮食和生产用具。要保护其国的老人和孩子，护送回家。即使遇到年轻力壮之人，只要他们不抵抗就不得把他视为敌人。敌人如果受伤了，要给予治疗，送他们回去。"在惩治了罪犯之后，天子和诸侯要整顿好该国的政治秩序，选用贤能人才，新立明君，调整恢复各级官职。

天子和霸主治理诸侯的方法有六种：通过分封领地来控制诸侯，依靠政策法令来约束诸侯，用礼义诚信来亲近诸侯，用赏赐财物的方法让诸侯悦服，派使者去维系诸侯间的关系，用武力来威慑诸侯。以共同的利害关系来把各诸侯联合起来，大国亲近小国，小国敬奉大国，做到国与国之间和睦相处。

会合诸侯颁布以下九条禁令：凡是恃强凌弱、以大欺小的，就削弱限制他；凡是残害贤良、祸害百姓的，就兴兵讨伐他；凡是对内残暴、对外欺凌的，就废逐他，另立新君；凡是使田地荒芜、民众离散的，就贬削其爵位；凡是凭恃山川城池的高远险阻而不服王命的，就出兵惩罚他；凡是违背人伦、残害至亲骨肉的，就发兵治其罪；凡是驱逐或弑杀国君的，就诛杀他；凡是违抗王令、扰乱法治的，就封锁孤立他；凡是内外淫乱、行如禽兽的，就诛灭他。

[新解]

(一) 以仁为本，以战止战

在人类历史中，战争随着私有制和阶级的产生而出现。战争是流血的政治，随着战争规模的逐渐扩大，战争的残酷性展现得愈加明显，人们开始深刻思考战争问题，包括战争目的、战争性质、战争与政治、经济的关系，对待战争的态度等诸多方面。

"仁"是上古时期就已有之的传统观念，古时的仁即从身从心，凸显发自内心的真情实感，传递出的是一种出于人类本能的体恤关爱之情。周灭商之后，在否定天命永恒的基础上，以"皇天无亲，唯德是辅"为政权的合法性进行辩护。"仁"被统治者赋予了更为丰富的道德内涵，开始向社会政治军事领域蔓延，表现在军事领域，就是战争活动中的"仁本"主义倾向。《司马法》在"仁"的参考体系中思考战争问题，让"仁"和"战争"这看似矛盾的两个因素达到了辩证的和谐统一。

《司马法》第一句开宗明义指出："古者，以仁为本，以义治之之谓正。"认为，上古的历代明君是以仁德为根本，以仁义为治国治军的正常手段，从原则上确立了"仁"在全书中的根本地位。既然以"仁义之政"为根本，而从"仁"的底线来看，战争与"爱人"之仁的基本精神是完全相悖的，那么战争存在的价值是什么呢？文中接着解释说，"正不获意则权。权出于战，不出于中人。"所谓"正"，是指正常的途径或方法，这里是指合乎仁义的方法。当用正常仁政的手段无法实现有效治理国家的目的时，那么就要采用非常规的手段，文中用了一个"权"字，意思是权变、变通，这里指不得已而采取的特殊手段，即战争。权变的手段就是战争的手段，而不是中和仁爱的手段。"权"与"正"都是手段，是一个问题的两个方面，以此肯定了战争的不可避免性和必要性，论证了战争和政治之间的内在辩证关系，揭示出了战争的本质，战争是政治不可或缺的组成部分，与治国之"正"相辅相成，是政治的另一种延续方式。

学界普遍认为，在我国的古代兵书中，《司马法》最先揭示出战争的本质。直到两千年之后，西方的军事理论家克劳塞维茨才在《战争论》中提出："战争无非是政治通过另一种手段的继续""战争是迫使敌人屈从我们意志的一种暴力行为"。由此可见，我国早在先秦时代对战争问题的思考已如此深刻。

战争是以杀敌为目的、以暴力杀人为特征的，为何能具有仁义的道德正当性和合法性呢？战争是一种具有极大杀伤力、不可替代的解决方式，如果战争的目的是"仁"，那么战争就具备合法性。文中指出："是故杀人安人，杀之可也；攻其国，爱其民，攻之可也；以战止战，虽战可也。"如果用战争的手段来制止战争，即使发动了战争也是可以的。这里的"杀人""攻其国"和"战"是为了实现"安人""爱其民"和"止战"的最终目的，是德治仁政的保障和延续，战争就具有了更高阶的"仁本"价值意义。所以，要通过"仁"对战争目的进行道德制约，正确判断战争的性质是正义战争还是非正义战争。扩疆夺财、恃强凌弱的战争就是非正义战争；而诛暴扶弱、保护人民的战争则属于正义战争，因此，要通过正义的战争来保护民众实现安宁发展，通过必要的有限战争惩治罪行以捍卫和平。

这种思想与当时反对一切战争甚至放弃战争手段的言论思想相比，具有十分积极的意义，战争不是一厢情愿就可以避免的，如果面对敌人不断地进犯和蹂躏，不能给敌人以痛击，让其吸取惨痛的教训，敌人的行动不仅不会停止，反而会得寸进尺。所以，要使用变通的特殊方式——战争，达到安民止战的效果。

《司马法》中既立足于"仁""义"的"爱民"，又正视战争存在的客观现实，肯定正义战争的价值意义，达到了辩证统一。这体现出《司马法》充分吸收了儒家内核——"仁"的思想，并将这一观点与兵家的战争观有机结合起来，形成了极具思辨性的军事思想理论。追求和平，提倡以战止战的战争观，也是中国历代军事思想的基本宗旨和逻辑起点。

"故仁见亲，义见说，智见恃，勇见方，信见信"，才能实现"内得爱焉，所以守也；外得威焉，所以战也"，也就是说，要以施行仁政、讲求道义，正确地使用战争手段，发挥其积极作用。这样，对内就能得到民众的爱戴，可以保卫国家；对外保持强大的威慑力量，就可以战胜敌人，这才是国家的强盛之路。

毛泽东同志在《战争和战略问题》中曾指出："我们是战争消灭论者，我们是不要战争的；但是只能经过战争去消灭战争，不要枪杆子必须拿起枪杆子。""以战止战"不仅体现在战场上通过胜利以打促和，或者以局部小战避免战争规模的进一步升级，更是体现在通过打赢战胜，有效威慑对方以遏制潜在战争的爆发。新中国成立初期，我国取得了抗美援朝战争的伟大胜利，维护了新中国的安全和主权完整，让以美国为代表的西方强国真正认识到了新中国的战争意志和战争能力，再不敢轻启战端，为新中国的建设发展赢得了长期相对稳定的和平环境。尽管至今朝鲜半岛局势仍不稳定，然而，不论风云如何变幻，美国再也不能像1950年那样集结二十个国家的联军"勇闯"三八线，这绝对不是美国心怀怜悯，不忍下手，而是面对强大的对手它不敢以身试险。

因此，实现和平的前提和关键是"能战"，赢得和平的最后途径是"以战止战、以武止戈"，这就是战争与和平的辩证法。保卫国家安全、维护世界和平的正义之战，是通往和平与发展的必经之路。和平绝不会从天而降，追求和平、捍卫和平不能靠空谈，也不能靠乞求来避免战争，一味妥协退让只会让对手有恃无恐，反而会愈加危险。只有不怕战争、不惜战争、打赢战争，才能遏制更大规模的战争，争取更为持久的和平。

（二）慎战备战，双重并重

春秋战国时期，王室衰微，诸侯争霸，烽烟迭起，战争的频率和规模达到了空前的程度。在这个奴隶制向封建制过渡的大变革过程中，战争成为打破旧制度、建立新秩序必不可少的手段。然而，战争会导致国破家亡，战争的破坏性和残酷性也给百姓带来了深重的灾难，因此，对待战争必须要采取审慎的态度。《孙子兵法》开篇第一句就是："兵者，国之大事，死生之地，存亡之道，不可不察也。"历史事实表明，肆意开战，穷兵黩武，到头来必定会走向失败；麻痹忘战，松懈战备，会导致丧师亡国的恶果。如何解决好二者的辩证关系呢？《司马法》

在"仁本"篇中给出了辩证而精辟的答案:"故国虽大,好战必亡;天下虽安,忘战必危",提出了"慎战"与"备战"并重的国防建设思想,其核心是既不能执迷武力,盲目发动战争;又要重视高度战争,积极备战,切不可忘战、轻战。

战国时期,魏国开国国君魏文侯曾问大臣李克:吴国曾经那么强大为什么会灭亡?李克说:因为屡次得胜。魏文侯说:屡次得胜是国家的幸事,为什么竟会因此而亡国呢?李克说:屡次发动战争,人民就会疲敝;每次都能获得胜利,君主就容易骄傲放纵,野心也随之膨胀。以骄傲的君主统治疲敝的人民,国力终究会消耗殆尽,这就是灭亡的原因。春秋时期吴国的灭亡就是"好战必亡"的典型案例。

春秋时期的吴国作为六大国之一,位于富庶的江浙地区,曾在其鼎盛时期展现出强大的实力。然而,吴国君主却热衷于扩张争霸,最终导致内忧外患,走向了灭亡之路。

吴国的最后一位国君夫差,在即位之初任用贤臣、励精图治,吴国实力迅速增强。公元前494年,夫差在夫椒之战中给越国以毁灭性打击,报了杀父之仇。越王勾践走投无路向吴国求和,但是夫差不听伍子胥的劝谏,答应了越国的投降,殊不知这为吴国灭亡埋下了巨大的隐患。之后,夫差因胜而骄奢淫逸,将"北威齐晋,称霸诸侯"作为中心任务,大举对外征伐。首先,夫差解决了北上伐齐道路上的最大阻碍——鲁国;其次,通过两次战争征服了陈国,陈国一直是楚国的附属国,这样消除了来自侧翼的威胁,也解决掉了楚国参与北上争霸的可能性。经过这一系列对外用兵,吴伐齐的障碍已基本扫除,公元前484年,夫差不顾伍子胥等大臣的反对,联合鲁国,北上远征伐齐,双方在艾陵决战,此战以吴国的全胜而告终,齐国被迫签订合约，屈服于吴国。

此后，夫差更加狂妄不已，刚愎自用，不惜一切代价要与晋国争夺诸侯霸主之位。公元前482年，夫差亲自带领大军北上，邀请晋定公、鲁哀公等诸侯在黄池会盟。为争取霸主之位，夫差倾全国精锐而出，仅留万余名老弱残兵留守国都。为了显示强大的军力，吴军"万人以为方阵，皆白裳、白旗、素甲、白羽之矰，望之如荼。左军亦如之，皆赤裳，赤旗，丹甲，朱羽之矰，望之如火"。终于，夫差与中原诸侯歃血为盟，成为仅次于晋国的盟主，使得吴国的霸业达到了顶点。然而，讽刺的是黄池会盟并没有给吴国带来实际利益，反而加速了吴国的灭亡。此时，越王勾践趁吴国精兵在外，国内防守空虚，率精锐部队偷袭吴国，成功攻入吴国都城，俘获吴国太子友等。正在会盟的夫差接到国都被袭的消息后，为防止泄露消息影响会盟，竟怒斩七名信使于帐前。

会盟结束后，夫差急忙率军返回吴国，这时吴军上下军心涣散，长途行军，士卒疲惫不堪。见此情形，夫差派使者带上厚礼与越国议和，越王勾践知道吴军主力尚在，一时难以彻底胜吴，接受议和。然而，连年的征战已极大消耗了吴国的实力，又加上此次国都被破，元气大伤，吴国国力自此由盛而衰。公元前478年，越国趁吴国发生大旱、国力虚弱之际，举全国之力进攻吴国，直至吴国腹地。越军三战皆胜，消灭了吴军的主力，从此，吴越两国的战略格局发生了根本性的转变，吴国的灭亡也只是时间问题了。公元前476年，勾践再次攻打吴国，最终将吴国国都团团包围，迫使其投降，围城三年后，越国最终攻进吴国都城。越王勾践并没有赶尽杀绝，而是想把吴王夫差流放"甬东"地区，给他百户人家，让他在那里终老，夫差拒绝，最后自杀身亡。自此吴国灭亡，成为春秋时期较早亡国的大国之一。

吴王夫差为了实现自己的霸主之梦，穷兵黩武，葬送了自己的国家。盛极一时的吴国彻底灭亡，印证了"好战必亡"的历史规律，值得后世的深思。恩格斯说："连年的战争会使甚至是最强大的国家精疲力竭"（《马克思恩格斯选集》，第1卷），历史证明，世界上凡是迷信武力、穷兵好战的国家必将自取灭亡。

"忘战必危"的一个典型代表是西周时期的徐偃王，徐偃王是西周时期徐国第32代国君、东夷盟主，以文德仁义闻名于世。徐偃王在位时期，誓以仁义治天下，以诚信立于诸侯。徐偃王治国有方，主张"弛甲弋，坠城池"，削减武备，把剩下来的费用改善民生，使徐国境内老有所养，幼有所教，成有所用，因此他得到民众的广泛爱戴。徐国在其治理之下，五谷丰登，人民安居乐业，国力日趋强盛，来朝贡者日益增多，统治的范围也越来越大。据《韩非子·五蠹》中记载："徐偃王处汉东，地方五百里，行仁义，陆地而朝者三十六国。"按今天的地理划分，就是徐国的统治范围拓展到淮河、泗水流域的苏、鲁、豫、皖的部分地区。连孔子评价徐偃王时都赞叹他的仁政成就："躬行仁义，远近悦服。"

当时的西周王朝大肆对外征伐，消耗了大量的财富，加重对内剥削。诸侯国对宗主国的暴虐统治颇为不满，徐偃王就是反对宗周最强烈的国君之一。于是徐偃王率九夷西进，要求周穆王爱惜民力。周穆王慑于徐偃王的威德不得不低头认错，让徐偃王做东方诸侯之长。后来一直怀恨在心的周穆王以徐偃王"僭越"称王、逾制建城等为由，命造父联合楚军讨伐徐国，徐偃王因为主张仁义，而荒废军事力量的建设，兵力薄弱，很快就被打败，徐国灭亡。据说徐偃王逃走时数万百姓因感其义而跟随他一起逃走。徐偃王临终说："吾赖于文德而不明武备，好行仁义之道而不知诈人之心，以至于此。"正是因为徐偃王"只修仁义，不修武备"的做法，最终导致亡国的后果。

对以上的两个历史事件，曹操在《孙子兵法序》中有一段深刻的点评："恃武者灭，恃文者亡，夫差、偃王是也。圣人之用兵，戢而时动，不得已而用之。"因此，好战和忘战都会对国家安全产生巨大危害，必须处理好慎战与备战的关系。"好战必亡，忘战必危"的思想虽历经两千多年仍熠熠生辉，有着积极的现实意义，指导着我国的国防建设与发展。

"慎战"，不是不战，更不是怯战、畏战，指的是要谨慎地对待战争问题。要时刻警惕战争威胁，要有不怕战争的底气，只有不怕战争才有可能避免战争。所谓"能战方能止战"，能打赢战争才可能不用打，越打不了越可能挨打，这就是"战"与"和"相互联系、相互转化的矛盾特征。只要"战争"存在一天，治国者就要保持清醒的头脑和足够的耐心，做到谋定而后动；同时必须积极备战，不能存在侥幸和麻痹心理，军队要时刻枕戈待旦，关键时刻以战止战。古罗马战略家韦格修斯说过："想要和平，那就去准备战争。"所以，军事斗争要以实战为基准，要建立在应对最复杂最困难的情况的基础上，国家不打无准备之仗，应掌握战略主动、有效制定战略战术，确保有力慑止战争、坚决打赢战争。《司马法》十分重视战争准备的问题，在本篇中提出，"天下既平"，就应该积极备战，"春蒐秋狝，诸侯春振旅，秋治兵，所以不忘战也"。这里的"春蒐"指春季田猎，"秋狝"指秋季田猎。"春蒐秋狝"是春秋以前的军事训练和演习，通常在农闲期间以田猎的方式来进行。"春振旅，秋治兵"是指春天整顿军队，秋天训练部队，即要以备战为目的定期进行训练，强调要居安思危、常备不懈的治军理念。

以田猎方式进行的军事演习自殷商时期就已经出现，在殷墟甲骨和晚殷金文都有记载。这种上古时代的田猎式练兵，不仅限于春秋两季，一年四季都有，夏季称为"苗"，冬季称为"狩"，《左传》中有记载曰："春蒐、夏苗、秋狝、冬狩，皆于农隙以讲事也"。在《周礼·夏官·大司马》中有这样一段关于田猎训练的具体描述："中春，教振旅，司马以旗致民，平列陈，如战之陈。辨鼓铎镯铙之用，王执路鼓，诸侯执贲鼓，军将执晋鼓，师帅执提，旅帅执鼙，卒长执铙，两司马执铎，公司马执镯。以教坐作进退疾徐疏数之节，遂以蒐田……"这段话中就记载了田猎活动中的列阵、进退、疾徐以及金鼓旌旗等各类指挥装备。这整个过程模拟战场环境和作战程序，几乎等同实战，只不过假想敌是山野中的野兽罢了。每年通过几次大规模的田猎活动进行军事训练和检阅，以示全国上下不忘战并随时准备应战，也是当时表明国君拥有兵权的一种典礼仪式。

随着战争规模的扩大，到了战国时期，这种与田猎相结合的军事训练方式被"以一教十""以十传百"的新型训练方法所取代，成为经常性和正规化的军事制度。这也证实了《司马法》中所记录的某些军事训练制度具有原始性，作为一本古兵书，具有极高的历史文化价值。

（三）以礼为固，以仁为胜

周以"礼"治天下，"军礼"是西周"五礼"之一，由于当时"礼"与"法"不分，所以，"军礼"包括一切与军事和战争有关的规章制度。据《周礼·春官·大宗伯》中记载："以军礼同邦国。大师之礼，用众也；大均之礼，恤众也；大国之礼，简众也；大役之礼，任众也；大封之礼，合众也。"据此可知，古代的军礼分为五大类：大师礼，指天子或诸侯在征伐活动时所举行的相关礼仪，包括宗庙出师祭祀、授将誓师、凯旋献俘等仪节；大田礼，指天子和诸侯定期举行的狩猎活动，实际上是军事训练和演习；大均礼，指天子在畿内、诸侯在其封国内核查户口、征收赋税；大役礼，指由国家发起的各类建设工程；大封礼，指对各封地之间的进行勘定疆界。由此可见，古代的军礼远不只是一套礼仪制度，军队平时训练、出兵征伐皆在其内，甚至包括均田征赋，筑城修邑，定疆封界。

《司马法》中大量记录了先秦以前的军事制度和建军治军的法律条例，包括古代军队的阵型编制、出师程序、誓师仪式、战场要求、战后处理、赏罚规定以及旗鼓用法等，为历代兵家所推崇，具有重要的历史价值。《司马法》是目前保存下来的、最早且较为系统的先秦军礼的综合性总结史料，对后世的军队建设和管理思想的发展影响深远。

前文论述了如果"攻其国"是为了"爱其民"，"杀人"是为了"安人"，那么"战"是合理合法的。"爱民""安人"的本质是"仁"，说明古人已经懂得只有保护人民的利益，才能赢得民心，所以要"以仁为胜"。本篇中就如何战争中如何"爱民"有这样一段论述："战道：不违时，不历民病，所以爱吾民也；不加丧，不因凶，所以爱乎其民也；冬夏不兴师，所以兼爱其民也。"这段话记述了几种不能用兵的情况，"不违时"，是指不违背农时；"不历民病"，是指不在瘟疫疾病流行时发兵；"冬夏不兴师"是指不在天寒地冻、炎热溽暑时举兵；"不加丧、不因凶",是指不在敌国的国丧期间发兵,不在敌国发生灾害时候发兵。以上这些都属于古代军礼制度"大师礼"的相关内容。

这里把"爱民"落实到选择开战时间的具体问题上,从事战争活动既要考虑到本国民众的利益,不能在农耕生产时和疫病流行时发动战争。难能可贵的是,古人还考虑到敌国民众的利益,不可乘人之危,不可以在敌国的国丧和饥荒期间起兵攻伐。除此之外,古时战争更是通盘兼顾了敌我双方民众的利益,不可在冬夏极寒酷暑的时节兴兵,因为,此时行军打仗必定给双方国家的民众造成战争痛苦。如果说对本国民众的关怀是"仁"的应有体现,那么在近乎零和博弈的战争中,选择不从收益最大化的功利角度去考虑和处理战争的实际问题,彰显出一种超越敌我界限的道德理念,是"兼爱其民"思想的集中体现,深刻反映出了"古军礼"中仁本主义的高度。

这些"古军礼"要求,在其他的史书资料中是能够找到相关依据的。据《左传·僖公二十三年》中记载,春秋时期,秦国曾乘晋文公国丧期间,灭晋国的同姓小国——滑国,晋国大臣先轸评价说:"秦不哀吾丧而伐吾同姓,秦则无礼。"这里就批评了秦国在晋国的国丧期间,出兵攻打晋国的同姓国家,严重破坏了"古军礼"制度。据《左传·僖公十三年》中记载,晋国当时连年歉收,向秦国购买粮食,秦穆公的大臣子桑、百里都同意,而大臣丕豹不仅不同意卖给晋国粮食,甚至主张乘机伐晋。但是,秦穆公说,救济饥荒才是正道,趁机出兵是不义之举,最终同意卖给晋国粮食。后来,秦国发生饥荒,向晋国买粮食,晋国却不肯卖,在当时这是极其无礼的行为。于是,秦穆公以此为由出兵讨伐,大败晋国。因为按"古军礼"不仅要"不因凶",还应"救灾恤邻",这在当时是有明确之"礼"为依据的。

西周时期的"军礼"是"仁"在军事领域的外在表现,通过一整套完整的"军礼"体系来指导和制约军事活动。尚"仁"必守"礼",因此,"以礼为固"是评判战争正义性、合法性的非常重要的道德基准。

"古者,逐奔不过百步,纵绥不过三舍,是以明其礼也。不穷不能而哀怜伤病,是以明其仁也。成列而鼓,是以明其信也。争义不争利,是以明其义也。又能舍服,是以明其勇也。知终知始,是以明其智也。六德以时合教,以为民纪之道也,自古之政也。"这一段详细记述的作战原则,就属于"古军礼"中"大师礼"。春秋中期,虽然周朝王室的统治力不断降低,但仍具备一定的政治影响力。交战时仍须恪守礼制,否则会引起巨大的舆论压力。

"逐奔不过百步,纵绥不过三舍"是一条古老的军事原则,意思是追逐败逃的敌军不能超过一百步,追击主动后撤的敌军不超九十里。在《司马法》的第二篇《天子之义》中也再次强调"古者,逐奔不远,纵绥不及"的原则,在《孟子》中也有类似的记载,"弃甲曳兵而走,或百步而后止,或五十步而后止"。这一要求除了道德礼制的原因外,也有军事上的原因。

一方面,春秋以前的战争目的比较简单,大多只要求敌方臣服,不是以消灭敌方为目的,双方往往一次投入全部军队进行决战以定胜负,几乎不需要进行大的纵深追击;另一方面,当时的作战形式是以车兵和步兵混合编成的正面大方阵作战,不论进攻还是追击都要保持整齐的战斗队形,以保证战斗力的发挥,因此就更不可能进行大纵深的追击了。很有意思的是,在第五篇《用众》中，提出"凡从奔勿息，敌人或止于路，则虑之"，这里的要求是，追击溃逃之敌，不能停止，要穷追不舍。敌人若在途中停下来休息，要分析其真实意图，考虑是否有埋伏，提醒必须注意敌人在败逃过程中出现的一切反常现象。这种观点和"逐奔不远"的观点为什么前后矛盾呢？其实，这是反映了不同时代的作战要求，"逐奔不远"是春秋以前的"古军礼"的要求；而"从奔勿息"则是战国时期的作战要求，由于战争形态发生了变化，作战原则自然也会有新的变化。出现这种矛盾正是由于《司马法》的成书时间较长，其内容糅杂了不同时代的军事思想而造成的。

"不穷不能而哀怜伤病，是以明其仁也"是指在战争中己方不杀失去作战能力的敌人，应怜悯敌方的伤病员，这是为了彰显仁爱的原则。

公元前597年，晋楚两国争霸战争达到高潮，双方为争取郑国爆发了邲之战。楚庄王为彻底征服郑国，亲率大军围攻郑的都城新郑，晋景公派兵南下援救。郑国为摆脱长期遭受晋、楚两国两面夹击的困境，积极策动两国决战，以便自己能够根据战争胜负决定最终归属。晋楚两军最终在郑地——邲（今河南荥阳北）展开决战，最终结果是晋军大败而归。在《左传·宣公十二年》中记录了这场大战，在作战过程中，"晋人或以广队不能进，楚人惎之脱扃，少进。马还，又惎之拔旆投衡，乃出，顾曰'吾不如大国之数奔也'"。这一段描述的内容发生在晋军逃跑途中，由于晋军的战车陷于坑中不能前进，楚军士兵教晋军士兵抽去车前横木，使之从坑中拉出战车，然而拉战车的马匹却仍原地不前，又教其拔去车上插的大旗、扔掉扼住马头的横木，使车身减重轻便，最终马拉动了战车使晋军得以顺利逃走。晋军逃跑后，非但不感谢楚军，反而嘲笑楚军，说自己逃跑的本事比不上楚军。以今天的视角来看，楚军并未将其俘获，反而帮其逃走，脱离危险，结果还被对方奚落了一番，这太不合乎常理了，简直是匪夷所思。然而在那个时代，这恰恰是符合"古军礼"要求的行为。

"成列而鼓，是以明其信也"，等敌人布好阵后再发起进攻，以彰显军队的诚信。这一要求不仅为了守信，也是为了满足西周时期以密集方阵为主要对战方式的要求。这种方阵作战，要求在平坦开阔的地形上交战，不能通过复杂地形，也无法发动战术上的突然袭击。必须依靠严格保持队形齐整，去冲乱敌人的队形，进而杀伤对方混乱的士兵来取胜。所以，双方都要求在开阔地带布好阵势，然后开战。以历史上著名的宋襄公因坚持"仁义"之礼而战败的事件为例，公元前638年，宋襄公不顾大臣们的反对，执意攻打郑国，楚国发兵北上攻宋救郑。宋襄公担心国内有失，不得已撤军回国。回师中在泓水（今河南柘城西北）与楚军相遇。这时，宋军在北岸已占有地利，完成列阵准备迎敌，而楚军刚开始渡泓水。担任宋国司马的子鱼建议：楚兵多，我军少，要在他们没有全部渡过河的时候趁机消灭他们。宋襄公却认为宋军号称仁义之师，怎么能趁对方半渡而击呢？楚军过了河，开始在岸边布阵，子鱼再次建议宋襄公下令进攻，宋襄公坚持说："等他们列好阵才能进攻。"结果，等楚军布好阵列，一冲而上，大败宋军，宋襄公也被楚兵射伤了大腿。宋军吃了败仗，损失惨重，都埋怨宋襄公不能采纳正确的意见，宋襄公却理直气壮地解释道，"古之为军，临大事不忘大礼""君子不重伤、不擒二毛、不以阻隘、不鼓不成列"，用兵坚持按照"古军礼"的规定，作战时不可以伤害已经受伤的敌人,也不可以俘虏敌军头发花白、上了年纪的老兵,不可以为了取胜而阻击敌人于险隘中,不可以进攻没有布好阵的敌人。

宋襄公的做法,千百年来被后世看作是"迂腐式仁义"的典范。但是,如果回到当时的时代视角来看,就不能简单予以定论,这些做法正是坚持贯彻"古军礼"的表现。尽管这种战争观念现在已经过时,但在历史上的确存在过,是今天我们了解古代战争形态以及军事思想演变的重要依据。宋襄公的失败,恰恰是春秋时期从"以礼用兵"到"诡道用兵"作战方式转型的重要标志。宋襄公虽然被后人列为春秋五霸之一,但实际上他并没有真正得到过诸侯霸主之位。历史上,司马迁认可宋襄公是春秋五霸之一,这样评价说:"襄公之时,修行仁义,欲为盟主。其大夫正考父美之,故追道契、汤、高宗,殷所以兴,作商颂。襄公既败于泓,而君子或以为多,伤中国阙礼义,曪之也,宋襄之有礼让也。"司马迁之所以承认宋襄公,正是因为他的"修行仁义",而且宋襄公也确实得到了"正考父"和"君子"们的大力肯定。

"争义不争利"是指争大义而不争小利;"又能舍服"是指对战败者采取宽容态度。春秋前期,诸侯国之间的战争,根本目的不是为了吞并对方,而在于树立自己的威信。只要对方表示臣服,我方便偃旗息鼓,不再继续进行军事攻击,给对方继续生存的机会。《左传·僖公十五年》中也有类似的表述:"贰而执之,服而舍之,德莫厚焉,刑莫威焉"。战争中"服而舍之"的实例在史料里有诸多记载。例如,在鲁隐公十一年,齐、郑、鲁大败许国,齐国将许国领土让给郑国,郑庄公则"使许大夫百里奉许叔以居许东偏",又"使公孙获处许西偏",并没有直接把许国并入自己的领土，而是宽大处理，让其继续存在。郑庄公因此也得到《左传》作者的高度评价，称郑庄公"于是乎有礼。礼，经国家，定社稷，序民人，利后嗣者也。许，无刑而伐之，服而舍之，度德而处之，量力而行之。相时而动，无累后人，可谓知礼矣。"礼是治理国家，稳定社稷，安抚百姓，并有利于后世子孙的工具。许国违背了法度而对其讨伐，认罪伏法后就要对其宽恕，以德行的标准来处理，根据自己的力量而行事，看准时机再行动，不把麻烦留给后世，可以说真的懂得"礼"了。

在本篇和第二篇《天子之义》中还记述了战后得胜奏凯方面的"礼"，"天下既平，天子大恺""古者戍军，三年不兴，睹民之劳也；上下相报若此，和之至也。得意则恺歌，示喜也。偃伯灵台，答民之劳，示作也"。古代服兵役，一般来说，士卒服役一年期满后，三年内不再被征调。得胜归来时，以及献祭于皇天后土、祖先神灵时，奏唱凯歌则是当时必不可少的一种礼制。战争结束后要举办庆功活动，答谢士卒征战的辛劳，也表示从此进入休养生息的和平时期。历史上，周文王曾在胜利后，建造灵台祭天慰民，举办庆祝仪式。这些制度规范，使君民上下能够相互体恤和关怀，从而达到最为和谐的社会状态。

以上这些"古军礼"的战争规则是为西周特殊的政治体制而设计的，由于当时各国诸侯相互之间都有宗族、姻亲关系，战争不是为了吞并对方，而是惩罚、教训的手段，目的是让抗命的诸侯改恶从善，继续忠于周天子，进一步巩固"封建亲戚，以藩屏国"的政治体制下周王朝的长治久安。到了春秋时期，尽管随着社会的变革和战争的发展，这些战争规则受到了极大冲击，但从整体上来说，其基本精神依旧受到人们的尊重，仍普遍遵循"义礼之战"的作战规定，信守承诺，遵守信义，公平对决，一般不会乘人之危，更不会穷追猛打，不以阴谋诡诈取胜，这与后世坚持的"兵者诡道""出奇设伏"的战法截然不同，具有鲜明的时代特色。

本篇通过追述"古军礼"中的具体规则，总结出以"仁"与"礼"为核心的"六德"——"仁、礼、义、信、勇、智"，构成了军人的武德体系。提出"六德以时合教，以为民纪之道也，自古之政也"，即经常对士兵进行"六德"教育，以此作为约束军人的规范准则，这是自古以来的军政要义。问题是，战争是极其残酷血腥的，为什么要贯彻仁、义、礼、智、勇、信的道德原则呢？因为正义的战争是德治的延续和必要的组成部分，而且遵守以上六种道德原则是赢得军心民心并最终取得战争胜利的根本。这种"以礼为固，以仁为胜"的战争观和"六德"并重的治军要求，奠定了正义之师才是王者之师的建军思想，对后世的军队建设影响极为深远。所以，汉代班固评价《司马法》说，"下及汤武受命，以师克乱而济百姓，动之以仁义，行之以礼让，《司马法》是其遗事也"。（《汉书·艺文志》）

（四）圣德之治，贤王之法

以三皇五帝为标志的上古时代是原始社会主义时期，也是一个为后世所津津乐道、十分向往的"大同"时代、"至德"之世。《礼记·礼运》中这样描述道："大道之行也，天下为公，选贤与能，讲信修睦"，老子也赞美其为"至治之极"。同样，《司马法》全书中都贯穿效法"先王""因古则行"的"复古"精神，崇尚仁本礼治的"圣德之治"。

"先王之治，顺天之道，设地之宜，官民之德，而正名治物。立国辨职,以爵分禄,诸侯说怀,海外来服,狱弭而兵寝,圣德之治也。"这段话中总结了"圣德时代"的政治特点,顺应自然界规律,因势利导,因地制宜。选用贤德优秀的人才为官,权责分明,使其各司其职。分封诸侯,区分职权等级,按爵位高低分配俸禄。通过这样的政治制度,就可以达到"诸侯说怀,海外来服,狱弭而兵寝"的理想境界。对"兵寝"时代的向往,其实是对传说中的上古时代即原始社会少有战事的怀念。

原始社会前期,人们的生活以狩猎、采集为主,群居合作,实行原始的平均分配主义。偶尔发生的冲突,只是为了争夺活动区域或者争夺猎物。后来,部落发展越来越大,逐渐形成部落联盟,由于部落间的利益冲突、复仇抢婚等原因而发生少量的武力冲突。随着生产力进一步发展,出现了农业、畜牧业、手工业的大分工,剩余产品的出现导致私有制的出现,部落间的战争也有所增多,战争的原因多为抢夺家畜、财产和奴隶。就原始社会来说,这些冲突渐渐发展成颇具规模的战争,但比起后世的战争,其规模和频率都远不能相提并论。

《司马法》认为,"兵寝"时代是完美的理想时代,这种理想境界正是由"以仁为本"的思想指导下的政治制度所缔造的。这种观点,既有进步性又有空想性。在春秋战国这一段大分裂的时期,战争的性质、规模、作战方式等都发生了非常大的转变,战争对社会的破坏性和给民众带来的灾难越来越大。因此,作者认为,要加强"仁本"思想对政治和战争的指导作用,以此来影响各诸侯国制定治国和战争的具体政策,这是其进步性。然而,历史的事实是,西周及以前的时代从未出现过所谓"兵寝"时代的情况,春秋时期战争频发,孟子说"春秋无义战","仁"反而成为发动战争的新借口,无法从根本上解决现实问题，所以说具有空想性。

本篇认为，在"圣德之治"之后进入"贤王时代"。"贤王制礼乐法度，乃作五刑，兴甲兵以讨不义"，由于社会风气变差等原因，贤明的天子制定礼乐法度来教化规范民众，设置五种刑罚惩治罪犯，发兵征讨不义之国。这里的"礼乐法度"指的是周朝制定的礼法制度，包括道德与法制两方面的内容。礼法文化孕育于远古，形成于"三代"，在西周定型和成熟，并为后世历朝历代所改进、继承和发展。相传周公制礼作乐，创建了一整套具体可操作的礼法制度，涉及饮食、起居、祭祀等社会生活的方方面面，这些都被纳入"礼"的范畴，以制度的形式推行到各不同等级中去，潜移默化地规范人们的行为。所以"礼"是通过教化等方式来"禁于将然之前"，起到预防的作用，这属于一种意识形态层面的治国方略。法度即指刑，则是惩治已发生的犯罪行为，是事后的制裁，"出礼则入刑"，刑是礼的必要补充，礼以刑的强制力为后盾。文中的"五刑"，指的是先秦时期的五种主要刑罚方式，即墨、劓、剕、宫、大辟。用"刑"正是为了更切实有效地维护"礼"，而且"刑"的制定和执行又必须贯彻"礼"的原则。

当时的统治者在借用"天命""神权"的同时，逐渐意识到民心向背对战争胜负的决定性作用。既然战争需要民意支持，那么发动战争的目的和过程就需要有足够的说服力，所以提出"兴甲兵以讨不义""争义不争利"，"讨不义"是为了维系"天下"的秩序。所以，"讨不义"的兴师程序在当时的"军礼"制度中有具体明确的规定。

本篇中对兴师程序有一段详细的描绘，"其有失命、乱常、背德、逆天之时，而危有功之君，遍告于诸侯，彰明有罪。乃告于皇天上帝日月星辰，祷于后土四海神祇川冢社，乃造于先王。"即对于那些违抗命令、扰乱法纪、违背道德、悖逆天道、乱杀功臣的诸侯国君，要把他们的罪行通告诸侯各国，公布其罪状，禀报给天地鬼神，还要到宗庙告诉祖先。这些程序完成后，由百官之长的冢宰向诸侯各国发布征集军队的命令："某国为不道，征之，以某年月日师至于某国，会天子正刑"，由于某国行为无道，现在要出兵征伐它。各诸侯国军队应于某年某月某日抵达该国，会同天子，对其实施严正惩罚。命令中说明了讨伐"不道"的正当目的，以表示有"合法"的理由进行征伐，名正言顺，并且陈述了调用军队的原因和时间地点。

这一段中记述的史实绝非虚构，其真实性也可以通过其他史书得以证实，在先秦时期的典籍中多有记载，如在《礼记·王制》中也记载了"三代"兴师的出征程序，"天子将出征……类乎上帝，宜乎社，造乎祢，祃于所征之地。受命于祖，受成于学"。另外，在《国语·晋语》中记载这样一个例子，"今宋人弑其君，罪莫大焉"，于是"乃使旁告于诸侯，治兵振旅，鸣钟鼓，以至于宋"。因为宋人杀其国君，罪大恶极，周王把其罪状公布各国，进而征集诸侯之兵，讨伐宋国。

然后，冢宰和百官颁布军令，"入罪人之地，无暴圣祇，无行田猎，无毁土功，无燔墙屋，无伐林木，无取六畜、禾黍、器械。见其老幼，奉归勿伤。虽遇壮者，不校勿敌。敌若伤之，医药归之，"明确规定了军队进入有罪诸侯的国境后的纪律要求，内容包括：不能亵渎对方的神祇，不能举行围猎、破坏水利工程和建筑，不能焚烧房舍、砍伐林木、掠取牲畜、粮食和生产用具。保护老人和孩子，遇到不抵抗的年轻人就不能把他视为敌人。敌人如果受伤了，要给予治疗，送他们回去。这些军事纪律规定都属于"古军礼"的内容，具有浓厚而古朴的军事人道主义色彩，充分体现出了"仁"的精神。

不论古今，用兵打仗都讲究出师有名。发动战争要获得民众支持就必须做到政治正确、符合道义。所以，发动战争的一方，在出征前都要作誓，一是列举被伐者的罪状，以示出兵是正义之举；二是颁布战时法令，告诫军队。

周王在伐纣的过程中，曾多次举行战前的誓师典礼。《史记》中记载武王伐纣战前动员的一篇誓师辞，其文如下：

二月甲子昧爽，武王朝至于商郊牧野，乃誓。武王左杖黄钺，右秉白旄，以麾。曰："远矣西土之人！"武王曰："嗟！我有国冢君，司徒、司马、司空、亚旅、师氏、千夫长、百夫长，及庸、蜀、羌、髳、微、纑、彭、濮人，称尔戈，比尔干，立尔矛，予其誓。"王曰："古人有言'牝鸡无晨。牝鸡之晨，惟家之索'。今殷王纣维妇人言是用，自弃其先祖肆祀不答，昏弃其家国，遗其王父母弟不用，乃维四方之多罪逋逃是崇是长，是信是使，俾暴虐于百姓，以奸轨于商国。今予发维共行天之罚。今日之事，不过六步七步，乃止齐焉，夫子勉哉！不过于四伐五伐六伐七伐，乃止齐焉，勉哉夫子！尚桓桓，如虎如罴，如豺如离，于商郊，不御克奔，以役西土，勉哉夫子！尔所不勉，其于尔身有戮。"誓已，诸侯兵会者车四千乘，陈师牧野。

这段誓词中，周王历数商纣王的各种罪状，任用奸臣，听信谗言，残暴无道，误国误民等，以此激发官兵们对敌的仇恨，鼓舞士气；他声称自己是替天行道，出师为民，是正义之师的行为；并且规定了进攻作战的纪律要求。

《左传》中记载了多次春秋时的战前誓师，如赵简子讨伐范氏、中行氏，战前誓师中称："范氏、中行氏反易天明，斩艾百姓，欲擅晋国而灭其君。寡君恃郑而保焉。今郑为不道，弃君助臣，二三子顺天明，从君命，经德义，除诟耻，在此行也。克敌者，上大夫受县，下大夫受郡，士田十万……若其有罪，绞缢以戮……"

上面列举的这些誓词的内容形式相似，正是说明了"古军礼"的延续性及继承性。战前誓词无不揭露敌方的罪行，宣扬己方"正义""合法"，打着"顺应天命"的旗号，把自己塑造成"替天惩贼"的"仁义之师"，而且在以上誓词中都有严明军令的内容，强调作战时的纪律与作风要求。

在战争完成其使命任务后，己方要以"服而舍人"的原则处理善后事宜，并提出具体的行动步骤，"王及诸侯修正其国，举贤立明，正复厥职"，也就是说在惩治了罪犯之后，贤王和诸侯还会帮助整顿好敌国的秩序，选用贤能人才，新立明君，调整恢复其各级官职。这是"古军礼"中关于战争善后原则的具体表述，与前文"又能舍服，是以明其勇"所表达的原则是相同的，西周中期以前，战争不以占领对方领地或灭国为目的，一旦实现政治目的，就立刻停止军事行动。《左传·文公七年》中曰，"叛而不讨，何以示威？服而不柔，何以示怀？"《左传·宣公十二年》中曰，"叛而伐之，服而舍之，德、刑成矣。伐叛，刑也；柔服，德也，二者立矣。"所以，战争所追求的是战而服诸侯的"仁"的境界。

西周时期，兴兵讨伐是为了惩戒某些人的严重越轨行为，但不能破坏整体的社会政治秩序。"普天之下，莫非王土，率土之滨，莫非王臣"，而且各诸侯国都是周王室子孙或功臣及后代，最终还是要维护一个和睦的大家庭局面的，在战场中所面对的对手往往都有亲缘关系，那么点到为止的战争处理方式也就在情理之中。因此，在西周特殊的政治条件下，由天子发布法令而讨伐某诸侯国的"内战"具有温和的色彩。然而，从"仁"和"礼"的深层次意义来看，即使换一种政治格局，如果军队能够如此有纪律、不扰民、优待俘虏，也必然会赢得民心，也一定对激励士气、瓦解敌军产生积极的效果，所以这种原则也开启了后世"仁义之师"的先河。

（五）王驭诸侯，九伐之法

所谓"王霸"，简单地说，"王"指的是天子，即整个天下唯一的最高统治者，"霸"指的是诸侯中的霸主，即诸侯之长。在春秋时期，同时存在着"王"与"霸"，这是在春秋这一特殊时代大背景下形成的。当时，王权衰落，周天子逐渐失去了原有的统治力，出现了以齐桓公、晋文公等为代表的诸侯霸主，这些霸主通过会盟等方式代替周天子向天下发号施令，即是所谓的"王权式微，政由方伯"。以往以周天子为核心的局面已不复存在，由原来的"共主"治理天下让位于"方伯"治理天下，实质上是诸侯的霸主在维持着天下的秩序，这是在天下混乱的特殊历史背景下的特殊政治模式。尽管如此，象征权力的"九鼎"依然掌握在周天子手中，因此周天子在名义上仍保持着天下共主的地位。天子与诸侯还存在着同姓或亲戚的关系，王霸并立的政治形势是春秋时代的重要特点，体现了当时从统一走向分裂的特殊历史阶段。

"周德虽衰，天命未改"，西周时确立的核心价值观到了春秋时并没有丢失，反而因为在霸主的领导下对抗蛮夷得以逐渐强化。例如，西周时的君臣、长幼之尊并没有因为时代变化而被完全丢掉，只是原来各诸侯朝觐周天子，现在天子权力空缺，下一级的诸侯之长填补了权力空缺，中、小诸侯向诸侯之长即霸主朝觐。春秋时霸主只是代替周天子行道于天下，霸主依然要像称霸以前那样敬重周天子，遵守周礼的规范，因为天下的"道"并没有发生根本性变化。许倬云在《中国古代社会史论》中说："春秋的诸侯国不是一个纯粹的政治机构。国家就像一个放大了的家庭，国君君临天下但并不治民。"

于是，在"王霸之治"下，尽管当时的血缘纽带已经逐渐淡化，诸侯霸主们仍然积极维系着传统的宗法等级秩序和邦国制度，也是为了防止诸侯国内部矛盾和危机的发生。本篇结合当时社会发展的实际情况，阐述了"王霸"治理诸侯的六种主要方法，"以土地形诸侯，以政令平诸侯，以礼信亲诸侯，以材力说诸侯，以谋人维诸侯，以兵革服诸侯。"

第一，通过分封土地的多少来控制诸侯国家的强弱。《周礼》曰："制畿封国，以正邦国"，即制定诸侯国的封域，以定它们的疆界。按当时的规定，天子地方千里，大国地方百里，次国地方七十里，小国地方五十里。春秋中期以前，这种规范依然是无法动摇的，被各诸侯所认同。第二，通过颁布政策法令来维持各诸侯之间的和平稳定。我们所熟知的春秋五霸之一——齐桓公曾在公元前651年召集各诸侯国，举行了历史上著名的"葵丘会盟"，宣布了盟国间必须共同遵守的基本盟约：同盟国要和平共处；不可阻塞水源；不能阻碍粮食流通；不可改换嫡子；士人的官职不得世袭，要尊贤育才等。这次会盟制定了国与国之间的和平准则，对于统筹各诸侯国的安全和发展，初步构建人类命运共同体的理念，推动大一统的历史进程作出了重要贡献。会盟后，各诸侯国和平修好，中原地区的经济、文化等都得到了较快的发展。第三，用礼仪诚信来赢得诸侯的亲近。第四，通过赏赐财物使得各诸侯喜悦顺服。第五，重用能够深谋远虑、纵横捭阖的智士去维系诸侯间的关系。第六，用强大的武力来慑服各诸侯，在必要的时候使用武力讨伐严重违反"礼法"制度的诸侯。

"王霸"治国最终的目标是，"同患同利以合诸侯，比小事大以和诸侯"，即"王霸"和诸侯之间以共同的利害关系而合为一体，诸侯能够主动团结在"王霸"的周围，彼此之间形成"一荣俱荣一损俱损"的共生关系；同时，大的诸侯国不但不欺压小的诸侯国，而且还会亲近和帮助小的诸侯国，小的诸侯国则能够敬重并追随大的诸侯国，共同维护国家间秩序，从而实现诸侯国之间的和谐相处。

上文提到，"王霸"治国的最后一个方法是"以兵革服诸侯"，出兵就意味着用暴力的手段来解决问题。尽管战争是为了保证政治格局的稳定性，使各诸侯国之间大不欺小，强不凌弱，以能够和平共处，并且是从"杀人安人""以战止战"的仁德原则出发来"讨不义""诛有罪"，但战争毕竟要有杀戮流血，就必须要慎重考虑，所以出兵条件应有明确的要求，以防好战者肆意用兵，给民众带来太多伤害。本篇提出了正邦国的"九伐之法"："会之以发禁者九：凭弱犯寡则眚之，贼贤害民则伐之，暴内陵外则坛之，野荒民散则削之，负固不服则侵之，贼杀其亲则正之，放弑其君则残之，犯令陵政则杜之，外内乱，禽兽行，则灭之。"当犯有上面九种严重罪行时，"王霸"就可以合法地发动正义之战，讨伐、削弱或消灭对方。这是规范各诸侯国之间的政治军事行为的，可以说是当时诸侯国间的"国际战争法"。

九伐之法中的"眚、伐、坛、削、侵、正、残、杜、灭"，分别指不同等级的军事活动。第一种是"眚",使用条件是"凭弱犯寡",当诸侯国出现以强凌弱、以大欺小的行为,就可以采取行动削弱他。第二种是"伐",使用条件是"贼贤害民",当出现杀害贤良和残害百姓的情况,就要讨伐他。古代"鸣钟鼓以声其罪曰伐"。"伐"主要用于诸侯间的战争,"伐"的发动方一般自认为在法理上具有某种正义性,而被"伐"方则多犯有某些罪行。"伐"的特点是大张旗鼓,"鸣钟鼓声其罪以伐之"。在《左传》中对用兵的概念名称有这样一段描述:"凡师有钟鼓曰伐,无曰侵,轻曰袭。"贾公彦在《周礼义疏》中说:"专杀贤大夫以害民,皆是暴虐之事,故声罪以伐之也。"可见,"伐"是等级较高的堂堂正正、大张旗鼓的用兵征讨活动。第三种是"坛",使用条件是"暴内陵外",当出现对内残暴、对外欺凌的情况,就要废除其王位。第四种是"削",使用条件是"野荒民散",当出现田地荒芜和民众逃散的情况,说明国君施政不善,就要削除其爵位。第五种是"侵",使用条件是"负固不服",如果诸侯凭恃山川城池的高远险阻而不服王命,则要派兵打击以示警告,这是等级较低的军事活动。第六种是"正",使用条件是"贼杀其亲",对违背人伦、残害至亲骨肉的,就要发兵惩罚他。第七种是"残",使用条件是"放弑其君",对驱逐或弑杀其国君的,这种罪大恶极,必须杀之。第八种是"杜",使用条件是"犯令陵政",对违抗王令、扰乱法治的,就要孤立制裁他。第九种是"灭",使用条件是"外内乱,禽兽行",如果出现内外淫乱、行如禽兽的行为,悖人伦,天地不容,必须要彻底诛灭他。

在前文提到的周武王伐商的誓词中,就明确列举了纣王的罪行,以证明自己"讨不义""诛有罪"的正义性,"今商王唯妇言是用，昏弃厥肆祀弗答，昏弃厥遗王父母弟不迪，乃为四方之多罪逋逃是崇是长，是信是使，是以为大夫卿士。俾暴虐于百姓，以奸宄于商邑。今予发唯恭行天之罚"。可见，纣王昏庸无道，罪行累累：唯妇人（妲己）之言是用；抛弃原有的祭祀礼仪；不任用祖父的同母弟，而重用四方的逃犯，以他们为大夫卿士，听任他们残暴百姓，在商都内外为奸作乱。现在是奉天命来执行上天对他的惩罚。纣王的种种罪状完全符合"九伐之法"的其中六条——"贼贤害民""暴内陵外""野荒民散""贼杀其亲""放弑其君""犯内陵政""外内乱，禽兽行"，所以，周武王伐商灭商是遵循天道，是为了恢复天下正常的统治秩序，保证民众安居乐业。

在《论语·宪问》中记载了一段孔子劝鲁国国君出兵的故事，"陈成子弑简公。孔子沐浴而朝，告于哀公曰：'陈恒弑其君，请讨之。'"当时，齐国大夫陈成子杀了齐简公，这是"放弑其君"的罪状，违背了礼制维系的等级秩序，所以孔子沐浴斋戒后去觐见鲁国国君，要求鲁哀公出兵讨伐陈成子，给予必要的惩戒。

在《左传·定公十二年》中记载了春秋时期鲁国发生的"孔子堕三都"著名事件。"三都"是指鲁国的卿大夫叔孙氏、季孙氏、孟孙氏（合称"三桓"）所属的城邑。鲁定公执政时期，"三桓"的家臣势力渐强，经常以下犯上，侵凌"三桓"，甚至干涉鲁国的国政。当时家臣们控制了"三桓"的城邑，并在城邑内修建城墙，其高度都超过了"百雉"，且拥有甲兵，严重不符合周礼的规定。时任鲁国大司寇的孔子建议鲁定公使用武力，发动了"堕三都"行动，也就是推掉"三桓"城邑里多出18尺的城墙部分，因为按照周礼，天子、诸侯、大夫筑城的高度、面积都有明确的要求，不得超出，借此打击使"三桓"近于失控的家臣势力。孔子之所以要坚持"堕三都"，就是家臣们"负固不服"的做法，严重影响了正常的政治秩序，所以出兵是具有合法性的。

此外，在《周礼·夏官》中记载了大司马"正邦国"的"九伐之法"，原文是："以九伐之法正邦国，冯弱犯寡则眚之；贼贤害民则伐之；暴内陵外则坛之；野荒民散则削之；负固不服则侵之；贼杀其亲则正之；放弑其君则残之；犯令陵政则杜之；外内乱，鸟兽行，则灭之。"我们看，这段文字内容与《司马法》的表述基本一致。然而，《周礼》中的执行者是大司马，《司马法》中的执行者是王霸，从春秋时代的实际情况出发，真正有能力实施"九伐之法"的，只有大国霸主。由此也可见，春秋时期，天下秩序最终是靠武力维持的。"九伐之法"既肯定了"以战止战"的必要性，又防止了穷兵黩武的行径，是"重战"与"慎战"并重思想的具体体现。

二

《天子之义第二》
逻辑思路及经典谋略

[篇题解析]

本篇的第一句为"天子之义，必纯取法天地"，所以取"天子之义"作为篇题。本篇的主要内容包括如何建军、治军和相关作战原则，等等，并从历史的视角比较了夏、商、周三代在军事装备和制度等方面的区别与演变。

本篇提出"教而后战"的军事教育理论，认为"虽有明君，士不先教，不可用也"。战争的特殊性决定了对士兵必须要事先进行教育训练，才能投入战场，否则军队是不可能有战斗力的。著名军事家吴起认为："用兵之法，教戒为先。"（《吴子·治兵第三》）本篇中把军事教育训练中的伦理思想教化作为重点，认为"士庶之义，必奉于父母而正于君长""立贵贱之伦经"，认为必须以礼义教民，按尊卑等级秩序行事，形成良好的行为习惯。本篇又进一步提出"教极省"，教育内容要简明易学，而且要"既胜之后，其教可复"，即教育要反复进行，不能松懈。

战国以前，各诸侯国主要实行民兵合一的制度，而且将相不分，平日理政为卿，战时统兵为将，因此治国与治军往往混为一谈。《司马法》清楚地认识到二者的差异，在本篇中提出一个非常重要的观点——"国容不入军，军容不入国"，强调治国与治军的不同。治国尚礼，治军重法，各有特点，不能以治国的方法治军，也不能以治军的方法治国。如果以治军的方式治国，民众礼让谦逊的风气就会废弛；如果以治国的方式治军，军人尚武刚强的精神就会松懈。接下来的内容进一步指出"礼与法表里也，文与武左右也"，深刻揭示了礼与法、文与武互为表里、相辅相成的关系。

本篇从历史的角度记录了夏、商、周三个时代在誓师活动、兵器发展、战车特点、赏罚之用等方面的区别和演变。重点论述了统治者实施赏罚应遵守的原则：一是赏罚严明，使全军上下做到令行禁止；二是赏罚及时，即"赏不逾时""罚不迁列"；三是"大捷不赏""大败不诛"，维护部队的团结稳定，这些原则至今仍有积极的借鉴意义。

本篇对将帅提出了既不能"多威"也不能"少威"的要求，带兵要注意宽严适度。将帅太过威严，士兵会感到压抑畏惧；缺乏威严，士兵就会不听指挥而难以掌控，两种情况都会严重影响军队的战斗力。

本篇对作战原则也有涉及论述，强调在作战时要注意"逐奔不远，纵绥不及"，以避免遭敌诱骗或伏击；提出了"军旅以舒为主"的作战原则，这是由西周时期以车战为主的方阵作战战术决定的，车战的特点决定了"徒不趋，车不驰，逐奔不逾列"的行动方式，意思是步兵不能奔跑，战车不能疾驰，追击敌人不能逾越规定的行列，时刻保持战斗队形，才能发挥出方阵的整体战斗力。与这种作战特点相关联，《司马法》进而提出了"兵不杂不利"等一系列武器配置原则，论述了兵器的长短轻重要合理并配合使用的思想，有其独到之处。

[正文注释]

天子之义，必纯取法天地，而观于先圣。士庶之义，必奉于父母而正于君长。故虽有明君，士不先教①，不可用也。

古之教民，必立贵贱之伦经②，使不相陵③。德义④不相逾，材技不相掩⑤，勇力不相犯⑥，故力同而意和⑦也。古者，国容不入军，军容不入国⑧，故德义不相逾。上贵不伐⑨之士，不伐之士，上⑩之器⑪也。苟⑫不伐则无求，无求则不争。国中之听，必得其情，军旅之听，必得其宜，故材技不相掩。从命为士上

---

① 教：教育，训练。这里的"教"包含两层意思，一是指思想精神方面，二是指身体技能方面。

② 伦经：人伦道德的规范、原则。

③ 陵：凌驾、欺凌。指使不同阶层之间不相互欺凌逾越，上不欺下，下不犯上。

④ 德义：道德与行为准则。下文"材技""勇力"亦应是合成词。

⑤ 不相掩：不被掩盖，不被埋没。

⑥ 不相犯：不敢违抗命令。

⑦ 力同而意和：指同心协力。

⑧ 国容不入军，军容不入国：朝廷的礼仪法度不能适用于军队，军队的规章制度也不能用于朝廷。国，指朝廷。容，礼仪、法制。国容，指古代朝廷的礼仪法度，重在礼让。军容，指军队的礼仪法度，重在服从。

⑨ 伐：自我夸耀，自我标榜。

⑩ 上：前指"君主"，后指"上等"。

⑪ 器：古代以钟、鼎等礼器显示贵族的身份，这里引申为才能、人才。

⑫ 苟：如果，假如。

赏①，犯命为士上戮②，故勇力不相犯。既致教其民，然后谨选③而使之。事极修④则百官给⑤矣，教极省则民兴良⑥矣，习贯⑦成则民体俗⑧矣，教化之至也。

古者，逐奔不远⑨，纵绥不及⑩。不远则难诱，不及则难陷⑪。以礼为固，以仁为胜。既胜之后，其教可复⑫，是以君子贵⑬之也。

有虞氏⑭戒⑮于国中，欲民体其命⑯也。夏后氏⑰誓于军中，欲民先成其虑⑱也。殷⑲誓于军门之外，欲民先意以行事也。周⑳将交刃而誓之，以致民志也。

---

① 上赏：最高的奖赏。
② 上戮：戮，诛杀，处死。指被处以死刑。
③ 谨选：慎重地选拔人才。
④ 事极修：修，整治。指各项事务都治理得很好。
⑤ 给：满足、充分，此处引申为恪尽职守。
⑥ 兴良：去恶向善。
⑦ 习贯：通"习惯"。
⑧ 体俗：依照良好的习俗行事。
⑨ 不远：不远追，即上文所说"逐奔不过百步"。
⑩ 不及：不追近，即上文所说"纵绥不过三舍"。
⑪ 难陷：难以进行设伏打击。
⑫ 其教可复：指对民众的仁义之教可以反复进行。
⑬ 贵：珍贵，器重。
⑭ 有虞氏：传说中远古部落名，居于蒲阪（今山西永济西蒲州镇），虞舜是他们的领袖。
⑮ 戒：告诫，此处引申为誓师。
⑯ 体其命：理解和执行君主的命令。
⑰ 夏后氏：古部落名。禹是他们的领袖，在安邑（今山西运城东北邑镇）践天子位。
⑱ 先成其虑：指在作战前做好思想准备。
⑲ 殷：朝代名，即商朝。商王盘庚从奄（今山东曲阜）迁到殷（今河南安阳），因而商朝也被称为殷、整个商代也叫殷商。
⑳ 周：朝代名。公元前1122年，殷纣王暴虐，周武王率军讨伐，战于牧野，临战前作《牧誓》。

夏后氏正其德也，未用兵之刃，故其兵不杂。殷义①也，始用兵之刃矣。周力②也，尽用兵之刃矣。

夏赏于朝③，贵善也。殷戮于市④，威不善也。周赏于朝，戮于市，劝君子惧小人也。三王彰其德于一。

兵不杂则不利⑤，长兵以卫，短兵以守。太长则难犯⑥，太短则不及⑦。太轻则锐，锐则易乱。太重则钝，钝则不济⑧。

戎车，夏后氏曰钩车，先正⑨也；殷曰寅车⑩，先疾也；周曰元戎⑪，先良⑫也。旗⑬，夏后氏玄，首人之执⑭也；殷白，天之义也；周黄，地之道也。章⑮，夏后氏以日月，尚明也；殷以虎，尚威也；周以龙，尚文也。

师多务威则民诎⑯，少威则民不胜⑰。上使民不得其义，百

---

① 殷义：指商朝依靠正义获得统治天下的权力。
② 周力：指周朝依靠武力夺取天下。
③ 赏于朝：朝是国君议事之所，赏于朝以示重视。
④ 戮于市：古代刑法。即在街市处死罪犯，并陈尸示众，即所谓"弃市"。
⑤ 兵不杂不利：意为对各类兵器如果不能合理搭配使用，就不能发挥出作用。兵，兵器。
⑥ 犯：使用。
⑦ 不及：无法及身，指打击不到敌人。
⑧ 不济：耽误作战。济，有利，有益。
⑨ 先正：着重注意平衡端正。
⑩ 寅车：一种轻捷便利，适于进攻的战车。
⑪ 元戎：一种制作精良的大型战车。
⑫ 先良：注重制作的精巧、结构的精良。
⑬ 旗：泛指旌旗。旗帜是古代军队作战时用于指挥联络的主要工具之一，也称为"㫍"。
⑭ 执：通"势"，姿势，样子。
⑮ 章：徽章。士卒的衣服上都有标记、肩上的标记叫徽，胸前的和背后的标记叫章。主要用于标明士卒所隶属的部伍及其在军阵中的行列和位置。
⑯ 诎：通"屈"，指受约束，受压抑。
⑰ 少威则民不胜：意为缺乏权威，没有威信，士卒就会难以控制而无法克敌制胜。民，此处特指士卒。古代军政合一、兵民一体，所以民有时也是兵。

姓①不得其叙，技用②不得其利，牛马不得其任，有司陵之③，此谓多威。多威则民诎。上不尊德而任诈慝④，不尊道而任勇力⑤，不贵用命而贵犯命，不贵善行而贵暴行，陵之有司⑥，此谓少威。少威则民不胜。

军旅以舒⑦为主，舒则民力足，虽交兵致刃⑧，徒不趋⑨，车不驰，逐奔不逾列⑩，是以不乱。军旅之固，不失行列之政⑪，不绝人马之力，迟速不过诫命⑫。

古者，国容不入军，军容不入国。军容入国，则民德废；国容入军，则民德弱。故在国言文而语温，在朝恭以逊，修己以待人，不召不至，不问不言，难进易退⑬。在军抗而立⑭，在行遂而果⑮，介者⑯不拜，兵车不式⑰，城不上趋⑱，危事不齿⑲。故礼

---

① 百姓：春秋以前通常指各级贵族，指百官。
② 技用：有技能的人。
③ 有司陵之：官吏欺辱士卒。有司，负责的官吏。
④ 慝（tè）：心怀恶意。
⑤ 任勇力：一味恃勇逞强。
⑥ 陵之有司：士卒以下犯上，凌辱官吏。
⑦ 舒：舒缓的节奏。春秋以前的战争中，为保持方阵整齐，进攻节奏必须舒缓。春秋末期，随着战争规模、作战武器等条件的变化，这种战法逐渐走向没落。
⑧ 交兵致刃：指战场上短兵相接，激烈交锋。
⑨ 徒不趋：步兵不奔跑。徒，步兵。
⑩ 不逾列：不能逾越规定的行列，指即使在追击逃跑的敌人时也要保持作战队形。
⑪ 行列之政：行列队形的部署规定。
⑫ 诫命：上级的命令。
⑬ 难进易退：即朝见时礼节隆重，告退时礼节简单。
⑭ 抗而立：昂首站立。
⑮ 在行遂而果：在战阵中要做到行动果断坚决。
⑯ 介者：穿戴铠甲的人。
⑰ 式：通"轼"，是车舆前面的横木。古人在车上见礼，低头抚式，故称轼。
⑱ 趋：小步急走。
⑲ 危事不齿：指在危急的情况下，不论长幼都要挺身而出，而不必讲究年龄大小。

与法表里①也，文与武左右也。

古者贤王，明②民之德，尽民之善，故无废德，无简民③，赏无所生，罚无所试。有虞氏不赏不罚，而民可用，至德也。夏赏而不罚，至教④也。殷罚而不赏，至威也。周以赏罚，德衰也。赏不逾时，欲民速得为善之利也。罚不迁列⑤，欲民速睹为不善之害也。大捷不赏，上下皆不伐善。上苟不伐善，则不骄矣，下苟不伐善，必亡等⑥矣。上下不伐善若此，让之至也。大败不诛，上下皆以不善在己。上苟以不善在己，必悔其过，下苟以不善在己，必远其罪。上下分恶⑦若此，让之至也。

古者戍军⑧，三年不兴⑨，睹民之劳也；上下相报若此，和之至也。得意则恺歌，示喜也。偃伯⑩灵台⑪，答⑫民之劳，示休也。

---

① 表里：指国容和军容的关系。国礼为礼，军礼称法，二者互为表里。
② 明：彰明。
③ 简民：怠慢之人，指不遵守法度的人。
④ 至教：最完美的教化。
⑤ 罚不迁列：指就地处置，及时实施处罚。
⑥ 亡等：意为在荣誉面前，能做到不互相攀比。等，等同，类比。
⑦ 分恶：共同承担责任。
⑧ 戍军：意为服兵役。
⑨ 兴：发动，征发。所谓"三年不兴"，是指某人戍边一年后，三年内不再征调他服役。
⑩ 偃伯：停止战争。偃，停止。
⑪ 灵台：古代观测天象之所。
⑫ 答：报答、慰劳。

[译文]

天子正确的行为准则，必须是认真效法天地的运行规律，借鉴古代圣君的治国理念。普通百姓的行为准则，必须遵循父母的教诲，遵从君主长辈的正确训导。因此，即使有贤明的君主，普通百姓如果没有事先接受过教育训练，也是不能让他们上战场的。

古代对民众进行的教育，必须先确立上下贵贱不同等级的伦理道德规范，以保证各等级之间不相互侵犯骚扰。德义原则不被逾越，有才能和技艺的人不会被埋没，勇猛力强的人不敢违抗命令，这样大家才能够齐心协力、和衷共济。古时候，朝廷的礼仪法度不用于军队，军队的军令规章也不用于朝廷，这样保证德义原则就不会被逾越。国君尊重并重用不自吹自擂、自我夸耀的人，因为这样的人，才是君主所需的宝贵人才。如果一个人不自我吹捧就表明他无所奢求，而没有奢求就不会过度追名逐利。这样的人，处理朝廷政务，就会符合实际情况；处理军中事务，就会合理恰当，如此，有才能和技艺的人才就不会被埋没了。对于服从命令的士兵，要给予最高奖励；对于违抗命令的士兵，要处以最重的惩罚。这样，勇猛力强的人就不敢违命不从了。在对民众进行教育后，再谨慎地选拔任用人才。各项事务都能处理完善，百官就会恪尽职守；教育内容简明易学，民众就会好学上进；好的习惯一旦养成，民众就会按习俗行事，这就达到了教育的最佳效果。

古时候，在战场上追击溃败的敌人不能追得过远，追逐主动退却的敌人不能过于迫近。不远追是因为防止被敌人所欺骗，不迫近使防止陷入敌人的埋伏。以礼治军，军队就坚如磐石，以仁带兵，军队就能所向披靡。获胜以后，对民众的教育可以照此反复进行，贤德的人都十分重视这些方法。

虞在国内举行誓师仪式，是想让广大民众领会和支持君主的决定。舜在军中举行誓师仪式，是让全军上下预先做好战前的思想准备。商朝在军门外举行誓师仪式，是让全体将士事先了解作战意图以展开军事行动。周朝在两军正式交锋前举行战前誓师，是为了充分激励全军官兵的战斗意志。

夏朝的君主以仁德匡正天下，没有动用武力，所以那时的兵器种类并不复杂。商朝以仁义取得天下，开始使用武力。周朝依靠武力取得天下，大量使用了各种各样的武器。

夏朝在朝堂上实施奖赏，是为了鼓励民众做好事善事。商朝在集市上公开处死恶人，是为了震慑人不要做坏事。周朝在朝堂上奖励好人，在集市公开行刑、陈尸示众，是为了鼓励君子行善，使小人畏惧而不敢作恶。总之，三代圣王表彰善行、鼓励人们去恶从善的精神宗旨是完全一致的。

各种兵器不能合理搭配使用就不能发挥出其威力，长兵器是用来掩护短兵器的，短兵器是用来近身防护格斗的。兵器太长就会不方便使用，太短就会打击不到敌人。兵器太轻，使用起来能够行动迅速，这就容易导致战况混乱。兵器太重，使用起来会导致行动迟缓，就会打击不到敌人。

战车，在夏朝称之为"钩车"，特点是行驶平稳；在商朝称之为"寅车"，特点是行驶迅捷；在周朝称之为"元戎"，特点是制作结构精良。关于旗帜，夏朝用的是黑色，象征着军队人多势众；商朝用的是白色，象征军队像天穹那样洁白；周朝用的是黄色，象征军队像大地那样厚重。关于徽章，夏朝以日月为徽，表示崇尚光明；商朝以虎为徽，表示崇尚威武；周朝以龙为徽，表示崇尚文彩。

治军若是过于威严，官兵就会感到压抑；反之，若是缺乏威严，就难以指挥官兵而无法取胜。君主使用民力不合时宜，任用官员不按规矩，有能力的人才无法发挥作用，牛马等物资不能合理使用，官员盛气凌人、以上欺下，这就叫过于威严。过于威严，官兵就会感到压抑。君主不尊重有德行的人而任用奸佞小人，不尊重有道义的人而任用恃勇逞强的人，不重用服从命令而重用违抗命令的人，不嘉许善行而看重暴力行为，士兵以下犯上，欺凌官员，这就叫缺乏威信。缺乏威信，就不能有效地指挥和控制官兵去奋力杀敌、获取胜利。

军队行动以舒缓的节奏为主，只有从容不迫，才能使官兵保持旺盛的战斗力。即使战场上双方激烈交锋的时候，步兵也不能奔跑，战车也不能疾驰，追击敌军不能超越规定的行列，这样才不会打乱己方的作战队形。军队的稳固，在于不打乱战斗队形，不耗尽人员马匹的体力，行动的快慢节奏不超过上级规定的速度。

古时候，朝廷的礼仪法度不用于军队，军队的规章条令也不用于朝廷。如果将军队的规章条令应用于国家，那么民众中的谦逊礼让的品德就会被毁掉；如果把国家的礼仪法规用于军队，那么将士就会士气涣散、斗志松懈。所以，在朝廷上要措辞文雅、语气温和，在朝廷办事应该是恭敬谦逊、修身严己、宽以待人。君主不召见就不来，不询问就不发言，觐见时礼节隆重，告退时礼节简约。而在军队中要仰首挺立，在行动中要坚决果断，穿铠甲可以不行跪拜礼节，在兵车上可以不行抚轼之礼，在城上不能小步急走，遇到危急之时要挺身而出无须在意长幼尊卑。所以，礼和法二者互为表里，文和武左右分列，不可偏废。

　　古代贤明的君主，努力彰显民众的美德，鼓励民众行善，所以不会出现败坏道德的事情，没有人不遵守法纪，用不着实施奖赏，也不用施加惩罚。虞舜时期无赏罚，而民众能为君主所用，这是德治的最高境界。夏朝只赏不罚，这是教化达到的最完美状态。商朝只罚不赏，这是因为那是拥有最强的威严。周朝赏罚并用，这表明当时道德已经衰微。行赏不能超出时限，这是为了让民众快速得到行善积德的利益；施加惩罚就要就地执行，这是为了让民众快速看到作恶的报应。打了大胜仗后并不实施奖赏，这样军中上下都不会夸耀争功。君主如果不夸耀战功、自我标榜，就不会骄傲自满；将士如果不夸耀争功，就不会互相攀比。如果上下都能做到不夸耀争功，那就说明谦让到了极致。打了大败仗后不实施刑责，这样军中上下就都会认为自己做得不好。君主如果认为过失在己，必将会痛心悔过；官兵如果认为自己有过失，必将不会再犯同类的错误。如果上下都能勇于承担责任、主动自省，可以说是谦让的风气达到了最好的状态。

　　古代服兵役，士卒一次服役期满后，三年内不再被征调，这是因为君主看到了他们的辛劳。上下相互体恤和关怀，是社会最为和谐的表现。获胜凯旋就高奏凯歌，是为了表达胜利的喜悦。战争结束后高筑灵台，慰劳民众，这是表示从此休养生息。

[新解]

(一) 教而后战,行兵有章

春秋时期,生产水平不高,士兵并不是全职军人。战事发生时民众被征召入伍成为士兵,战事结束就恢复普通人的身份继续务农耕种,所以民众是兵农合一的身份,即"兵"与"民"的双重身份。随着战争规模的扩大,作战样式越来越复杂,尤其是车战成为主要作战形式后,对单兵作战技能的要求越来越高,没有经过训练的士兵是无法作战的,士兵的政治和军事素质直接影响战争的胜负,因此教育训练就显得尤为重要。教育训练在我国古代的治军思想中一直占有重要的地位,孔子说,"以不教民战,是为弃之"。意思是,没有经过教育训练的士兵,上了战场也是枉送性命,就等于抛弃了他们。要建立一支常胜之师,使军队立威于天下,首先的任务就是要对士兵进行教育训练。吴起曾说,"用兵之法,教戒为先"。《司马法》在本篇中提出了"虽有明君,士不先教,不可用也"的观点,强调要先教而后战,这是军队建设的重要方面。扎实的军事教育和军事训练是提升军队战斗力和战场上克敌制胜的强有力保障。

所谓"练兵之法,莫先练心",思想是行动的先导,《司马法》非常重视伦理思想教育,认为教育训练首先要抓好思想教育,也就是在意识形态层面上的进行教化——"以礼义教民"。

民众自身的"礼义"观念不是生来就有的,要依靠后天教化形成。教化的内容标准从哪里来呢?本篇第一句就给了答案,"天子之义,必纯取法天地,而观于先圣。士庶之义,必奉于父母,而正于君长",即天子正确的行为准则,必须遵从天地运行的规律,同时参照借鉴古代圣人的做法来处世行事。普通百姓正确的行为准则,则必须遵循父母的教诲,遵从君主长辈的正确训导。

教育的首要任务是,"古之教民,必立贵贱之伦经,使不相陵。德义不相逾,材技不相掩,勇力不相犯,故力同而意和也。"要求先确立上下贵贱不同等级的伦理道德规范,做到不同阶层间不互相侵凌混乱,德和义两者互不逾越,这样有才能和技艺的人不会被埋没,勇猛力强的人不敢违抗命令,消除了军内矛盾,全军才能达到上下同心协力、和谐相处。所谓"贵贱之伦经",就是"等贵贱、分亲疏、序长幼"的这种次序等级,必须在战前使士兵们懂得了上下级的服从关系,他们才能在作战中正确按命令行事,共同完成任务目标。

其次,在第一篇《仁本》中积极提倡"六德以时合教",即以"礼、仁、信、义、勇、智"六个方面高标准的道德原则来教育和培养官兵,使他们有正确的道义观念,从而心甘情愿为道义而战。通过教育,达到的效果就是第四篇《严位》中所说的"教约人轻死,道约人死正",法令可以约束士兵,通过赏罚让人不惧怕死亡,而道义则可以在精神层面上激励士兵,让他们知道自己在为正义而战,更能够英勇杀敌,视死如归。荀子认为,战斗力最强的"仁义之兵",是通过"礼义教化"的军队,因为这支军队思想教育最为彻底,意志最为统一,故而所向披靡。

《孙子兵法·计篇》中提出了战争胜负的决定性因素的第一点是"道",并解释曰:"道者,令民与上同意,可与之死,可与之生。"道,就是要让民众和君主的意愿一致,这样君主才能够指挥民众作战,而民众才会心甘情愿为君主而死。教化是实现"民与上同意"之"道"的重要手段,通过教化,使民众平时服从统治,贵贱有序,战时不惧生死、勇往无畏,这应该才是《司马法》重视教育"礼义"的真正目的。

在《吴子》中有一段精彩对话,武侯问曰:"严刑明赏,足以胜乎?"吴起对曰:"严明之事,臣不能悉,虽然,非所恃也。夫发号布令而人乐闻,兴师动众而人乐战,交兵接刃而人乐死,此三者,人主之所恃也。"魏武侯问吴起:"做到严明赏罚,就足以打赢战争吗?"吴起回答说:"严明刑赏虽然对于战争胜负很重要,但不能够完全依赖于它。发号施令而人们乐于听从,兴师出战而人们乐于参战,冲锋陷阵而人们愿意不顾生命为国死战。这三点才是君主赖以取胜的决定性因素。"吴起是法家的代表人物,严以治军的思想在其整个军事理论体系中占有非常显著的地位,而吴起并没有单纯依赖赏罚,他充分注意到了政治教化在治军中的积极作用,这样才能够充分发挥出人的主观能动性,配合论功行赏的制度激励,充分调动将士的自主积极性,从而使全军上下争相建功,爆发出强大的战斗力。

中国历代的精兵劲旅始终都把提高军队的思想素质放在首位,思想教育的基本内容包括以下三个方面:一是知荣辱。《左传》中曰:"明耻教战,求杀敌也。"即把对士兵的思想教育与军事训练并列为用兵作战的前提条件。《吴子》中曰:"凡制国治军,必教之以礼,励之以义,使有耻也。夫人有耻,在大足以战,在小足以守矣。"即无论治国治军,要用"礼"来教育引导民众，用"义"来激励鼓舞人心，使民众懂得何为荣誉，何为耻辱。一旦做到这一点，己方实力强大时就可以用兵打败对手，实力弱小时也足以坚守自保。

荣辱观对个人的思想行为具有鲜明的动力和导向作用，通过培养官兵的荣辱观念，能够提高军队的凝聚力、感召力和战斗力，在打仗时士兵就能以荣誉为重，拼死作战而不会退缩。二是忠诚。在中华民族传统文化的道德体系中，忠诚始终是第一位的，被看作是最高的道德原则。忠诚是军人立身做人的根本，是军队教育的核心内容。只有培养官兵具有忠义的优秀品质，才能在险恶复杂的战场环境下，面对生死考验，迸发出忠诚不屈、不怕牺牲的战斗精神。明代何良臣在《阵纪》中有言："必遵教令以习艺，必知忠义以自持。"新兵入伍以后，就要教育他们懂得忠义的道理，使他们自觉听从命令，这样才能真正为统治者所用，达到军队管理的目标。三是勇敢的战斗精神。军人的职业是与流血牺牲联系在一起的，战场上一旦开战，随时都有可能送命，但敌我狭路相逢勇者胜，没有勇敢，无以为胜。古人云："一人投命，足惧千夫"，就是我们常说的"勇者无敌"。勇敢作为军人的职业精神，是军人素质和觉悟的全面体现，是赢得胜利的关键保障。

同时，《司马法》也注意到了军队的道德教育要因地、因人制宜。提倡"教惟豫""教极省"，反对教育的烦琐冗杂、搞形式主义，主张简明扼要，符合实际。而且，强调"既胜之后，其教可复"，教育训练不是一朝一夕的事情，要反复进行，长期培养，达到民众内心认同的效果，这样才会"习惯成，则民体俗矣，教化之至也。"良好的品德习惯一旦养成，民众就会自觉按"礼义"的要求行事，才能够达到教育的最大成效。《司马法》已经认识到，思想教育的过程是一个由外在引导促进内在自主激发的过程。思想教育要实现在日常的教育训练的基础上，同时潜移默化地提高教育对象的思想觉悟，进而提高其训练和作战的积极性、主动性，最终达到提高战斗力的目的。

（二）国容有礼，军容有法

《司马法》的兵学思想博大精深，治军思想是整个理论体系的核心组成部分。《司马法》准确把握住了军队建设的特点和规律，在此基础之上构建出了一套比较完善的治军理论体系，其中最为标志性的论述就是强调"国容不入军，军容不入国"的思想，即国家的礼仪制度不能用于军队，而军中的法规条令也同样不能搬来用于处理国家及朝廷的相关事务，这样明确区分了治军与治国两者之间的根本差异。

《司马法》从理论认识上深刻揭示了军队的特殊要求与自身规律，指出治国应当崇尚礼义，治军则是重视法治，并详细论述了"在国"和"在军"不同情况下的要求差异，即"在国言文而语温，在朝恭以逊，修己以待人，不召不至，不问不言，难进易退、在军抗而立，在行遂而果，介者不拜，兵车不式，城不上趋，危事不齿"。具体而言，在朝廷上要措辞文雅、语气温和，在朝中做事应该是恭敬谦逊、修身严己、宽以待人，君主不召见就不来，不询问就不发言，觐见时礼节隆重，告退时礼节简约。而在军队中则要仰首挺立，作战时要坚决果断，穿铠甲可以不行跪拜礼节，在兵车上可以不行抚轼之礼，在城上值守时也不用小步急走以表恭敬，遇到危急之时则要挺身而出无须在意长幼尊卑。

正是因为治国与治军有着不同的特点，所以应当遵循不同的原则规范。如果把治军和治国混为一谈，则"军容入国，则民德废；国容入军，则民德弱"，也就是说，如果把军中的那一套制度用在国家、朝廷，那么民众的谦逊礼让的品德就会被废弛；如果把国中的礼仪规章用于军中，那么军人果断尚武的精神就会被削弱。因此，治国、治军之道不能互用，否则二者都会受到损害。"国容不入军，军容不入国"被后世将帅视为军队管理的基本原则，是治军思想脍炙人口的至理名言，在中国兵学史上产生了非常重要的影响。

西汉名将周亚夫"细柳治军"作为我国历史上的治军典范，千百年来被广泛流传，就是借鉴了这一思想并应用于治军实践的典型事例。周亚夫，是西汉开国功臣绛侯周勃的儿子，他自幼受到军事世家的文化熏陶，熟读兵书，是西汉时期的名将、历史上著名的军事家，历仕汉文帝、汉景帝两朝，曾官至丞相。西汉初年，北方的少数民族匈奴的势力十分强大，趁西汉刚刚建立，国力不够强大，常常侵扰中原地区，对西汉王朝构成严重的威胁。158年，匈奴大举进犯汉朝北部边境，汉文帝急忙调将赴边防守御敌，同时加强京师的防卫力量，任命刘礼、徐厉、周亚夫为将，统领军队分别驻扎在长安附近的霸上、棘门和细柳三个地方。

一日，汉文帝为了激励士气，在没有预先通知的情况下，亲自前往长安附近驻扎的军队去慰问将士。汉文帝先到霸上，再到棘门，这两个军营负责站岗警卫的士兵看到皇帝的车驾，都是不用通报直接放行，使其一路畅通无阻地直入军营。而且，两地的主将直到汉文帝进入军营后才得到消息，慌忙前来迎接，还骑马全程陪同，殷勤至极，当汉文帝离开军营时，主将率大小将吏到营门送行，整个军营完全看不出军纪的威严和备战的紧张气氛。

最后，汉文帝到周亚夫的细柳营视察，情况和之前的两地截然相反，当汉文帝的车驾到达细柳军营时，全军将士都头戴盔胄，披甲持锐，弓弩拉满弦，处于临战前高度戒备的状态。为皇帝前面开道的先遣人马到达细柳营门，竟然被守卫的士兵拦了下来，不准其进入军营。先遣官很是意外，根本想不到会遇到这种情况，喝令门卫，天子来营视察竟敢拦天子的车驾。军门的守卫都尉却说："将军有令，军中只听从将军的命令，不听天子诏令。"先遣官只得向汉文帝通报不能入营的情况。等汉文帝的车到了营门，派使者拿天子的符节进去通报，周亚夫才命令打开营门，请皇帝的车驾入营。

当车子驶入军营后，守营的士兵严肃地告诉汉文帝的随从人员："将军有令，军营之中不能策马急驰。"车夫只好控制缰绳，缓缓行驶，不敢发出喧哗声音，直到中军帐前，只见周亚夫戎装佩剑，从容出帐迎接，手持兵器向汉文帝行拱手礼："介胄之士不拜，请以军礼见。"意思是说，由于盔甲在身，不宜行跪拜之礼，请允许我按照军礼参见。汉文帝听了，大为所动，"改容式车"，即按军礼的要求，俯身手扶着车前的横木向将士们行军礼，同时派随行官员向周亚夫致礼称谢："皇帝敬劳将军"，礼毕后，汉文帝一行随即回宫。出了军门，由于周亚夫的资历远不如刘礼和徐厉，而且对比前两处军营的情形，随行大臣都被周亚夫的做法所震惊，很多人认为周亚夫是胆大妄为、目无天子；还有人担心周亚夫会被免职问责。而汉文帝却非常理解周亚夫的做法，不但没有责怪周亚夫，反而大为欣赏并由衷地赞叹说："只有周亚夫才称得上是'真将军'，驻扎在霸上和棘门的军队，备战如同儿戏。如果敌人来偷袭，恐怕他们的将军也要成为俘虏了。至于周亚夫，敌人怎么可能有机会偷袭得了他呢？"在很长时间里，汉文帝一提起周亚夫都称赞不已。

一个月后，匈奴军队退回北方，汉文帝命令驻防的军队撤兵。此前通过劳军慰问，发现周亚夫治军有力，是难得的优秀将才，于是下令升周亚夫为中尉，掌管京师的兵权，具体负责长安的警卫戍守。后来，汉文帝病重弥留之际，嘱咐太子刘启即汉景帝说："周亚夫是可以放心使用的将军，以后关键时刻可用。"后来的历史证明，汉文帝没有看错人。公元前154年，吴楚七国发动大规模叛乱。汉景帝在无法和平解决的情况下决定使用武力手段，升周亚夫为太尉，领兵平叛。当时叛军攻势正盛，周亚夫避开与敌正面交锋，采取控制战略要地，切断敌之粮道的作战部署。在梁国被叛军猛攻，梁王紧急求援之时，周亚夫却从整个战局出发坚守不出，哪怕汉景帝下诏要求进兵增援，仍坚持不出战。最后，在叛军被迫退兵时，乘势出击，一举平定七国之乱，维护了西汉的统一和安定。

在周亚夫"细柳治军"的故事中，周亚夫对汉文帝说，"军中闻将军令，不闻天子之诏"，并坚持在军中身穿盔甲，不行朝堂的跪拜之礼而行军礼等行为，说明了军队的特殊性，维护了治军的严肃性。与本篇中"在军抗而立，在行遂而果，介者不拜，兵车不式，城不上趋，危事不齿"的观点，具有一致性，诠释了"国容不入军，军容不入国"的基本原则。周亚夫的治军故事充分证明了自古至今军队建设无一例外的铁律：严格治军，国容不入军，是军队拥有强大战斗力的必要前提，而日后在战场上能够战胜强敌正是周亚夫治军严明的最有力的体现。

总之，国家和军队的礼仪法规适用范围完全不同，在国行"国礼"，在军行"军礼"，不同的环境、不同的身份适用不同的"礼"。在中国军事思想发展史上,《司马法》是第一个明确指出治国和治军二者区别的兵书著作。军队作为一个执行特殊政治任务的武装集团,有其明显的特殊性,必须要纪律严明,令行禁止,行动迅速。如果将治国的模式用于治军,治军的模式用于治国,则会"国将不能治,军将不能战"。本篇在此基础上进一步深刻指出了礼与法的关系,"礼与法,表里也;文与武,左右也",即礼与法是互为表里、相互补充、相互依存的关系;国容和军容,一文一武,互为补充、缺一不可。

(三)赏罚有度,治军之则

以法治军是中国古代很早就认识到的治军规律,《周易》有"师出以律,否藏凶"的说法。先秦时期,"礼"和"法"概念的使用尚无明确界限,军法军纪属于"古军礼"的组成内容,是强制性的军礼。《司马法》在军队管理方面从多个角度阐述了以法治军、令行禁止、信赏明罚的重要意义和使用要求,很多论述符合军队建设和管理的一般规律和特点。本篇着重论述了赏罚作为激励的基本手段,在建军治军中的运用原则。

在仁本、重德思想的指导下,《司马法》从历史发展的角度看待治军问题,通过记述虞舜、夏朝、商朝、周朝四代君主在赏罚运用方面的演变过程,总结出各个历史时代的不同特点,认为赏罚的出现是德衰的表现,管理的最佳状态是靠人的自觉而不是靠赏罚。

全书对古代贤王统治的时代推崇备至,认为"古者贤王,明民之德,尽民之善,故无废德,无简民,赏无所生,罚无所试"。因为古代贤明的君王努力彰显民众的美德,鼓励善行,所以社会上不会发生败坏道德的事情,也不会有违法作乱的人,因此不需要使用赏赐，也不需要使用惩罚。以虞舜的时代为例，"有虞氏不赏不罚，而民可用，至德也"，那个时候的人们道德境界都非常高，根本不需要借助赏罚的手段，老百姓自觉做好事，不做坏事，当然就更不需要用武力手段去解决问题，因此，称之为"至德"的时代，是后世最为向往的时代。至德时代以后，社会整体道德水平逐渐下降，夏商周三个历史时期不得不采用赏罚的手段来治理国家。首先，夏朝的时候社会风气依然淳朴，"夏赏于朝，贵善也"，以赏的方式来鼓励善行。善者多，恶者少，因此"赏而不罚"，只用赏不用罚。这时的道德教化做得很好，人们的道德素质普遍较高，很少有人干坏事，只需要奖励的引导就可以。这也说明了，当时的人们比起"至德"时代，主动性已经差很多了，如果不给与一定的物质和精神的激励，就达不到好的效果。

其次，到了商朝的时候，社会的道德风气开始转差，仅仅采取奖赏而不惩罚就无法治理天下，因此惩罚变得必要起来，所以商朝的统治者在治理国家时，非常重视惩罚的手段，而甚少用奖赏的引导手段，即"殷罚而不赏，至威也"，这种管理方式之所以能够发挥良好的效果，是因为商朝的统治者需要在民众中建立至高无上的威信，否则很容易激起下属和民众的反抗。而且，"殷戮于市，威不善也"，之所以选择在集市这种公开场合上处死恶人，就是为了震慑社会上的其他人不要做坏事。

再次，到了周朝，"周以赏罚，德衰也"，即由于社会的道德已经衰败，所以君王必须赏罚并行。"周赏于朝，戮于市，劝君子惧小人也"，一方面施行奖赏，鼓励好人，引导人们学习好的行为；一方面严惩恶人，对道德素质低下的人起到警示作用，如此双管齐下，才能达到有效治理。

尽管夏商周三代治理天下的手段方式不尽相同，但"三王彰其德，一也"，即目标是一致的，都是为了让人们弃恶从善，维护社会和谐安定，从一个侧面表述了赏罚的演变其实是"仁本"思想的一种变通或延伸，是民德衰落的结果，是时代发展的必然。但是，把虞舜时代描述为最完美的"至德"时代，夏商周赏罚侧重不同等，这都是出自作者的想象，不可能是历史的真实。随着社会生产力的发展，私有制的产生使原始的公有制社会形态逐渐瓦解，国家形式的逐渐完善、战争能力的不断发展，这是历史发展的必然规律，也是历史的进步。夏商王朝以"天命""神权"为根本的统治思想，到了周朝已经发生了变化，统治阶级从人民的反抗斗争中看出民心对历史的进步与王朝兴衰的决定意义，意识到"民之所欲，天必从之"，以"仁德"治国、尊重民意是维系统治的根本。尽管历史上根本没有"至德"的"大同"时代，但其"尊古"强调仁德为本、重视民意的积极意义是值得肯定的。

总之，《司马法》通过区别三代赏罚制度的异同，强调"德治"让位于"法治"是时代发展的结果，说明申军法、立权威、明赏罚是顺应时代发展的，是治理军队的必然要求。严以治军要运用好赏罚手段，这能够直接影响军队战斗力的发挥。赏，可以振奋士气，激发斗志；罚，可以树立威信，以儆效尤。同时，《司马法》认识到，赏罚的使用不是死板教条的，而是非常讲究技巧的。正确并巧妙地运用赏罚制度，可以产生积极的管理效果，本篇论述了实施赏罚时应遵循的四条重要原则：

一是赏罚要严明得当。军队作为武装力量，必须做到"从命为士上赏，犯命为士上戮"，对于服从命令的士兵要给予奖励；对于违抗命令的士兵要处以重罚。这样才能保证军队反应步调一致，这样才能"勇力不相犯"，部队做到令行禁止，才能形成整体的战斗力。令行禁止的基本要求就是坚决服从命令，所谓"军人以服从命令为天职"，就是这个道理。而且要注意赏罚得当，不当的奖励，可能勾起私利的欲念、钻营的机巧、曲意的逢迎，这样是发挥不了激励作用的。

晚清湘军首领胡林翼说："兵无论多寡，总以能听号令为上。不奉一将之令，兵多必败；能奉一将之令，兵少必强。"（《曾胡治兵语录》）只有号令统一，听从指挥，队伍整齐，步伐一致，才会最大限度发挥战斗力；否则，如果军队是一盘散沙，即使有百万之众，战则必败。《尉缭子》中记载了一个吴起军中严格执法的事例。主帅吴起指挥军队与秦军作战，两军尚未正式交战，有一名士兵恃勇逞强，只身闯入敌阵，一连斩杀两名敌人，带其首级返回。吴起不但没有嘉奖这名士兵，反而下令处斩。军吏们都劝他："此材士也，不可斩。"但吴起说："材士则是矣，非吾令也。"吴起也承认他确实是优秀的士兵，但是他不听命令就要按照军法处置，最终这名违反军纪的"勇士"还是被处斩了。在战场上，全军听从号令，统一行动，比单个士兵的勇敢更为重要。为了严肃军纪，必须严惩违抗军令者。由此可见，赏罚制度的核心要务之一就是维护军令的权威，要求士兵的绝对服从。严明赏罚是整饬军纪军法，发挥全军将士的积极性，实现部队令行禁止的最重要的途径。

二是赏罚要及时。本篇提出"赏不逾时，欲民速得为善之利也。罚不迁列，欲民速睹为不善之害也"，强调赏善惩恶必须要及时进行，使得善行及时得到表彰，恶行及时得到惩罚，让人速见为善之利和为恶之害。赏罚制度的目的，除了要求将士必须服从命令外，还有一个就是发挥激励和惩戒的作用。不论是激励士气,还是惩戒立威,赏罚都要及时兑现。"赏不逾时""罚不迁列"是为了让全军上下"速得"其利和"速睹"其害,这样通过发挥法的手段作用实现对善恶行为的利害效应,使将士在利的鼓励和法的威严的鲜明对比下产生一种从善抑恶的道德心理。明代王阳明曾说:"赏不逾时,罚不后事。过时而赏,与无赏同;后事而罚,与不罚同。"同样强调了赏罚不能错过时机,错过了时机,赏罚就起不到应有的作用。只有及时兑现,赏罚制度才更有约束力,才能发挥出应有的鼓励与惩戒作用。

三是大捷不赏。"大捷不赏,上下皆不伐善。上苟不伐善,则不骄矣,下苟不伐善,必亡等矣。上下不伐善若此,让之至也。"所谓"伐善"就是争功夸誉的意思。意思是,打了胜仗后,不进行封赏,这样军中上下都不会夸耀争功。君主如果不夸耀战功自我标榜,就不会骄傲自满;将士如果不夸耀争功,就不会互相攀比。

为什么打了大胜仗还不行赏呢?因为大胜仗的有功者远非个别人,而是依靠团队的力量获得的,全军将士皆为有功之人。如果大胜仗要赏,则是几乎人人都得赏,然而"举天下之物,不足以遍赏",领导者若不争功,说明没有骄傲之心,下级若不夸耀战功,则说明没有贪心。大胜之后不行赏的目的在于防止上下争功,影响内部的团结,军队要保持谦虚谨慎的作风,这样才能继续取得更大的胜利。

《睡虎地秦墓竹简》中记载了两起秦军士兵为功赏而争夺敌人首级的案件,其中一起案件中,一名秦军士兵为了抢夺他人斩获的敌军首级,竟然故意用剑刺伤战友;另一起案件中,两名秦军士兵企图冒领军功,为了争夺的敌军首级居然杀害了自己的战友。这两个事例中，部分士兵为了得到功赏，却到了目无法纪、自相残杀的地步，所以赏与不赏要具体情况具体分析。这也说明，仅用赏罚这种功利观念刺激官兵，而不对其进行以礼义教化为主的思想教育是无法充分提升军队内部的凝聚力的。

四是大败不诛。"大败不诛，上下皆以不善在己。上苟以不善在己，必悔其过，下苟以下善在己，必远其罪。上下分恶若此，让之至也。"意思是，打了大败仗不以杀戮为惩罚手段，这样上下都会引过归己，从自身上找失败的原因，上级如果能够如此，就一定会吸取失败的教训，想办法弥补过错；下属如果能够如此，下次作战时必然不会犯同样的错误；如果上下都能勇于承担责任、主动自省，就会产生一种悔过从善的心理和将功赎罪的责任感。这样，全军就会团结一致，同仇敌忾，誓雪前耻，求胜心切。

为什么打了大败仗后，领导者不应该给下属严厉的惩罚呢？首先，大败仗不同于小失误，领导者必然是第一责任人，是领导者对整个战局没有进行正确的战略判断和灵活指挥，或者在用人方面出现重大失误，这才会导致战争的失败，所以领导者首先需要反省自己。其次，出现了大败仗后，整个部队的士气都会沉闷不堪，士兵们本来就非常沮丧，如果这时候再给他们严厉的惩罚，有可能导致军心崩溃，很难再团结人心、重建信心。春秋时期秦国和晋国间发生了崤之战，秦穆公在战后的做法就很好地说明了"大败不诛"的意义。

公元前627年，秦穆公为谋求向东发展，不顾百里奚、蹇叔等大臣的劝告，派大军长途跋涉准备远袭郑国。结果由于军情泄露，偷袭未成，在退军到崤山（今河南省洛宁县）时，遭到晋与姜戎联军的伏击。秦军全军覆灭，孟明视等三帅被俘。

当时，晋襄公的母亲是秦国的公主，她想办法从中调停，跟晋襄公说："都是这三个人坏了两国的关系，不如放他们回去，让秦国惩罚他们"，晋襄公听从建议，就把三人放走了。按照当时秦国的军法，三位主帅回去很可能要被治罪杀头，三人因此心怀忐忑，不知回国会面临什么样的情况。谁知，秦穆公亲自率领人马到边境接应他们。见了面，秦穆公就主动检讨说："是寡人不听左右相的话，致使你们兵败受辱，这一切都是寡人的过失。"秦穆公不但没有加罪，而是把战败的罪过归于自己，并恢复他们的军职。秦穆公不推卸责任，不迁怒于人，赢得了三位主帅以死相报的坚定忠心，三军将士也大为感动，齐心协力，欲图复仇。三年后，孟明视率秦军渡过黄河，烧掉坐船，终于打败晋国。在这个事例中，秦穆公作为秦国的国君，如果治罪于他人，虽然臣子和将士们不能违抗命令，但会在心理上造成极大的打击。但是秦穆公是一位明君，他并没有这么做，所以换来了将士们的忠心爱戴和齐心报仇的最后胜利。

《司马法》清楚地认识到，赏罚是可以用来激励士气和劝勉将士积极战斗的手段，但赏罚也不是万能的，大赏大罚也会产生炫耀功劳、推诿过错的争斗之心，而自夸和争功则必然使得奖惩走向反面，反而会造成军心涣散。赏罚制度在"大捷"与"大败"这种特定的情况下，需要逆势而行，让将士们在胜利时不骄傲，失败时不气馁，提倡其保持谦虚谨慎的良好作风，使军队形成强大的凝聚力，时刻牢记为胜利而战。同时，《司马法》强调"上贵不伐之士"，上位者要特别尊敬和重用那些谦让而不自我夸耀、不争功的人，因为"苟不伐则无求，无求则不争。国中之听，必得其情，军旅之听，必得其宜，故材技不相掩"，这样的人不会追名逐利、假公济私，无论国政事务还是军政事务都能妥善处理,也能合理地使用人才,所以"不伐之士,上之器也"。

东汉开国名将冯异治军严明,作战勇敢,在作战中常为先驱,料敌制胜,为东汉立下了汗马功劳。而其本人"为人谦退不伐",从不居功自傲,当其他将军坐在一起互相争功时,冯异经常独自退避到树下,所以得到了"大树将军"的美名,光武帝多次赞扬他并给予极大的信任,冯异也被后人所敬仰。

行赏罚,严军纪,是历代将帅治军的共识。张居正曾说:"赏一人当其功,则千万人以劝;刑一人当其罪,则千万人以惩",一人立功,奖励恰当,千万人就会加倍努力;一人犯错,惩罚适当,千万人就会引以为戒,这就是正确使用赏罚手段所达到的巨大效应。赏罚不明是管理中的重大失误,必将对一支军队或集体的内部凝聚力和自主性造成重创,甚至会影响全局。在《孙子兵法·计篇》中把"赏罚孰明"作为判断战争双方胜负的重要因素之一。所以,赏罚必须公正及时,准确把握好适度原则,根据实际的功劳或过失,精准地实施赏罚,才能达到真正的激励效果。

(四)兵利其器,不杂不利

战争是武器装备的竞赛和实力的拼杀,所谓"工欲善其事,必先利其器",历代兵家都比较重视武器装备的使用和发展问题。纵观《司马法》全书,有大量篇幅论述武器装备的内容,完善武器装备的思想是《司马法》军事思想的重要组成部分。《司马法》阐述了武器装备的配合使用以及发展的途径和方法,将其列为战争制胜的重要因素之一,其所达到的广度和深度是同时代的其他兵书无法企及的。

首先，关于兵器的产生，本篇中有这样一段描述，"夏后氏正其德也，未用兵之刃，故其兵不杂。殷义也，始用兵之刃矣。周力也，尽用兵之刃矣。"认为夏朝的统治者用德取天下，没有动用武力，所以当时的兵器种类比较简单；商朝以仁义取得天下，开始采取武力手段讨伐不义战争；周朝靠武力夺取天下，广泛使用各种兵器以打败对手。本篇中把兵器的从无到有再到杂的发展过程用政治上"德""义""力"的历史发展予以解释，说明了兵器的产生和发展正是随着"权出于战"的时代需求而不断发展的结果，这也是从另一侧面对"以义治之之谓正，正不获意则权"的生动诠释。

兵器是战场上的战斗装备，古代有"五兵"之称，《周礼·夏官·司兵》中曰："掌五兵五盾。""五兵"具体所指的兵器，自古意见并不统一。在《武经七书注释》中，"五兵"为矛、戟、弓、殳、戈五种兵器，后一直用"五兵"代表兵器的统称。《司马法》认为，武器装备种类越多越好，长兵器和短兵器各有优点，作战中要发挥出各自特长。古代作战主要是面对面的近距离格斗，兵器的长短距离就是杀伤距离，可分为长兵器和短兵器两种基本类型。长短交错，构成了兵器的"杂"，"杂"是武器装备多样化的表现。

关于长兵器和短兵器的具体概念，历来说法不一，普遍认为，刀、剑等长度较短一类的兵器属于短兵器，而矛、戈、殳等属于长兵器。另外，长、短兵器也不仅仅指的是兵器本身的形状，而更多要考虑的是其杀伤距离，如弓弩。因此，长和短只是一个相对概念，没有严格的定义。弓弩能够在百米左右的距离内构成杀伤力，矛、戟的杀伤距离是四五米，但如果在三米的打击区域内，戈、殳的灵活性显然要超过以上兵器。本篇提出"长兵以卫，短兵以守"，即长兵器用来掩护短兵器，短兵器用来近身格斗，长兵器与短兵器配合使用才能最大限度发挥出整体作战效能。而且，在《司马法》的第三篇《定爵》中又再次强调"长以卫短，短以救长"的使用理念，在作战中要清楚长短兵器各有自己的适用范围，要合理配置协同作战。

明朝名将戚继光非常重视各种武器的协同配合使用，他自创的"鸳鸯阵"在阵形设计上就充分考虑到兵器的配合使用问题。"鸳鸯阵"以小队为作战单元，每队12人，最前面的是队长，其后一排则是两名士兵各手持一个长牌和藤牌，长牌手执长盾牌以遮挡倭寇的箭矢、长枪，藤牌手执轻便的藤盾且随身带有标枪、腰刀，长牌手和藤牌手主要作用是掩护队伍前进，从藤牌手的携带武器就可以看出，他的作用除了掩护还能够与敌近战。紧接的一排是两名"狼筅手"士兵，手执狼筅为武器，狼筅是利用南方生长的毛竹，挑选出老又坚实的长竹，将其竹端斜削成尖状，留下四周尖锐的枝丫，每支狼筅长3米左右，狼筅手利用狼筅前端的利刃刺杀敌人，以掩护前面盾牌手的推进和后面长枪手的攻击。下一排是四名手执12尺左右长枪的长枪手，作为全队的攻击主力，左右各两名，分别照应前面左右两边的盾牌手和狼筅手。最后一排是两个手持"镋钯"的士兵，作为短兵手，担任警戒、支援等工作；"镋钯"是山字形铁制兵器，长约七八尺，顶端的凹下处可放置火箭，即系有爆仗的箭，点燃后可以直冲敌阵。如敌人迂回攻击，短兵手即持短刀冲上前去劈杀敌人。另外，小队还配备一名火兵，负责备守和做饭。可见，在阵形组成中各种兵器分工明确，能够有效杀敌关键在于全队整体配合、令行禁止。

"鸳鸯阵"的阵形变化非常灵活，可以根据战场特点和作战需要变纵队为横队，变一阵为左右两小阵或左中右三小阵。当变成两小阵时称"两才阵"，左右盾牌手分别随左右狼筅手、长枪手和短兵手，护卫其进攻；当变成三小阵时称"三才阵"，狼筅手、长枪手和短兵手居中，盾牌手在左右两侧护卫。这种变化了的阵法又称"变鸳鸯阵"。

"鸳鸯阵"的设计理念，就是使长与短、矛与盾、冷与热等各种兵器密切配合，最大限度发挥出各类兵器的组合效能，配合士兵的攻守形势，使武器与人成为一个整体，充分发挥出整体战斗力。明朝时期，面对倭寇的猖狂侵犯，戚继光用"鸳鸯阵"成功击败了倭寇，取得了九战九捷的不败战绩，使得戚家军从此名声大振，名垂青史。鸳鸯阵是我国古代战争史上的一种杰出战术，它体现了我国古代军事家们的智慧与创新，在之后明清时期的战争中仍旧发挥出重要的作用，曾国藩的湘军也曾取法鸳鸯阵，创立了湘军鸳鸯阵，多次大败对手。

《司马法》在指出长短兵器配合使用的同时，进一步提出兵器的设计制造要遵循适度原则，"太长则难犯，太短则不及。太轻则锐，锐则易乱。太重则钝，钝则不济"，要注意兵器在长短轻重上设计过度的弊端。如果长度太长，在进行刺击时，难以快速瞄准移动目标，很容易刺不到。如果太短，即使敌人距离已经很近了也够不到，这样容易被敌人先杀。除了长短的问题，重量也要适度。如果重量太轻，虽然使用起来轻便灵活，却容易出现杀伤力不够无法抵御敌军进攻而被冲散阵形的后果。兵器太重，使用起来导致行动迟缓，就会错失最佳打击时间，无法有效抗敌。虽然长短兵器各有优势，协同使用可以优势互补，但也并不表示在兵器的形态制造上，某些优势特点越突出作战效果就越能提高，因此要特别注意过犹不及。

以周朝的战车为例，战车的轴和辕长都是大约3米，驾车马匹的马颈又在车辕之前，车厢在后部，士兵站在车厢里，因此，在交战时如果战车正面相对，双方士兵相距必然在5米开外，但杀伤对方的兵器不会这么长，长兵器是在车与车交错时的格斗中使用。在《周礼·考供记·庐人》中曰："凡兵无过三其身，过三其身，弗能用也而无己，又以害人。"这里说的就是，作战的兵器过长，使用不方便，还会伤到自己。所以，古人的作战经验是，长兵器只能稍长于人体两倍的高度，也就是3米左右。在曾侯乙墓（战国前期）中出土的兵器——殳的长度是3.27至3.40米。

综上所述，《司马法》论述了武器装备的协同配合使用原则和设计适度原则，不仅符合当时战争的实际情况，适应实战的需要，对于当前新军事变革中的武器装备建设也有着积极的借鉴意义。纵观武器装备的发展史，无论是冷兵器时代还是热兵器时代，兵器多样化且重视协同配合的发展规律一直没有改变。到了近代，尤其飞机出现以后，兵器的多样化呈现出立体的发展趋势，兵器的配合使用逐渐变成了同一军种不同武器装备的配合使用和不同军种的各类型武器装备的协同作战，其配合使用的复杂性大大增加。如何使各类武器装备协同配合，产生最大作战效能，也是现代战争始终面临的一个重要课题。

（五）三代誓师，车旗章制

《司马法》对春秋中期以前的军制装备、军礼军法、作战方式等多个方面的内容都有记载和论述，为我们理解古代战争的历史演变轨迹提供了珍贵的历史资料。本篇中介绍了"三代"的誓师仪式和军队关于车旗章的使用情况。

自古出征就重视誓师之礼，誓师仪式夏朝已经存在，商周时期进一步得到发展，《尚书》中有《甘誓》《汤誓》《牧誓》《秦誓》等多篇记录誓词的文献可以证实，誓师能起到战前动员、激励士气的积极作用。誓师礼是"古军礼"的重要组成部分，本篇中记述了从有虞氏到西周时期关于誓师礼的发展过程，"有虞氏戒于国中，欲民体其命也；夏后氏誓于军中，欲民先成其虑也；殷誓于军门之外，欲民先意，以行事也；周将交刃而誓之，以致民志也。"可见，不同时代举行誓师礼的地点不同，而且，誓师礼的目的和意义亦不相同。

首先，从誓师礼举行的地点来看，"有虞氏戒于国""夏后氏誓于军中""殷誓于军门外""周将交刃而誓"。值得注意的是，有虞氏行礼的地点是在"国"中，不是在"军"中。《司马法》非常重视"国容不入军，军容不入国"，有虞氏教诫的对象是国民，不是士兵。古代兵民合一，平时为民，战时为兵，为民时是穿便装，行常礼。所以是"戒"而不是"誓"。当在军营时，民成为兵，戴甲胄，行军礼。其他三个时期都是在军中，所以用"誓"。

另外，虽然记述的是誓师的地点，但是从地点中能够发现举行誓师的时机是有区别的，誓师的时间距开战的时间是越来越近的。其次，从举行誓师礼的目的来看，誓师礼在不同时代有不同的目的。有虞氏时是为了让民众"体其命"，也就是让民众理解支持君王的决定；夏后氏时是为了让民众"先成其虑"，即让全军上下在战前做好思想准备；殷商时是为了让民众"先意以行事"，即让士兵先了解作战意图以便投入战斗；周时是为了"致民志"，即激励全军的战斗意志。尽管各朝代举行誓师礼的情况不尽相同，但目的是一致的，那就是激励士气，激发对敌人的仇恨，坚定将士的必胜信心，以利于作战。

《司马法》中对"三代"乃至"三代"之前的军政事务有多处记载，未必完全符合历史原貌。这种带有"尊古"意味的论述，应该是本书对"三代"军礼等相关情况的理想化构建。著名历史学家吕思勉曾说："大同时代的境界，永存于人类记忆之中。不但孔子，即先秦诸子，亦无不如此。"（吕思勉，《中国通史》）这是先秦时期的尊古、崇古思潮在兵学思想中体现。

关于战车，夏朝已经开始有了战车以及车战的作战形态，据说最早在夏王启指挥的甘之战中就已经使用战车。在先秦时期，战车部队相当于现在的装甲部队。从商朝经西周至春秋时期，车战逐渐发展成为主要的作战方式，战车是军队的主要装备。商朝的战车多是两匹马驾驶，西周的战车发展到四匹马驾驶，有句耳熟能详的名言："君子一言，驷马难追。"这里的"驷马"原指套上四匹马拉的战车，经过长期摸索，古人发现四匹马拉的战车跑得最快。这句话的原意是，一旦话说出了口，就是套上四匹马拉的车也难追上，形容君子言出必行，不能轻易违背自己的承诺。

本篇简要介绍了"三代"的战车不同的名称和设计风格，"戎车：夏后氏曰钩车，先正也；殷曰寅车，先疾也；周曰元戎，先良也。"夏朝的战车名叫钩车，设计注重行驶平稳；商朝的战车叫寅车，特点是行驶快速；周朝的战车叫元戎，特点注重结构的精良。

由于生产力的低下，夏朝时期的车战还处于起始阶段，使用战车的数量较少，战车主要给统帅乘坐指挥之用，以平稳为主，所以说"钩车，先正也。"据《吕氏春秋》中记载，夏朝末年，商汤灭夏交战时"良车七十乘，必死（甲士）六千人"，仅使用了战车七十乘。商朝时期，车战逐渐有了一定规模，但像周朝那种大规模车战为主的作战形态还未形成。在战场上，战车的作用主要体现在速度优势上，因此更侧重速度，所以说"寅车，先疾也。"到了商末，在周武王伐纣的牧野之战中，已达到一次动用三百乘战车的战争规模。周朝以后，大规模车战的作战方式已成为战争的主流，随着车战强度的不断增加，对于战车的要求不仅仅是速度，还要求其有坚固、耐久的特性等，战车的制造也越来越精良。当然这些要求也是在生产力和技术水平的大幅进步以后才出现的，所以说"元戎，先良也。"到春秋末期，一些大的诸侯国，如晋国和楚国，拥有战车的数量已达4000乘以上。

关于军旗，本篇追述了"三代"的军队使用军旗的相关情况，"旗：夏后氏玄首，人之执也；殷白，天之义也；周黄，地之道也"，"三代"的军队使用不同的旗帜代表不同的象征意义，夏朝军队的旗帜是黑色，象征着军队像黑发的武士那样威武；商朝军队的旗帜是白色，象征军队像天穹那样洁白；周朝军队的旗帜是黄色，象征军队像大地那样厚重。

关于旗帜，商以前可考证的内容极少，周王朝从"礼"的角度出发制定了非常具体的使用规定，据《周礼·春官·司常》中记载，"司常掌九旗之物名，各有属，以待国事。日月为常，交龙为旂，通帛为旜，杂帛为物，熊虎为旗，鸟隼为旟，龟蛇为旐，全羽为旞，析羽为旌。"这里列举了周朝的九种旗帜，即常、旂、旜、物、旗、旟、旐、旞、旌，这九种旗帜分别用不同的图案表示不同的等级和用途。例如，天子祭天、出征、阅兵，悬挂常旗；诸侯用交龙旂旗，将帅用熊虎旗，等等。

古代军旗不仅具有"古军礼"的重要意义，更是战场作战时重要的指挥工具，将帅通过变换旗帜来指挥、调动军队进行攻守、分合、进退。因此，古代的军旗种类很多，各有用途。古代军队主将或者主帅的标志性旗帜被称为"牙旗"，是军队的核心。牙旗也常指军队在行进及作战时，在队前或者阵前引导的大旗。古代受命出征前都要举行"祭旗礼"，即用牙旗祭祀神灵，祈求得到神的庇佑和支持。在没有当代通信设备的古战场上，军事统帅的号令多是通过特定的军旗实施发布，不同的军旗代表不同的情况和指令，军旗是作战活动的最为重要的指挥工具。古代新兵入伍，第一天的训练便是认识和熟悉各种旗帜。古人称为"教旗"。古代所有伟大的将领练兵，无论是李广还是卫青，韩信还是岳飞，他们都要走过"教旗"这一步，因为这是最基础的，最为必需的。

《孙子兵法·军争篇》中曰："言不相闻，故为之金鼓；视不相见，故为之旌旗。""夫金鼓旌旗者，所以一人之耳目也。人既专一，则勇者不得独进，怯者不得独退，此用众之法也。"这段话就讲到了古代战场上的军事指挥系统极其重要作用，因为在千军万马杀声震天的战场上如果用语言来指挥，将士难以听见指令，所以使用金鼓；用动作来指挥，将士难以看见，所以使用旌旗。金鼓和旌旗，都是用来统一士兵的视听，统一作战行动的。只有统一指挥，才能够有效地发挥出整体战斗力，这是指挥大军作战的方法。《吴子》中曰："夫鼙鼓金铎，所以威耳；旌旗麾帜，所以威目。禁令刑罚，所以威心。耳威于声，不可不清；目威于色，不可不明；心威于刑，不可不严。"在这句话中，旌旗金鼓不仅能在战争中指挥士兵的作战行动，而且强调了刑是贯彻执行号令的重要保障，把士兵按号令行动和军法的"刑"联系起来，更加强化了指挥号令的威严性。

军旗的另一个作用是制造假象、迷惑对方，从而使敌人难以搞清我方虚实。春秋时期晋国和楚国为争夺中原霸权而进行了一次战略性决战——城濮之战，晋文公为了遵守他许下的诺言，下令军队后退九十里，"退避三舍"的做法既报答了以前楚成王给予的礼遇，也是运用"卑而骄之""怒而挠之"的诱敌之计。面对楚军大将子玉的骄傲轻敌，晋右翼上军主帅狐毛假装成中军前锋，竖起作为中军前锋标志的将、佐两面旗帜，然后指挥两旗后退，引诱楚军。晋下军部队也以车曳着树枝奔驰来伪装后退。楚军看到军旗，误以为是晋军的主力部队，看到晋军的撤退，更以为晋军溃不成军，急忙下令追击，然而晋军两翼趁机实施夹击，将原本强大的楚军打得落花流水。此战中，晋军正是巧妙地利用军旗制造假象，取得战术上的胜利。

另外，军旗是否整齐，也反映了军队的阵形状况和精神风貌，显示出军队的战斗力。两军交战时，可以通过军旗反映出的对方的士气及状态，从而决定自己的下一步行动。在著名的长勺之战中，我们很熟悉曹刿利用"一鼓作气，再而衰，三而竭"的士气变化规律，采用"敌疲我打"的方法把敌军的优势转化成劣势，士气下降的齐军无法抵御鲁军的攻击，连连后退。接下来，鲁庄公准备下令追击，被曹刿劝阻。鲁军虽然取得了初步胜利，但曹刿并未轻敌，担心"夫大国，难测也，惧有伏焉"。随后，曹刿亲自察看敌情，发现敌军"辙乱""旗靡"，也就是观察到齐军撤退时的车辙印记纷乱不堪，登高远望又看到齐军旗东倒西歪，确认了齐军已经狼狈逃窜，溃不成军，才命令鲁军乘胜追击，取得了最后的胜利。

关于徽章，是现存文献记载最少的一种军事装备。在先秦古籍中往往称作"章"，本篇中记录了夏商周三代军队使用的不同图案的"章","章,夏后氏以日月,尚明也;殷以虎,尚威也;周以龙,尚文也"。可以看到,夏朝军队使用的徽章图案是日月,表示崇尚光明;商朝使用的徽章图案是猛虎,表示崇尚威武;商朝使用的徽章图案是蟠龙,表示崇尚文彩。

通过这段文字可以看出,我国古代军队很早就注意运用徽章来管理军队。《说文》中曰:"卒,衣有题识者"。军队士兵的衣服上都带有标识,所以很容易分辨出来。据考证,在肩上的标识为徽,在胸前和背后佩戴的标识为章。

据《尉缭子·兵教上》中记载:"将异其旗,卒异其章,左军章左肩,右军章右肩,中军章胸前。书其章曰:某甲某士。前后章各五行,尊章置首上,其次差降之。"由此说明了徽章的最基本的功能,就是一种用于分辨士兵身份的标识,可以说在某种程度上相当于今天的军人佩戴的表示军衔的肩章,当时的章不但写有士兵的姓名,而且"尊章置首上,其次差降之",也是军队中级别高低的一种体现。同时,通过佩戴徽章的不同,还可以帮助将领在行军作战中快速掌握己方军队的整体情况,便于指挥。

根据《尉缭子·经卒令》中的相关记载也可以印证徽章的上述功能,"卒有五章:前一行苍章,次二行赤章,次三行黄章,次四行白章,次五行黑章。次以经卒,亡章者有诛。"这段话描述了士兵佩戴的徽章有五种颜色,以区分不同的行列:第一行用青色徽章,第二行用红色徽章,第三行用黄色徽章,第四行用白色徽章,第五行用黑色徽章。以这种队列次序来指挥军队,丢失徽章的要受惩罚。总之,通过徽章不同的颜色、形状及佩戴的位置,以标明士兵所隶属的部伍以及其在阵列中的行列和位置。将领通过徽章对军队的组成情况能够一目了然,可以说徽章的重要程度并不亚于旗鼓类通信指挥工具。

徽章的第二个作用是加强军队管理。据《商君书》中记载："入行间之治，连以五，辨之以章，束之以令，拙无所处，罢无所生。是以三军之众，从令如流，死而不旋踵"。行是古代军队的一种编制方式，这段话中描述的是从军队编制的角度来管理士兵，实行5人连坐制，用徽章予以辨识，分清隶属责任。连坐的目的是"拙无所处，罢无所生"，即防止逃兵，防止士兵懈怠，从而使士兵相互监督，相互负责，以保证军纪严明，作战勇猛，而徽章就成了保证连坐制度实施的不可或缺的一种手段。

（六）宽严相济，把握适度

将帅是军队的核心，将帅的个人素质能够直接影响军队的整体能力和士气状态。《司马法》高度重视优秀的将帅在治军和作战中的重要作用。作为将帅，战时要能打仗，平时要善于带兵，对待士兵要宽严相济，做到厚而能使、爱而能令。

在严以治军的问题上，将帅要注意把握好分寸，既不能过于严苛，也不能松弛无力。本篇指出"师多务威则民诎，少威则民不胜"，如果治军过于威严，官兵会感到压抑害怕，士气就会受到压制；反之，如果治军过于宽松，将领会指挥不动手下官兵，更不用说去战胜敌人获取胜利了。

什么是"多威"？直接表现就是"上使民不得其义，百姓不得其叙，技用不得其利，牛马不得其任，有司陵之"，意思是，领导者为了私心而滥用民力，又不能知人善任，打乱了官员正常合理的任命与晋升规则，有才能的人得不到重用，无法发挥其应有的作用，造成吏治混乱的局面，官吏滥用职权，欺压民众。那么"多威"就会造成"民诎",即压抑。在严厉的惩罚下,可能招致士卒表面的应付、内心的抗拒和信任的动摇,士卒对将帅产生畏惧和怨恨,却又无能为力,离心是必然的。如果军队在这种状态下出战,战斗力可想而知。

在《孟子·梁惠王下》中记录了的邹国与鲁国的一次战争。邹穆公问孟子:这场战争中,我的将领死了33人,而士兵一个都没有死。他们眼看着自己的将领战死却见死不救,实在可恨!可是我又不能把他们全杀了,而不杀又难以解我心头之恨,我该怎么办呢?孟子答:邹国曾经发生过饥荒。当时您的百姓中,年老体弱的饿死在荒山野沟里,逃往其他地方的壮年有上千人之多。然而您的粮仓里堆满了粮食,库房里也有足够的财物。官员不把真实情况报告给您,这就是对上怠慢国君,对下残害百姓啊。曾子说过:"戒之戒之!出乎尔者,反乎尔者也。"士兵的表现就是和当年您的官吏对待他们是一样的呀!所以您怎能怪罪他们呢?如果您能施行仁政,也督导官员以仁为治,百姓自然就会亲近他们的长官,也会愿为长官牺牲的。可以说,邹国国内政治和军队管理正是一种"多威"的状态,然而邹穆公却只看到了结果,看不到背后深层次的原因。

张飞是东汉末年及三国时期蜀国的著名将领,有万夫不当之勇。但他脾气暴躁,不体恤部下,士兵稍有过错,便施以重罚。刘备告诫他:"卿刑杀既过差,又日鞭挝健儿,而令在左右,此取祸之道也",意思是刑罚实施已超过适度,经常鞭打士兵,这将是招祸之举,但张飞根本听不进去。在关羽被杀后,张飞非常伤心,每天酗酒,脾气更加暴躁,常常因为很小的事情就鞭打士兵,甚至把士兵活活打死,所以手下都很害怕他,怕下一个轮到倒霉事的是自己。

为给关羽报仇，张飞主动请缨，要去讨伐东吴。出兵时，他要求部下范疆和张达尽快准备足够的白衣白甲，让官兵们挂孝出战，要在战场上祭奠关羽。但是由于要求的时间过于紧迫，二人请求宽限几天时间。张飞却大怒，让士兵把他们绑在树上用鞭子狠狠抽打，而且放出狠话，要是第二天准备不好，就要斩首示众。范疆和张达被打得浑身是血，十分害怕真的会被杀掉，于是两人就商量，与其被杀，不如先杀掉张飞。当天晚上，两人偷偷来到张飞的营帐，一刀刺死了醉酒熟睡的张飞，并将其头颅割下来，藏在衣服里，逃离蜀国，投奔吴国去了。张飞由于对手下惩罚过度，结果被自己人所杀，落得身首异处的悲惨结局。

前文提到了著名的"城濮之战"，这一战楚军的主将子玉，历史上对他的评价是治军残暴，刚愎自用。《左传·僖公二十七年》中记载了子玉治军的故事，当年楚国准备伐宋，楚成王命令子玉去练兵，他一日"鞭七人，贯三人耳"，说的是子玉在一天里面用鞭子责罚了七名士兵，用长箭刺穿了三名士兵的耳朵。蒍贾评价说，子玉"刚而无礼，不可以治民；过三百乘，其不能以入矣"，意思是，子玉性格暴躁而无礼，不适合带兵，假如让他指挥超过三百乘战车，非打败仗不可。结果一语成谶，子玉带领楚军在城濮之战中被晋军击败，最后引咎自杀。

与"多威"相反的就是"少威"，其表现是"上不尊德而任诈匿，不尊道而任勇力，不贵用命而贵犯命，不贵善行而贵暴行，陵之有司"。就是说领导者不能识别优秀的人才，却任用奸诈小人；不重用那些会做事讲道义的人，反而重用那些喜欢恃勇逞强的人；不重用服从命令的人却重用违抗命令的人；不推崇善举却推崇暴行；组织没有权威性，下层官兵不听从上级的指示。造成这种情况的根源还是在为将者身上，领导者不懂得用人之法，不懂得树立军纪的严肃性，违背了本篇提出的"从命为士上赏，犯命为士上戮"的管理原则，导致军队上下推崇"勇力""犯命""暴行"的行为。"少威"的结果就是"民不胜"，管理者缺乏威信，没有凝聚力，导致整个军队缺乏战斗力。

《资治通鉴》中记载了一个"田布失魏博"的故事，魏博是哪里呢？也就是今天的河北南部，当时这个地区民风彪悍、兵力强劲。唐朝中后期，地方藩镇割据势力膨胀，魏博在诸藩镇中实力最强，号称"河朔腹心"，自唐宪宗之后更是几乎成为一个独立的小国。田布是唐穆宗时魏博的节度使，田布从他父亲手中继承了节度使的位置，并且受他父亲影响，忠诚于唐朝政府，但是人太过老实，不能严以治下，又轻易相信别人，缺乏驾驭复杂局面的能力，以至于大权旁落，被手下将领逼死。

当田布的父亲田弘任魏博节度使时，他对手下一名叫史宪诚的牙将非常信任，多次向他父亲推荐这个人，后来史宪诚就得到提拔并担任了重要职务。田布当了节度使后，史宪诚成为他最信任的亲信，为他安排了先锋兵马使的重要职务，军中的精锐部分都让史宪诚来管。但史宪诚这个人城府很深，并非真正跟田布一心，而是一直有取而代之的野心。对此，田布却一点也看不出来，对其言听计从。

当时，魏博和幽州、镇州三地是相互依存的关系，后来幽州等地发生了叛乱，之后魏博的人心也开始动摇。田布奉命率魏博军队讨伐叛乱，虽然唐穆宗多次派遣宦官前往督战，但是魏博将士骄横懈怠，毫无斗志。此时，军队的月度供给很难接续下去，田布下令征发魏博六个州的租赋供给军需之急，然而将士们却非常不满，由于按照以往惯例，军队调拨都由朝廷供给。大家认为现在田布这么做尽管是为了公用,但无形中加重了百姓的负担。史宪诚便乘机暗中煽动士兵的不满情绪,降低田布在军中的威信,逐渐拉拢自己的势力。田布的军队很快溃散,士兵大多归附史宪诚,田布手里只剩下八千人。田布召集众部将,商议作战事宜,史宪诚暗中鼓动导致几乎无人听从田布的命令,并向田布提要求:如果能按以往河朔割据的惯例处理,我们就舍生忘死追随您;但如果要让我们出战,则不能服从。田布尽管忠心于大唐,但此时众将士已跟他离心,他左右不了局面,但又不想背叛朝廷,无可奈何写下遗书自尽而死。最终,史宪诚掌管了整支军队。

在这个实例中,田布作为一军之将却因性格过于老实,对下属不能知人善用,没有做到令行禁止,无法树立权威,最终被手下逼死。所以,治军要讲仁爱,这能够得到将士们的亲近和拥戴;但仁爱不等于软弱,不是放纵手下,如果不能树立为将者的威严,不能维护军令的有效执行,那么必然会走向相反的一面,最终祸及自身。

总之,将帅申明军纪军法、施行赏罚要把握好"适度"原则,既不能过于软弱,也不能过于严苛。正确的赏罚是把宽严适度和前面所论述的及时准确的原则相结合,这样才能达到最佳的治军效果。

(七)以舒为主,古方阵法

说到用兵打仗,大家常说的一个成语是"兵贵神速",因为在战场上速度是作战取胜的重要因素。然而,万万没想到的是,先秦时期打仗要求部队的行动速度不能太快,而是务必徐缓,是不是很让人匪夷所思呢?要理解这个疑问,先要了解当时是如何打仗的。

先秦时期最主要的作战方式是车战，顾名思义就是交战双方军队驾驶战车进行交战。早在夏朝时期，战车已经开始使用，出现了小规模的车战。到了商朝，随着生产力的发展和青铜铸造技术方面的进步，与原始步兵相比，战车在速度和冲击力方面表现出了无可比拟的优越性，加上这一时期军事争夺的中心主要在中原地区，广阔的平原也适合战车的驰骋和冲击，因此，车战逐渐取代了原始步兵的徒步格斗，成为主流作战方式。到了西周至春秋时期，战车成为军队的主要装备，这一时期也是车战的最鼎盛的时期。

车战采取的是典型的方阵战术，即战车不是单独作战的，而是和步兵配合，组成阵形。在西周及春秋前期战车的配备情况是，每辆战车配有甲士10人，步兵20人。甲士10人中有3人站在战车上，这3名甲士按左、中、右排列；另外7人配置于战车旁边的左、右两翼，甲士一般由"士"以上贵族充当。步兵20人中包括战斗人员15人和后勤保障人员5人。到了春秋后期，甲士只有3人，都在战车上，步兵则激增至72人。每辆战车和这些甲士、步兵编在一起，构成当时军队的一个基本编制单位，称为"一乘"。当时战车的数量是衡量一个国家军事实力强弱的最重要的指标，一些军事强国通常被称作"千乘之国"，甚至"万乘之国"。本身战车就是大块头，那这么多的战车又要和步兵配合要组成队列，队列与队列之间，必须保持一定距离，太密影响机动性，太疏松又会降低协作和杀伤力。

古代车战的一个重要原则就是"阵而后战"，虽然有"军礼"方面的规定要求，也是由车战的作战特点决定的。方阵作战对队形的要求非常高，具体作战时，战车必须要先列好阵形，然后再实施正面冲击。而且，由于战车车体笨重，机动性受地形和道路条件的限制很大，只适合在平原旷野地带作战，因此，作战时为了保证整体战斗力的发挥，在速度上就不能太快。西周时期的车战队形是一种密集方阵，通常步兵列阵于前、战车列阵于后，组成宽广正面的大方阵，然后缓慢推进，统一行动。

《六韬》中记载了周武王向姜太公询问关于战车作战方法的一段对话，姜太公答曰："易战之法，五车为列，相去四十步，左右十步，队间六十步。险战之法，车必循道，十车为聚二十车为屯，前后相去二十步，左右六步，队间三十六步；五车一长，纵横相去二里，各返故道。"即在平坦地形上作战的方法是，五辆战车为一列，每列前后相距四十步，每辆左右间隔为十步，每队前后距离和左右间隔各六十步。在险阻地形上作战的方法是，战车必须沿道路前进以保持队形，十辆战车为一聚，二十辆战车为一屯。车与车前后距离二十步，左右间隔六步。队间的前后距离和左右间隔各三十六步，五辆战车设一长，活动范围前后左右各二里，战车撤出战斗后仍按原路返回。从这个回答中，我们可以看出古代车战对作战的阵形要求之严格。

因此，本篇中提出"军旅以舒为主，舒则民力足"的作战指导原则，完全符合当时战争的实际要求，军队行动要以舒缓为主，可以保持士兵们充足的体能，不能急速，要从容不迫。冷兵器时代，军队的战斗力直接来源就是士兵的体力。三军作战，队形的稳固和军队整体的体能程度直接决定战争的最终胜负。本篇接着进一步阐述道，"虽交兵致刃，徒不趋，车不驰，逐奔不逾列，是以不乱。军旅之固，不失行列之政，不绝人马之力，迟速不过诫命"，强调即使在接敌交战时，也要做到步兵不能奔跑，战车不能疾驰，追击敌军不能超越规定的行列，这样才不会打乱自己的作战队形。所以，要保持战斗队形不乱，不耗尽人员马匹的体力，行动的快慢节奏不超过规定的速度。这样既能保证士兵和战马的作战持续性，又能保持方阵的阵形稳固，从而充分发挥战车的战斗能力，是作战胜利的重要保证。

此外，本篇中提出"古者，逐奔不远，纵绥不及，不远则难诱，不及则难陷"，即在战场上追击败逃的敌人要有节制。这一要求不仅是为了遵循"古军礼"的制度规范，也是由车战的作战方式决定的。

周武王伐纣的牧野之战就是典型的早期车战形态。据《史记·周本纪》中记载，周武王的战车部队为"戎车三百乘，虎贲三千人，甲士四万五千人"，其基本编制情况与考古资料相符，而甲士的数目应该是明显偏多。从双方的兵力投入数量来看，周武王军队的战车已经有一定的规模。《尚书·牧誓》中记载了周武王在战前进行誓师的内容，对作战中的步法和攻击节奏都做出了具体的规定："今日之事，不愆于六步、七步，乃止齐焉；不愆于四伐、五伐、六伐、七伐，乃止齐焉。"这里武王要求他的士兵们在作战前进时，战队每前进六到七步就要停下来进行调整，以保持方阵的整齐。这里的"伐"是击刺的意思，要求士兵每击刺四至七次就得停下来，立即整队看齐，以保持战斗队形的严整。

开始战斗后，武王的军队首先派出军将前往商军阵前挑战，然后第一线步兵以整齐的大方阵队形，唱着军歌缓慢地推进，"不愆于六步、七步，乃止齐焉"。接敌后，是以严整的方阵队形进行刺杀格斗，"不愆于四伐、五伐、六伐、七伐，乃止齐焉"。在沉重有力的攻击下，"殷人前徒倒戈"，商军第一线步兵投降。于是，武王亲率第二线的战车队急驰攻击，很快商军的阵形被突破，导致全线崩溃，"封师皆倒兵以战，以开武王，武王驰之，封兵皆崩畔纷"。

牧野之战采取的就是正面车兵与步兵混合组成庞大方阵的作战方式，更加注重阵式的严整和整体攻击能力的发挥。在战斗中步兵和战车都必须以严整的队形缓慢推进，集合个人的力量而形成更强的攻击力，所以，行动和步伐节奏都在统一号令下严格执行，随时整顿队形。这也使得当时的车战战术非常程式化，要等双方列好阵后，然后以鼓声为号开始作战，即所谓"成列而鼓""不鼓不成列"。今天看来，这种呆板的战法很是可笑，但是在当时，却是战斗力充分发挥的重要保证，因为如果队形变了，就会导致军队的混乱甚至战争的失败。因此，宁可降低进攻速度，也要严格保证队形做到严整不乱。

春秋末期以后，由于战争的发展，步兵的数量增多，军队的机动性不断提高，战术的灵活性也随之增强，"以舒为主"的作战方式逐渐淡出历史舞台，取而代之的是"出奇设伏、兵以诈立"的时代，因此，在春秋末期成书的《孙子兵法》中提出了"兵之情主速，乘人之不及"的作战原则。尽管如此，《司马法》将春秋以前古老的车战战术原则概括并记录下来，从而使得我们能够结合《左传》《六韬》等其他典籍中记载的相关史料内容，全面深入了解春秋中期以前的战争形态以及战术运用特点，具有非常重要的历史文化价值。

三

《定爵第三》
逻辑思路及经典谋略

[篇题解析]

本篇名为"定爵",由开篇的首句"定爵位"而来,但内容并不仅限此。本篇论述的内容庞杂琐碎,主要内容包括战前准备、军队法治建设、从严治军、将帅的作用、巩固军心士气以及攻守用兵的相关作战原则,等等。

本篇内容的重点是提出了以"五虑"为中心的丰富的备战思想,即从天时、地利、人和、资财、装备五个方面做好充分的战争准备。在诸多备战思想中,要重视"固众""怪众",也就是要积极争取人心,使全军上下同心同德,才能确保部队在任何情况下共赴生死,患难与共,这是取得胜利的决定性因素。这也就是《孙子兵法》中说的"道"——"道者,令民与上同意也,故可以与之死,可以与之生,而不畏危","道"既是战争胜负的决定性因素,也是治国治军的首要问题。同时,作战者还要注意"顺天""奉时""利地""有天"等,也就要选择有利于己的时间和空间用兵,争取天时和地利。

战争离不开经济的强大后盾,国富民强是建设国防或必要时运用战争手段的坚实物质基础,而且要善于利用敌人的财富资源。最为难得的是,本篇体现出古时人们重视武器装备的建设发展,提出了"右兵"的建设思想,强调兵器的配合协同,而且注意"见物与侔,是谓两之",即与对手保持武器装备力量的均衡。同时,本篇还提出了具体细节的做法,战前要"定爵位，著功罪，收游士，申教诏"等，做好各方面组织工作，重视人才储备，积极发挥人的主观能动性。重视"固众""治乱""进止""服正""成耻"，平时开展经常性的政治教育，通过严明法纪，减轻刑罚等具体措施，保证军队思想的统一稳固。

本篇详细论述了军队法律制度的建设问题。强调要"著功罪"，注意"约法""省罚"，即重视制定并推行适合的制度规章，明确赏罚制度，同时要注意精简法规，减少刑罚。提出了立法的七个原则，"立法，一曰受，二曰法，三曰立，四曰疾，五曰御其眼，六曰等其色，七曰百官宜无淫服"。即一是要制定合理，人人接受；二是要具体严明；三是不可动摇；四是要雷厉风行、依法办事，等等。

这七条原则具有普遍的立法指导意义，尤其是第一条"受"，要求立法要符合大众的意图，具有立法民主化的积极意义。作者强调"法"要"由众求之，试以名行，必善行之"，即法令法规要源自人们的要求，试行一段时间以考察实际效果，这样人们才会认可法规，能够认真遵守，还要经过反复贯彻执行，才可达到"三乃成章"，由此也体现出《司马法》的民本主义思想。

本篇还提出了治军思想，要达到"三军一人，胜"的效果，必须重视"治乱进止""教惟豫，战惟节""小罪乃杀，小罪胜，大罪因"，意为应重视士兵平时的训练管理，战前要整顿军纪，把一切问题控制在萌芽状态。尤其强调治军要注意将帅本身的重要作用。如要注意"使法在己曰专，与下畏法曰法"，不但主将不能随意制定法规，已经制定好的军法，主将更要"身以将之"，带头执行，以保证全军上下都能够严格遵守。将帅要深刻领悟"正不行则事专，不服则法，不相信则一"的道理，并要掌握"治乱"的七个原则："一曰仁，二曰信，三曰直，四曰一，五曰义，六曰变，七曰专"，不但要具备仁、信、直、义、变的品德修养，也要注意把握权变与集权的运用，这样才能避免出现因法治松懈造成的各种"战患"和"毁折"的情况。

《司马法》高度重视对将帅的培养，认为将帅是军队中的灵魂和核心。本篇提出将帅和普通士兵要做到同心协力，"将心，心也，众心，心也"，"将军，身也。卒，支也，伍，指拇也"，将帅与广大士兵团结配合才能发挥出军队的战斗力。文章强调将帅要加强自身的人格素养，要真心尊重和爱护手下的将士，这样能够赢得将士对将帅的坚决服从和至死追随。并且，在具有仁爱之心的同时还要立"信"，防止"唯仁有亲，有仁无信，反败厥身"，失信的将帅会在官兵心中失去权威，造成纵恶抑善，军队混乱无序，必然导致失败的严重后果。因此，将帅要恪守信用，赏罚有信，这样上级信任下级，下级信任上级，才能使军队的产生强大的凝聚力。

本篇也多处提到了作战的基本原则和战术方法，如"凡战，智也；斗，勇也；陈，巧也"，即作战要将智、勇、巧三者有机结合。要注意"用其所欲，行其所能，废其不欲不能。于敌反是"，发挥出我方的战斗力，扬长避短，避实击虚，占据主动。提出"主固勉弱，视敌而举"的主要方法，意为战场上必须根据敌情的变化而灵活采取不同的战法。

[正文注释]

凡战，定爵位，著功罪，收游士，申教诏，讯厥众①，求厥技②，方虑极③物④，变嫌推疑⑤，养力⑥索巧⑦，因心之动⑧。

凡战，固众相⑨利，治乱进止，服正⑩成耻⑪，约法，省罚，小罪乃杀⑫，小罪胜⑬，大罪因⑭。

顺天，阜财⑮，怿众⑯，利地⑰，右兵⑱，是谓五虑。顺天奉时；

---

① 讯厥众：征询民众的意见。受上古时期原始社会军事民主制度的影响，统治者在遇到立君、迁都或战争等重大事件时，必须向普通贵族和平民征询意见。
② 技：指技能出众的人才。
③ 极：穷究。
④ 物：事物的实质。
⑤ 变嫌推疑：排除疑问，解决疑虑。
⑥ 养力：积蓄战胜的实力。
⑦ 索巧：索求破敌的巧计。
⑧ 因心之动：根据民心所向而采取行动。
⑨ 相：辨别、观察。
⑩ 服正：服从正义。
⑪ 成耻：激发廉耻。
⑫ 杀：制止，停止。
⑬ 胜：胜出，指得逞。
⑭ 因：承袭，跟随。
⑮ 阜：增多。
⑯ 怿：喜欢，悦服。
⑰ 利地：利用地形。
⑱ 右兵：重视武器装备。右，古时以右为尊，这里是重视的意思。

阜财因敌①；怪众勉若②；利地守隘险阻③；右兵弓矢御④，殳⑤矛守，戈戟⑥助。凡五兵五当⑦，长以卫短，短以救长，迭战则久⑧，皆战则强⑨。见物与侔⑩，是谓两之⑪。主固勉若，视敌而举。

将心，心也；众心，心也。马牛车兵，佚⑫饱，力也。教惟豫⑬，战惟节⑭。将军，身也；卒⑮，支⑯也；伍⑰，指姆也。

凡战，智也；斗，勇也；陈⑱，巧也。用其所欲，行其所能，废其不欲不能，于敌反是⑲。

凡战，有天，有财，有善⑳。时日不迁㉑，龟胜㉒微行㉓，是谓

---

① 因敌：这里指能利用敌人获得装备物资。
② 勉若：指勉励士兵的斗志，顺应士兵的意志和愿望。
③ 守隘险阻：指注意控制险要之处。
④ 弓矢御：此处意为重视兵器的运用，用弓、矢阻挡远处之敌。御，抵挡。
⑤ 殳：一种棍棒类的兵器。
⑥ 戈，一种装有镰状横刃金属头的兵器。戟，一种集戈、矛一体的兵器，既可用于刺击，又可用于钩刺。
⑦ 五兵五当：五种兵器有五种不同的功能，各有所长。
⑧ 迭战则久：指五种兵器轮番出战，可以长时间与敌人抗衡。
⑨ 皆战：一齐用于作战。这里指五种兵器轮番出战可以持久对敌。
⑩ 侔（móu）：匹配、相等，这里是仿效的意思。
⑪ 两之：平衡。这里指保持双方力量平衡。
⑫ 佚：安逸。这里指马、牛要休息好、喂饱，车辆、兵器要妥善保养。
⑬ 豫：预先有所准备。这里指教育训练重在平时，持之以恒。
⑭ 节：节制、指挥。这里指打仗重在指挥。
⑮ 卒：古代军队编制单位。通常一百人为一卒。
⑯ 支：通"肢"，指人的四肢。
⑰ 伍：古代军队最低等级的编制单位，一般五人为一伍。
⑱ 陈：通"阵"。
⑲ 于敌反是：对于敌人则相反，这里指要使敌人去做他所不愿做或不能做的事。
⑳ 善：善物，这里指精良的武器装备。
㉑ 迁：迁移，申引为错过的意思。
㉒ 龟胜：指用龟甲占卜获得胜利的吉兆。龟，古人用龟甲占卜，根据烧灼后的裂纹来定吉凶。
㉓ 微行：秘密行事。

有天。众有①有，因生美②，是谓有财。人习陈利③，极物④以豫，是谓有善。人勉及任⑤，是谓乐人⑥。

大军以固，多力以烦⑦，堪物简治⑧，见物⑨应卒⑩，是谓行豫⑪。轻车轻徒，弓矢固御，是谓大军。密静多内力⑫，是谓固陈。因是⑬进退，是谓多力⑭。上暇人教⑮，是谓烦陈⑯。然有以职⑰，是谓堪物。因是辨物⑱，是谓简治。

称众⑲，因地因敌令陈，攻战守，进退止，前后序⑳，车徒因㉑，是谓战参㉒。不服、不信、不和、怠、疑、厌㉓、慑㉔、枝㉕、

---

① 众有：民众殷实富足；一说因敌生财。
② 因生美：指国家因民众富足而强盛。
③ 人习陈利：士卒训练有素，阵法巧妙。
④ 极物：指武器装备精良。
⑤ 人勉及任：士卒相互勉励，都尽力履行自己的职责任务。
⑥ 乐人：指士卒乐于作战。
⑦ 多力以烦：这里指兵力充足而且训练有素。烦，多，这里指反复训练。
⑧ 堪物简治：选拔出称职的人才管理军中各项事务。堪，胜任。简，选拔，遴选。
⑨ 见物：观察、掌握各种情况。
⑩ 应卒：从容应对突发情况。卒，通"猝"，仓促，突然。
⑪ 行豫：指行动前做好准备工作。
⑫ 内力：指士气旺盛，实力雄厚。
⑬ 是：指坚固的战斗力或阵形。
⑭ 多力：指士卒充满战斗力。
⑮ 上暇人教：指将帅从容不迫，士兵训练有素。
⑯ 烦陈：训练有素。
⑰ 然有以职：各项事务各有专职人员负责处理。职，专职。
⑱ 辨物：分辨事情的轻重缓急。
⑲ 称众：衡量兵力。
⑳ 序：有秩序，这里指临战时前后位置不混乱。
㉑ 因：相依，相连，引申为协同、配合。这里指战车与步兵互相配合。
㉒ 战参：即临战应该考虑或检验的事情。
㉓ 厌：厌战。一说骄傲自大。
㉔ 慑：畏惧敌人。
㉕ 枝：通"支"，指军心涣散。

柱①、诎、顿②、肆③、崩④、缓，是谓战患。骄骄、慑慑、吟旷⑤、虞惧、事悔，是谓毁折⑥。大小、坚柔⑦、参伍⑧、众寡、凡两⑨，是谓战权⑩。

凡战，间远⑪观迩⑫因时因财，贵信恶疑⑬。作兵义⑭，作事时，使人惠。见敌静，见乱暇⑮，见危难无忘其众。居国惠以信，在军广以武⑯，刃上果以敏⑰。居国和，在军法，刃上察⑱。居国见好⑲，在军见方⑳，刃上见信。

凡陈，行惟疏，战惟密，兵惟杂㉑。人教厚㉒，静乃治，威利

---

① 柱：挫折，驳难。指互相责难，互相拆台。
② 顿：疲劳困顿。《孙子兵法》："故兵不顿而利可全"。
③ 肆：肆无忌惮，妄自行动。
④ 崩：分崩离析，大乱。《孙子兵法》："大吏怒而不服，遇敌怼而自战，将不知其能，曰崩"。
⑤ 吟旷：呻吟叹息，喧嚣吵闹。
⑥ 毁折：毁灭、覆灭。《孙子兵法》："鸷鸟之疾，至于毁折者，节也"。
⑦ 坚柔：刚柔。指战法上主动进攻为刚，防守退却为柔。
⑧ 参伍：军队编组的基本方式。
⑨ 两：比较，指分析事物的两个相反对立的角度。
⑩ 战权：作战中的权宜机变。
⑪ 间远：侦察远处敌情。间，刺探，侦察。
⑫ 迩：近处，与远相对。
⑬ 恶疑：杜绝猜疑。恶，厌恶，这里是杜绝的意思。
⑭ 作兵义：指发动战争要合乎正义。
⑮ 暇：镇定从容。
⑯ 在军广以武：指治军要宽厚而威严。广，这里是心胸宽厚的意思。
⑰ 果以敏：指临战要果断而敏捷。
⑱ 察：察明敌情。
⑲ 好：喜欢，拥戴。
⑳ 方：比拟，这里是敬重的意思。
㉑ 杂：这里指互相搭配使用。
㉒ 人教厚：部队训练有素。厚，深、重，引申为"有素"。

章①。相守义，则人勉，虑②多成，则人服。时中服③，厥次治④；物⑤既章⑥，目乃明；虑既定，心乃强。进退无疑⑦，见敌无谋，听诛⑧。无诳其名⑨，无变其旗。

凡事善则长，因古则行。誓作章⑩，人乃强，灭厉祥⑪。灭厉之道：一曰义，被之以信，临之以强⑫，成基一天下之形，人莫不说，是谓兼用其人⑬。一曰权，成其溢⑭，夺其好⑮，我自其外，使自其内⑯。

一曰人，二曰正，三曰辞⑰，四曰巧，五曰火，六曰水，七曰兵⑱，是谓七政。荣、利、耻、死，是谓四守。容色⑲积威⑳，

---

① 威利章：军令严肃又鲜明。章，鲜明，彰显。
② 虑：谋划。
③ 时中服：人人心悦诚服。
④ 厥次治：部队秩序严整井然。厥，事情、事务。次，次序，秩序。治，整齐，严整。
⑤ 物：指军队的旌旗徽章。
⑥ 章：明显，鲜明。
⑦ 进退无疑：这里指进退不定，考虑不周详。
⑧ 听诛：接受惩罚。诛，责罚。
⑨ 无诳其名：指不要随便乱用金鼓，以免使部下产生误会。名，金鼓，是古代战场指挥工具。
⑩ 誓作章：战前誓词鲜明有力。
⑪ 厉祥：恶鬼妖怪，指蛊惑人心的妖言怪事、迷信忌讳。
⑫ 临之以强：以强大的武力来震慑对手。
⑬ 兼用其人：天下之士为我所用。
⑭ 成其溢：促成敌人骄傲自满。溢，水满外流，引申为骄傲。
⑮ 好：喜爱的对象，这里指关键要害。
⑯ 使自其内：使间谍从内部策应。
⑰ 辞：言辞，这里指政治宣传。
⑱ 兵：兵器装备。
⑲ 容色：和颜悦色。
⑳ 积威：威严冷峻的神情。

不过改意①。凡此道也。唯仁有亲②，有仁无信，反败厥身。人人③，正正④，辞辞⑤，火火。

凡战之道，既作⑥其气，因⑦发其政⑧，假之以色⑨，道之以辞，因惧而戒，因欲而事⑩，蹈敌制地⑪，以职命之，是谓战法。

凡人之形⑫，由众之求，试以名行⑬，必善行之。若行不行，身以将之⑭，若行而行，因使勿忘。三⑮乃成章，人生之宜，谓之法。

凡治乱之道，一曰仁，二曰信，三曰直⑯，四曰一⑰，五曰义，六曰变，七曰专⑱。

---

① 改意：改变作恶的意图。
② 亲：亲附，亲近。
③ 人人：任用贤人。
④ 正正：正人先正己。
⑤ 辞辞：指措辞得当，敌人的宣传便可不攻自破。
⑥ 作：兴，这里指鼓舞，振作。
⑦ 因：随着，顺着。
⑧ 政：指军队的法规条文。
⑨ 假之以色：用和颜悦色的态度对待士兵。
⑩ 事：这里指派遣士卒做事。
⑪ 蹈敌制地：进入敌境后要占领有利地形。
⑫ 形：通"型"，指行为的准则、规章制度。
⑬ 试以名行：考察是否名副其实。试，检验。名，名称，指基本内容。行，执行，指施行情况。
⑭ 将：带领。这里指以身作则。
⑮ 三：多次。古人认为凡事起于一，立于两，成于三。这里指反复贯彻规章制度。
⑯ 直：正直。
⑰ 一：统一。
⑱ 专：专权，集权。

立法，一曰受①，二曰法，三曰立②，四曰疾③，五曰御其服④，六曰等其色⑤，七曰百官宜无淫服⑥。

凡军，使法在己⑦曰专⑧，与下畏法曰法。军无小听⑨，战无小利，日成行微⑩，曰道。

凡战，正不行则事专⑪，不服则法，不相信则一⑫。若怠则动之⑬，若疑则变之，若人不信上，则行其不复⑭。自古之政也。

---

① 受：这里指人人能接受法规。
② 立：这里指不可动摇。
③ 疾：这里指法令迅速执行，雷厉风行。
④ 御其服：规定各级人员的制服。
⑤ 等其色：以各级官服的颜色区分爵位尊卑。
⑥ 淫服：混淆服装，这里指按规定制服着装，不能混乱。淫，僭越，混乱。
⑦ 己：指将帅。
⑧ 专：独断专行。
⑨ 小听：流言。
⑩ 日成行微：指在既定的时间内，隐蔽地完成作战行动。
⑪ 正不行则事专：政令得不到执行就要用专断的措施。
⑫ 不相信则一：互不信任就要统一认识。
⑬ 动：鼓舞，振作。此处是鼓舞军心的意思。
⑭ 行其不复：这里指尽量做到令行不改，令出必行。

[译文]

用兵的原则，先要确定军功爵位，明确赏罚制度，招揽各方游士，申明军队法令，征询民众的意见，招募技能突出的人才。反复仔细思考，搞清楚事情的来龙去脉，分辨是非，解决疑虑，积蓄实力，寻求破敌的奇谋妙计，根据民心所向来采取行动。

用兵的原则，要做到稳固军心，观察地利，整顿军纪，申明进退要求，坚持正义，激发廉耻，精简法令，减轻刑罚。小的罪过要及时制止，因为如果小的罪过没有受到惩罚，那么大的罪恶就会随之而至。

顺应天时，积累财富，取悦民心，利用地利，重视武器装备，这是用兵打仗必须要考虑的五件事情。顺应天时，是指了解和利用自然规律；积累财富，是指善于利用敌人获得资源财物；取悦人心，是指勉励士卒斗志，顺应士卒的愿望；利用地利，是指要守住险要狭隘的战略要地；重视武器装备，是指在作战中用弓、矢御敌，用殳、矛守阵，用戈、戟配合使用。上述五种兵器各有所长、互为辅助，长兵器是用来掩护短兵器的，短兵器则可以弥补长兵器的弱点。五种兵器轮番用于战斗中，就可以长时间与敌人对抗，全部用于作战就可以形成强大的战斗力。一旦发现敌人使用新式兵器，我军就要仿造出与之相似的兵器，这是保持敌我双方在武器装备力量上的平衡。主将要巩固军心、顺从众意，善于观察敌情虚实，灵活应对。

将帅的心是心，士卒的心也是心，要做到上下同心同德，齐心协力。马、牛、战车、兵器，休整良好，补给充足，这样才能有战斗力。训练重在平时，打仗重在指挥。在军中，将帅就如同人的躯干，卒就如同人的四肢，伍就如同人的手指。

打仗靠的是智谋韬略，格斗拼的是顽强勇敢，布阵比的是巧妙变化。让士卒做他们想做的事情，干他们能干的事情，不让他们做那些不想做也做不到的事情，对敌人来说则要反其道而行之。

凡是作战，要具备"有天""有财""有善"等多项条件。一旦出现合适的时机就不能错过，占卜到胜利的吉兆就要隐蔽地采取行动，这就是"有天"。百姓富足，国力强盛，这就是"有财"。士卒训练有素，阵法巧妙，武器精良并准备充分，这就是"有善"。官兵互相勉励，积极完成任务，这就是"乐人"。

军队强大且阵地坚固，兵员充足且训练有素，选拔合适的人才管理军中各类事务，洞察掌握各种情况以应付突发事件，这就是"行豫"。战车行驶轻捷，步兵行动迅速，弓箭能够固守御敌，这样的军队就是"大军"。兵力集中，士卒镇静，军心稳固，士气旺盛，这就是"固陈"。这样军队可以做到进退自如，这就是"多力"。将领从容不迫，士卒军事技能掌握娴熟，这就是"烦阵"。各类事务均有人分别负责处理，这称之为"堪物"。这样能够分辨事情的轻重缓急，以妥善处理，这称之为"简治"。

衡量双方兵力情况，利用各种地形条件，根据敌情变化排兵布阵。根据战场情况，掌握并灵活运用攻、战、守的作战方式，掌握好前进、后退、停止的时机。注意前后顺序不乱，战车和步兵相互协同,这是临战时该考虑的问题,叫做"战参"。不服从指挥、不信任、不和睦、怠忽职守、相互猜疑、厌恶作战、胆怯惧战、军心涣散、互相责难、委屈难伸、困顿疲惫、肆意妄为、分崩离析、纪律松散,这都是用兵作战的祸患,叫做"战患"。骄傲至极、畏惧慌恐、呻吟吵闹、忧虑自危、处理事情经常反悔,这些都是导致军队战败的原因,叫做"毁折"。造势大小、战法刚柔、部队编组或参或伍、兵力投入或多或少,都要比较分析,权衡利害,这些都是作战上的权变之道,叫做"战权"。

作战的原则是,侦察远处的敌情,观察近处的态势,抓住时机,用好财力,崇尚诚信,杜绝猜疑犹豫。出兵打仗要合乎道义,采取行动要找准时机,用人要给予恩惠,遇敌要冷静沉着,面对混乱要镇静从容,危难之时不忘记部众。治国要广开恩惠讲信用,治军既要宽厚又要威严,作战交锋时要坚决果断、灵活迅速。治国讲求和睦团结,治军必须要严明法纪,临阵作战必须掌握敌情。治国要能被百姓所爱戴,治军要能被官兵所敬重,临阵交战要能被部下所信任。

布阵的要求是,行列要疏散,作战时队形要紧密,各种武器要配合使用。士卒训练有素,沉着冷静,部队时刻保持严整的阵形。军令严肃,简明准确,全军上下恪守信义,就能奋勇杀敌。谋略多次取得成功就能赢得士卒的信服,士卒心悦诚服,部队秩序就会严整井然。旗帜鲜明,部众就能看得清楚。谋略确定,军队的信心就会增强。进退不定,遇敌无谋,就要予以必要的惩罚。不能乱用金鼓,不能乱改旗帜。

凡事以良善为出发点就能长久,遵循古法就可以行得通。誓词鲜明有力,士气就能增强,就能消灭一切敌人。消灭敌人的方法，一是用道义，以诚信感化敌军，用武力威慑敌军，建立王者基业，形成统一天下的态势，人们纷纷欣喜和追随自己，这就是争取天下之士皆可为我所用。二是用权谋，设法使敌人骄傲轻敌，攻取敌人的要害，用兵从外部进攻，派间谍在内部策应。

一是任人唯贤，二是严肃法纪，三是重视政治宣传，四是讲究作战技巧，五是利用火攻，六是善用水战，七是改善武器装备，这是七项军政大事。荣誉、利禄、耻辱、刑戮是使官兵遵守法纪的四种手段。将帅是和颜悦色还是严酷冷峻，都是为了使人改恶从善，这些都是治军的方法。只有仁慈爱人，才能获得人们的亲近和拥戴。但是只有仁爱不讲诚信，反而会导致自己失败。要任人唯贤，正己正人，措辞得当，以火助攻。

作战的原则是，既已鼓舞起了士气，趁势就要接着颁布军队纪律。要以和颜悦色的态度对待士卒，用诚恳的言辞来引导士卒。针对其产生的恐惧心理而告诫他们，利用其建功立业的欲望来派遣他们做事，攻入敌人的领地后要控制有利地形，根据将士的不同职务来分派任务，这就是通常的战法。

凡是要求人们遵守执行的规章制度，都应该来源于人们的共同要求，要试行一段时间以检验实际效果是否名实相符，明确下来之后就要坚决贯彻执行。如果应该做到却没有做到，将帅就要带头以身作则。如果都做到了，就要让士卒牢记这些规定。经过重复多次执行，就成了规章制度，凡是符合人心而产生的制度，就称为"法"。

治乱的方法：一是仁爱，二是信用，三是正直，四是统一，五是道义，六是权变，七是集权。

建立法制的原则是，一是要人人接受，二是要法令严明，三是要不可动摇,四是要雷厉风行,五是要规定军中的各级服制,六是要用颜色区分不同等级,七是规定官员按要求着装。

治军方面,主帅按照自己的意志随意制定规章的,叫做独断专行。主帅和其部属都一样畏惧并遵守的,才能称之为"法"。军中不能散布小道消息,作战不能贪图眼前小利,制定作战计划要按照约定的时间坚决完成,作战时行动要注意隐蔽,这是用兵之道。

作战的原则是,用正常的办法达不到效果时,就要采用专制的手段,用军法处罚那些不服从命令的士卒,出现互不信任的情况时必须要统一认识。如果军心懈怠,就要鼓舞军队的士气;如果士卒心存疑虑,就要努力改变他们的想法以消除疑虑;如果士卒不相信上级,更不可轻易反复改变命令,而是要坚决贯彻执行。这些都是自古以来治军的基本方法。

[新解]

(一)"五虑"为则,积极备战

《司马法》主张慎战与备战并重的国家安全思想,尤其重视做好战争准备、巩固国防建设,在全书的多篇中都有相关论述。本篇提出了以"五虑"为中心的备战思想——"顺天、阜财、怿众、利地、右兵",即顺应天时、厚积财富、悦服民心、利用地利、重视武器装备。本篇对于这"五虑"的主要内容,也给出了具体的阐述,"顺天奉时,阜财因敌,怿众勉若,利地守隘险阻,右兵,弓矢御,殳矛守、戈戟助"。

一是要"顺天"即顺天应时,就是要了解和利用寒暑阴阳等自然条件,因为古代战争受气候天时的制约影响很大,《仁本》中提出"冬夏不兴师"的原则,把在极寒酷暑的时候发动战争视为不仁义的表现,这一"古军礼"的原则也是由客观条件的限制决定的,因为如果在冬季发动战争,士卒御寒装备负担重,马匹的饲料解决难度大,势必要增加后勤保障人员,作战的机动性会大打折扣。据《史记·高祖本纪》中记载,汉高祖刘邦北伐匈奴时中了匈奴诱敌之计,在寒冬时节被围白登,"会天寒,士卒堕指者什二三",这种情况绝非偶然,正史上还有很多冬季作战士兵冻掉手指的记载,可见冬季用兵的艰难。而夏季出兵,酷暑之下耗力严重,军队容易疲累,士卒还可能染上瘟疫而不战自败，所以季节和天气状况是选择开战时机的重要影响因素。另外，古人非常重视遵循天地运行的规律行事，认为统治要顺应天道民心，所以，顺应历史潮流的发展也是"顺天"的表现。

二是要"阜财"即广积财富，强调的是从经济的角度从事战备活动。一方面，要大力发展本国经济，努力实现"众有有，因生美"的"有财"。民众富足，国力充实，是建设国防或必要时运用战争手段坚实的物质基础。另一方面，要善于利用敌人的财富资源。在《孙子兵法·作战篇》中也讲道："取用于国，因粮于敌，故军食可足也""故智将务食于敌"。古代国家间的大规模战争，若全部作战资本都由本国承担，很容易造成民生疲敝而产生厌战情绪，严重情况国内还会发生内乱甚至政权更替。而且，若出兵深入敌国，作战日久，当时落后的运输工具对于较长的后勤供应线来说，不但我方耗费人力物力财力，而且一旦被切断，即使有胜的希望也往往会前功尽弃，所谓"军无辎重则亡，无粮食则亡，无委积则亡"，那么就必须考虑"取之于敌"的办法来解决，这样既能补充自己，又可以减轻本国人民的负担，而把困敝留给了敌方，有时还可以起到扭转战局的重要作用。值得注意的是，"阜财因敌"主要是指获取敌军的粮草辎重等来补充己方的部队，但并不是指毫无节制的抢掠，战争的核心目的是为了战胜敌人，而不是掠夺财物，这是就地取材，以战养战的做法。

三是要"怿众"即争取人心，要做到全国全军同心协力，也就是我们常说的"人和"。在《孙子兵法》中称之为"道"，"道者，令民与上同意也，故可以与之死，可以与之生，而不畏危。"军队和民众自觉自愿与将帅和国君同心同德，以一个共同的愿景为目标,谓之"得道"。当上下能够彼此信任、彼此认同,拥有强烈的使命感,才能够实现共同的目标。人心既是战争胜负的决定性因素,也是治国治军的首要问题。全军将士的意志一致,才会不畏任何艰难,愿意共赴生死,关键时刻也决不会退缩。如若将帅失和、兵将不和,不要说取胜了,能否有效执行将领的指令都成问题。所以,欲向外取胜,必先向内求人和。

四是要"利地"即利用地形,就是要占据狭隘险要的战略要地,夺取战场上的先机之利。用兵的取胜原则之一,就是要在能够发挥出己方优势而限制对手优势发挥的战场上作战。《吴子》中描述地形的重要性有这样一句话:"以一击十,莫善于厄。以十击百,莫善于险。以千击万,莫善于阻。"就是说,利用好艰难险阻的重要地形,能够打击十倍于己的对手。战场上有所谓的"兵家必争之地",指的就是战场上的关键区域、战略要道。历史上的善战者无不是善于利用地形的高手。

五是要"右兵"即提高武器装备水平,一方面要重视武器装备的科学配置与协同使用,使各种兵器能够发挥其特长,弓矢为远射武器,殳矛、戈戟为近战武器,互相补充,互为辅助,充分利用兵器的整体杀伤能力,以达到攻防全能的目的。另一方面,特别强调要"见物与侔",注意学习并仿造敌方的先进装备,改变我方相对落后的装备情况。

所谓"宁可千日无战,不可一日无备",本篇在"五虑"的基础上,同时提出了部分需要引起重视的具体要求。其一,要"定爵位,著功罪,收游士,申教诏,讯厥众,求厥技,方虑极物,变嫌推疑,养力索巧,因心之动""固众,相利,治乱,进止,服正,成耻,约法,省罚"。军队重视制定并推行相应的制度规章，平时开展经常性的政治教育，通过严明法纪，减轻刑罚等具体措施，保证军队思想的统一稳固，这样才能在实战中达到"人勉及任"所谓"乐人"的士气状态，即士卒人人都能够全力以赴完成去战斗任务。而且，要集思广益，积极收罗和起用具有各种专门技能的人才，充分发挥其积极作用，全方位提高战斗力。其二，《司马法》注意到政治因素与军队建设、战争胜负的密切关系，要"讯厥众""因心之动"，指应征询民众的意见，根据民心所向采取行动，充分认识到团结广大民众，统一上下意志是军事斗争胜利的最根本前提。其三，提倡"大军以固，多力以烦"和"人习陈利"的强军建设思想，通过常抓不懈的军事训练等做到"极物以豫"的充分准备，实现"轻车轻徒，弓矢固御"，即建立起一支兵员充足而且战法娴熟、能征善战的强大军队，作为国防安全的牢固支柱，以适应当时日趋激烈残酷的军事斗争的迫切需要。

以西晋灭东吴的战争为例，早在司马家族代魏之前，司马昭就制定了"宜先取蜀，三年之后，因巴蜀顺流之势，水陆并进"，再灭东吴，统一全国的战略方针。265年，司马炎取代曹魏建立西晋，他登基后继续执行上述方针，此时蜀国已灭，于是积极策划伐吴统一的大业。

在政治上，司马炎改善内政，废除苛法，争取民心，分化吴人，赢得政治上的主动。他采纳大臣邓艾提出的"宜厚刘禅以致孙休，安士民以来远人"的怀柔政策，给刘禅及诸葛亮等的子孙封侯加爵、入朝任职，一方面可以巩固在巴蜀的统治，另一方面可以对吴国起到政治攻心、分化瓦解的作用。在经济上，减轻税赋，兴修水利，发展生产，厚积财富，不断增强国家的经济实力。在军事上，任用优秀将帅，操练水军，打造战船，广囤军粮，晋军的战斗力得到显著提升。在地理条件上，灭蜀之后占据长江上游的有利地势，更是如虎添翼。司马炎在羊祜、杜预等的辅佐下，经过近二十的专心经营，晋吴之间的力量对比发生了根本性的变化，西晋在战略上形成了对东吴压倒性的全面优势。

相比之下，东吴方面的情况却是每况愈下，在政治上，吴主孙皓昏庸暴虐，统治混乱腐败，赋税沉重，民不聊生，国内矛盾不断激化。在军事上，孙皓不采纳大臣提出的加强军备和边防建设的正确建议，自以为坐拥长江天险，难以攻破，放松长江上游的防务，东吴逐渐显露出"亡国"之态。

276年，灭吴准备基本完成。征南大将军羊祜给司马炎上书——历史上有名的《请伐吴疏》，奏请伐吴。羊祜提出"因顺流之势，水陆并进"的战略方针，针对吴军东强西弱的情况，首先集中水陆主力夺取吴军守卫薄弱但战略地位重要的长江上中游多地重镇，多路齐发，顺江而下，充分发挥水陆军的优势，一举粉碎吴军的整个防御体系，集中优势兵力攻打吴都建业，达到速战速决的目的。司马炎接受了羊祜的建议，但因为西北地区的鲜卑未定等原因，使灭吴日程暂时搁置。279年，司马炎认为灭吴的时机已成熟，采用羊祜生前拟制的作战计划，发兵二十万分六路进攻东吴。从整个战略部署上看，晋军多路出击，水陆并进，六路大军分别从长江上、中、下游同时进攻，使吴军前后无法相顾。这正是羊祜所指出的"以一隅之吴，当天下之众，势分形散，所备皆急"。

首先，杜预率军连克江陵等数城，沿江西上，策应沿江东进的王濬一路水军。同时，胡奋攻克江安（今湖北公安），司马伷军队向途中推进，直逼长江，晋军由北向南推进的五路大军进展顺利，第一阶段作战计划顺利实施。其次，王濬率水、陆军7万人，攻克吴丹阳（今湖北秭归东），沿江东下。吴人在江中险要地段暗置铁锁，横断航道，还暗设长铁锥，以阻挡晋军水上通行。由于早年羊祜策反吴间，早已获知军情。晋军拔出铁锥，焚毁铁锁，攻克荆门等战略要地，兵锋锐不可当。晋军各路乘胜追击，逐渐对吴形成战略包围的态势。随后，晋军击败吴的三万精锐，临阵斩杀吴国丞相张悌、吴将孙震及吴军7800余人。

经此大败，吴国上下震动，已呈瓦解之势。公元280年3月，吴都几乎已成为一座空城，吴主孙皓派出迎击的军队此时已成惊弓之鸟，根本没有斗志，士兵一看见晋军的旗帜，或不战而降或逃散一空。很快，晋军进入吴都城建业。吴主孙皓反绑双手，亲自拉着棺木，前往晋军请降。至此，晋军连克东吴四州、四十三郡，降服吴军二十三万，东吴灭亡，西晋完成了统一。这场战争中，西晋战前准备充分，战略方针正确，作战部署得当。

西晋灭蜀之后，司马炎立即着手稳定政治，增强经济实力，17年间逐步做到富国强兵，为统一全国进行了全方位的准备，西晋能够灭吴的历史结果不是偶然的。

首先，西晋灭东吴，统一全国，顺应了历史的发展趋势，终于结束了自东汉末年以来的百年战乱和分裂局面，对当时社会的发展起到了积极的推动作用，此为"顺天"。大力发展经济生产，屯田积谷，为战争行动做好物质方面的充分准备，此为"阜财"。灭蜀之后据有长江上游，控制巴蜀及襄阳等战略重地，占据有利的地理优势，此为"利地"。对内，改善政治，整顿吏治，重用羊祜、杜预、王浚、张华等一批贤臣良将，朝廷上下群策群力。同时，瓦解吴人，争取人心，战前就多次发生吴军部队降晋的事件，此为"怿众"。重视兵器的制造和改良，尤其体现在水军装备的建设上，派专人负责建造战船，训练水军。晋军建造的大型战船，长120步，可搭载两千多人，船上构建木城，筑起楼橹，四面都可开门，船上能骑马驰骋，且数量充足。晋水军"舟楫之盛，自古未有"，为实现"水陆并进"灭吴，提供了重要的军事保障，此为"右兵"。

与之相反，东吴原本并非居于绝对的劣势，面对西晋积极的备战态势，统治集团却昏庸无能，既不研究西晋的战略动向，也不进行有效的战争准备，在两国的战略对抗中，逐渐显现出"败亡"的迹象，尽管拥有二十多万大军，占据长江天险之势，却在不到两个月的时间里被"有备而来"的西晋军队横扫而亡。

总体而言，《司马法》构建了一个较为全面且成熟的备战思想理论体系，深刻揭示了战争与政治、经济、武器装备及天候地理条件之间密不可分的联系。它既强调在物质层面上保证战争的能力需求，也重视在精神层面强化忧患意识和民心所向的统一认识，把国防建设的主客观要求真正结合到一起。这些论述具有严密的逻辑性、高度的辩证性，对于后世国防建设思想和实践的发展成熟产生过积极而深远的影响。直至今天，仍是国防建设指导思想的不刊之论，值得高度重视。

（二）发展武器，"右兵"思想

武器装备是进行战争的物质力量和制胜的重要因素。前面提到，《司马法》非常重视武器装备与战争胜负的内在联系。在第二篇《天子之义》中提出了"兵不杂不利，长兵以卫，短兵以守"等论点，本篇继续深入分析，提出"右兵"思想，认为武器装备是用兵必先考虑的五事之一，要提前做好战争准备，达到"极物以豫，是谓有善"。而且，把改善武器装备作为国之"七政"（一曰人，二曰正，三曰辞，四曰巧，五曰火，六曰水，七曰兵，是谓七政）的第七个重要方面，强调精良的武器装备是战争必不可少的物质条件，要重视武器装备的建设发展。

本篇深入阐述兵器的使用原则："右兵，弓矢御，殳矛守，戈戟助，凡五兵五当，长以卫短，短以救长，迭战则久，皆战则强。"指出"弓、矢用以御敌，殳、矛用以守阵，戈、戟辅助配合。"这些兵器中，既有长兵器，也有短兵器。长、短兵之所以要配合使用是由其各自的特点决定的，长兵器的特点是能够在较远的距离杀伤敌人，那么它的攻击弱点就是不能近距离攻击敌人，这个缺点就需要短兵器来补上；而短兵器的杀伤距离非常有限，容易被敌攻击，这就需要长兵器来掩护。所以，要注意各兵器的战术性能及配合使用，即"五兵五当""兵惟杂"的思想。这里不仅从单兵的功能来评价兵器，而是站在整个作战角度来进行综合考量。"五兵"并非只局限于五种兵器，而是构成战斗整体的兵器的总称，"五当"是指各种兵器各有所长，具有不同的杀伤方式和杀伤距离，要配合使用，才能发挥出整体威力，形成强大的战斗力。

明朝曾是我国古代军事史上运用火器的鼎盛时期，明太祖时就使用了火铳与冷兵器的轮攻战术。明成祖正式下令在京师组建"神机营"，大量配备了当时最为先进的火器，诸如盏口炮、将军炮、手把铳、神枪、快枪、单飞神火箭、神机箭等先进火器；此外，神机营还配备了各种长短冷兵器，注重冷热兵器的搭配使用，发挥整体战力。在当时，神机营受皇帝直接指挥和调遣，被视为一支重要的战略打击部队。

前文讲过，明朝著名将领戚继光在自创阵法中注重不同兵器的搭配使用。当时，明军已经拥有火炮、火铳等较为先进的热兵器，装备上占有一定的优势。在与倭寇海上作战时，戚继光指挥部队利用远程火器击毁对方船只和毙伤敌方人员。当双方战船距离较远时，先使用热兵器压制对方，而明军则可以趁机抵近，爬上敌船，再结合冷兵器袭击对手，制服敌人。戚继光还十分重视人与武器的最佳结合，通过合理的战术编组和扎实训练，实现士兵和武器之间、各种武器装备之间的良好配合，尤其是将冷热兵器有机结合在一起，有效提升部队的战斗力。

本篇还提出重视发展武器装备的观点——"见物与侔，是谓两之"，是指一旦发现敌人发明使用先进的新型兵器，我军要快速学习仿造出类似兵器，改进我方相对落后的装备现状，从而赶上敌人，保持敌我双方装备力量的平衡。由此可见，《司马法》并非以静态不变的视角来看待装备问题，而是以动态的视角来思考装备建设，已经认识到兵器的技术差决定了兵器的"代差"，某"物"的差距只是技术上的差距，而整体兵器水平的差距则会造成两军的武器"代差"。一旦形成"代差"，落后一方的战场控制能力必将被严重削弱。因此，要重视武器装备的更新换代，必须要通过快速学习制造兵器来弥补差距，缩小代差，实现敌我整体的平衡，最好能够超过敌人，达到"器"层面上的绝对优势，形成对敌的强大威慑。而且，《司马法》认识到要实现武器装备的研制和升级换代，那么就要加强对技术人才的重视，提出"求厥技"，就是招募寻求技术出众的人才，这种技术人才在当时就是研制武器装备的专家。早在2000多年前科技发展缓慢的古代，这种装备发展思想是极具战略视角的，对于今天的装备建设同样具有积极的指导意义。

一提到成吉思汗，我们可能会想起那句"只识弯弓射大雕"，成吉思汗之所以能建立横跨欧亚大陆的大帝国，与他重视兵器制造，并积极提升兵器装备的对敌优势的军事战略是密不可分的。成吉思汗的蒙古骑兵战斗力很强，然而蒙古军队在和中原地区的军队作战时就发现了一个大问题，即游牧民族以骑兵为主，擅长野战，拙于攻城。

中原地区有些城邑是一国或一个地区的政治、经济、军事中心，战略地位十分重要，往往是战争中势所必争的关键点。我国古代很早就非常重视城防建设，由城墙、城楼、护城河、马面、敌楼、角楼、瓮城等组成的立体城防格局，基本在春秋战国时期已成熟定型，并一直持续到明清时代。守城方的军队可以凭借城防体系大量消耗对手的人力物力，很容易把对方拖入不利的持久消耗战，因此攻城是非常难的，在《孙子兵法》中也强调"其下攻城"，攻城是下下策。而且，中原地区的城市攻城战也很有研究和实践经验，并且造出了大量攻城器械，如抛石机、云梯、攻城槌、火箭等，宋朝末期，火药也被用于战场，制造出了爆炸性的火器。以在影视作品中常看到的抛石机为例，当时既可以发射几十斤重的石弹，也可以发射火药或油罐，能够给城墙造成巨大的破坏。

蒙古军队为了弥补攻城能力的不足，积极学习中原的攻城战术和攻城兵器的制造，推行了两项发展兵器装备相关的基本政策。一是注意掳掠被征服者的器物和工匠。成吉思汗下令，在征战中，凡屠城，"惟匠得免"，这项政策以后成为定制。对俘虏中的工匠都给予特殊的优待，将他们集中起来，为蒙古大军打造兵器和战斗器械。据《元史》中记载，"始太祖、太宗征讨之际，于随路取发，并攻破州县，招取铁木金火等人匠充砲手、管领出征"。蒙古军在吸取中原及周边各地区技术的基础上，进行升级改造，使其攻城能力得到大幅提升。据《黑鞑事略》中记载，"后来灭回回，始有物产，始有工匠，始有器具，盖回回百工技艺极精，攻城之具犹精"。

二是实行奖励政策，君主不惜以高官重金作为奖励，鼓励发明创造。蒙古军队不但能够快速学习和制作对手的先进兵器，而且自研创新打造出符合作战需要的新式兵器及器械。这两项政策的推行，使蒙古大军的兵器装备能很快从落后状态提升到当时的先进水平。据《多桑蒙古史》记载，金国哀宗皇帝说："蒙古所以常胜者，恃北方之马力，资中原之技巧，朕实无可如何！"蒙古军队把中原的技术优势与游牧民族的骑兵优势相结合，既拥有快速的机动作战能力，又拥有强大的城池攻坚能力，这是蒙古大军所向披靡，能够战胜欧亚大陆众多对手的重要原因。

《司马法》的武器装备思想是从实战经验中提炼出来的，是古人关于兵器与兵器、兵器与人的之间关系的深入思考，体现出既重视客观的物质因素，又强调结合人的主观能动性的朴素的辩证思想，具有很强的理论和实践指导意义。然而，受"重道轻器"传统文化思想的制约，近代以来人们在武器装备方面的共识存在着严重不足，这也是造成近代军事能力下降的重要原因之一。因此，《司马法》重视武器装备的运用与发展思想，就显得十分难能可贵了。

（三）明法审令，以治为胜

军队作为特殊的武装集团，是"礼乐法度"统治秩序的维护者。吴起提出"兵以治为胜"的思想，军队必须要有严格的组织纪律，号令统一，步调一致，只有这样才能在变化莫测的战场上指挥若一、敢打硬仗。否则，军队就会成为一盘散沙，毫无战斗力可言，即所谓"无制之兵，有能之将，不可以胜"。厉行法治、严肃军纪，是治军带兵的铁律，也是建设强大军队的基本规律。

夏朝时期，夏王启为了确立其统治地位与有扈氏大战于甘（今陕西户县西南）。在战前，夏王启召集军队，进行战前动员和宣布作战纪律、赏罚标准，这便是历史上流传下来的《甘誓》，在《尚书》中记载了这个我国现存的第一道战争动员令，其中明确规定了严格的军纪军法："左不攻于左，汝不恭命；右不攻于右，汝不恭命；御非其马之正，汝不恭命。""用命，赏于祖；不用命，戮于社，予则孥戮汝"。意思是，如果战车左边的兵士不能用箭射杀敌人，战车右边的兵士也不能用戈矛刺杀敌人，或者驾车的兵士不能使车马进退得当，都是不执行命令的行为。凡是服从命令的，勇敢战斗完成作战任务的，就将在祖庙里受到奖赏，以示荣耀；不听命令的，完不成作战任务的，就要在社坛前被杀死，而且要杀死其妻儿，以示严惩。这段话被认为是具有中国最早军法性质的规范。可见，军队自诞生之时就使用赏罚手段来严格军纪，以保证士兵的绝对服从。

以法治军、从严治军是古今中外军队普遍遵循的规律。《司马法》虽然认为要以"仁本""义治"为内核来治理军队，但并不意味着放弃用刑、法等强制性手段，反之它非常重视明法审令、赏罚并举。本篇提出"正不行则事专，不服则法"，用正常的办法行不通时就要采用专制的手段，如果不服从命令的就要绳之以法。《司马法》讲以法治军并非只是空洞的上层理论，而是落实到立法和执法的具体方面上。

第一，重视法治建设，做到有法可依。军无法不立，《尉缭子》中提出"凡兵，必先定制度"，作为军队，必须首先制定各种规章制度、法令条例。只有军法制定清晰明确，才可以打造出有令必行的队伍。

军中不可一日无法，《司马法》非常重视军事法治建设，以使军队有军礼可循，有军法可依。本篇明确提出了"立法"要注意的七个原则，"立法，一曰受，二曰法，三曰立，四曰疾，五曰御其服，六曰等其色，七曰百官宜无淫服。"意思是说，军事立法首先必须全军上下都能接受，只有接受了人人都要遵守；法令必须具体严明；要有法必依、不可动摇；要雷厉风行、依法行动；要规定好各级的制服，用颜色区分不同等级；按规定着装不得混淆。可以说，这七条原则反映了军事法治建设的一般规律，为后世所普遍遵循。尤其第一条"受"体现了立法民主化的积极意义，古人很早就意识到，立法只有以民众的意图为根据，这样的"法"才能为民众所拥护，才能实现人人自觉遵守。

在此基础上进一步说明，"凡人之形，由众求之，试以名行，必善行之。若行不行，身以将之，若行而行，因使勿忘。三乃成章，人生之宜，谓之法"。意思是军中的法令规章都应该来源于人们的共同要求，而且要试行一段时间以检验实际效果是否名实相符，明确下来之后全军就要坚决贯彻执行，将帅就要带头以身作则。如果都做到了，就要让士兵牢记这些规定。经过重复多次执行，就成了规章制度，凡是符合人心的制度，就是"法"。这段话包含以下四层意思：一是各种具体规章制度要来源于人们的要求；二是要名行一致，能在实践中证明法令可行，不能执行的法即使制定出来也没有任何意义；三是要求将帅"身以将之",带头做到,这样才能执行得彻底;四是要反复执行,不断巩固,才能真正形成规章制度。立法的上述要求,体现出《司马法》的民本主义思想。

《司马法》注意到,立法的重点还在于解决"专"和"法"的矛盾,"凡军,使法在己曰专,与下畏法曰法"。法规出于将帅个人的好恶意志的,叫独断专行;主将和部众都能畏惧且遵守的法规,才能叫"法"。这和上文中将帅"身以将之",即身体力行的要求是前后呼应的。从另一个角度看,这是对"问罪异罚"等弊端的冲击和否定,具有特别的进步意义。

三国时期,曹操亲率大军发兵讨伐张绣。在行军途中,麦子已成熟,但是百姓看到有军队经过,纷纷躲避,不敢收割。曹操见状立即下令:"大小将校,凡过麦田,但有践踏者,并皆斩首。"于是,在经过麦田时,官兵都下马手扶着麦秆,小心经过,这样一个接着一个相互传递走过麦地,无一人敢践踏麦子。老百姓看见了,都夸曹操的部队纪律严明,甚至还有人朝着军队跪地拜谢。大军有序前进,只有曹操没有下马。忽然,田野里飞起一只鸟儿,惊吓了曹操的马,马一下子蹿进田地,踏坏了一片麦田。曹操立即叫来随行的官员,要求治自己践踏麦田的罪行。官员说:"怎么能给丞相治罪呢?"曹操说:"我亲口说的话,如果连自己都不遵守,还会有谁心甘情愿地遵守呢?一个不守信用的人,怎么能统领成千上万的士兵呢?"随即抽出腰间的佩剑要自刎,众人连忙拦住曹操。这时,大臣郭嘉走上前说:"古书《春秋》上说,法不加于尊。丞相统领大军,重任在身,怎么能自杀呢?"曹操想了很久,说:"既然《春秋》上有法不加于尊之义,我就是不死,罪也不能饶恕。"于是,他拔剑割断自己的头发说:"那么,我就割掉头发代替我的头吧。"

曹操又派人传令三军：丞相践踏麦田，本该斩首示众，因为肩负重任，所以割掉头发替罪。于是三军悚然，没有一个敢违背曹操命令的。

现在看来，剪头发是件很正常的事，但是古人讲究身体发肤受之父母不可毁伤，割发不仅大逆不道，而且还是不孝的表现，是非常严重的行为。曹操作为军队的最高统帅，能够割发代首，严于律己，以明军纪，给大家作出了优秀的表率，这让官兵们都认识到法的权威性，有力推动了法的实施和全军守法的自觉性。

第二，治军要注意区分"居国""在军"和"刃上"不同环境的不同特点。在第二篇《天子之义》中重点论述了国中礼法和军中礼法的不同，本篇又做了补充，进一步提出"居国惠以信，在军广以武，刃上果以敏。居国和，在军法，刃上察。居国见好，在军见方，刃上见信。"意思是，治国要广开恩惠讲信用，治军既要宽厚又要威严，作战交锋时要坚决果断。治国讲求和睦团结，治军必须要严明法纪，临阵作战必须掌握敌情。这样，治国能被百姓所爱戴，治军能被官兵所敬重，临阵交战能被部下所信任。

本篇不仅再次强调了国中礼法与军中礼法的不同——国中重"礼"、军中重"法"。而且从军队和战争的特点出发，注意到平时与临战不同时期治军实施的重点也不相同，进一步把军中治理分成了两个层次，平时重在治军以法、宽严相济，临战重在明察果毅、临危不乱。这里说明了"居国""在军"和"刃上"三者的辩证关系，"和"是"法"的基础，政治建军是立军之本，"果"和"察"是"法"的体现，交战时军队的快速反应能力则是平时治军从严的战场体现。

第三，严明赏罚，明耻教战。常言道，"赏罚不明，百事不成；赏罚若明，四方可行"。本篇第一句就提出，"凡战，定爵位，著功罪，收游士，申教诏"，这里的"定爵位，著功罪"是指确定军功爵位，明确奖惩法令。即预先制定与军功大小相对应的各级爵位，上到将军，下到什伍，各自等级明确，不得混乱。例如秦国实行的是二十级军功爵位制，分别为：一公士，二上造，三簪袅，四不更，五大夫，六官大夫，七公大夫，八公乘，九五大夫，十左庶长，十一右庶长，十二左更，十三中更，十四右更，十五少上造，十六大上造（大良造），十七驷车庶长，十八大庶长，十九关内侯，二十彻侯。最初的规定是只要砍掉一个敌人的脑袋，就可赐爵一级，有功的赐地进爵，有罪的减地削爵，这在鼓励秦军士气、提高军队战斗力的方面发挥了巨大作用，后来也成为我国古代治军统兵比较普遍的做法。"申教诏"，就是要申明军队条令。"进退无疑，见敌无谋，听诛"，若进退疑惑，遇敌无谋，就要予以惩罚。可见，古人在治军过程中很早就已经认识到赏罚的重要作用，每当战前明确规定具体的赏罚标准，以鼓励官兵争相立功而避免罪罚。

下面来看一下"汉初三大名将"彭越治军的故事，秦末天下苦秦久矣，随着陈胜吴广起义，各地反秦队伍纷纷揭竿而起。彭越手下的兄弟们一起去鼓动他说："现在天下很多豪杰都争相树起旗号，背叛秦朝，你带我们起兵吧，咱们也效仿他们那样干。"彭越不同意，说："天下形势发展不清楚，还是等一等吧。"过了不久，大家聚集了一百多人，再次请彭越当他们的首领，要追随彭越共同起义。在大家的执意请求下，彭越答应并跟大家约定，明天日出时集合，既然要成军，就要立军法，规定迟到者立斩。第二天，彭越按约定时间到集合地点，大家却稀稀拉拉地赶过来，迟到的有十多人，最后一个人直到中午才来。于是，彭越说："你们执意要我当首领。可是约好的时间却有很多人迟到，军法立的是迟到者斩首，迟到的人太多了不能都杀，那就杀最后来的那个人吧。"大家都笑哈哈地说："何必这样呢，今后不敢再迟到就是了。"彭越并不解释，直接上前把最后一位迟到者斩杀，设置土坛，用人头祭奠，号令所属众人。众人大为震撼，吓得发抖，谁都不敢抬头看他，随即彭越就带领队伍出发。后来，彭越率军投靠刘邦，成为汉朝的开国功臣。从这个故事中可看出，彭越非常懂得军队必须要有令必行、治军必严的道理，虽然按时集合只是很小的事情，却能看出大家对军法的无视，如果一次放过了"小罪"，那么后面更是难以指挥，这样的队伍上了战场也是死路一条。

　　本篇提出"服正，成耻，约法，省罚"，指的是坚持正义，激发廉耻，精简法规，减轻刑罚。这体现了"仁本"主义的治军思想，要重德教，避免高压，法合众心。务必注意"小罪乃杀"，否则"小罪胜，大罪因"，要重视对小罪的处罚，小罪就要严肃处理，防微杜渐才能避免大罪的发生。同时根据人性的特点，《司马法》提出治军的"四守"之法，即"荣、利、耻、死，是谓四守。容色积威，不过改意。凡此道也。"意为，荣誉、利禄、耻辱、刑罚是使官兵遵守法纪的四种手段。将帅无论是和颜悦色还是严酷冷峻，都是为了使人改恶从善，听从指挥，这些都是治军的方法。荣誉和利禄是人们所向往的，而耻辱和刑罚是人们所厌恶的，趋利避害是人之常情。所以，运用荣誉、利禄来奖善，以鼓舞士气、激发斗志；运用耻辱、刑罚来惩恶，以实现令行禁止。到了临战前，就要利用各种方法充分调动起全军的士气，"既作其气，因发其政，假之以色，道之以辞，因惧而戒，因欲而事"，鼓舞士气之后就跟着颁布战时纪律，要以和颜悦色的态度对待士兵，用诚恳的言辞来引导士兵。针对其恐惧心理而加以告诫，利用其建功立业的欲望来加以使用，这样就能使军队达到"不令而行"、勇往直前、英勇杀敌的最佳境界，实现战胜攻取的目标。

第四，从反面阐述治军要注意出现的各种消极问题，提出要根除军队中出现的十四种"战患"和五种"毁折"的情况。"不服、不信、不和、怠、疑、厌、慑、枝、柱、诎、顿、肆、崩、缓，是谓战患。骄骄、慑慑、吟旷、虞惧、事悔，是谓毁折。"即不服从指挥、彼此不信任、不能和睦相处、怠忽职守、相互猜疑、厌恶作战、胆怯惧战、军心涣散、互相责难、委屈难伸、困顿疲惫、肆意妄为、分崩离析、纪律松散，这都是用兵作战的祸患，叫做"战患"。骄傲至极、畏惧慌恐、呻吟吵闹、忧虑自危、处理事情经常反悔，这些都是导致军队战败的原因，叫做"毁折"。试问一下，出现这些情况的军队，上了战场怎么会有打胜仗的可能呢！

项梁是楚国名将项燕之子，西楚霸王项羽的叔父，在反秦起义的战争中具有重大的影响力。然而项梁在多次战胜秦军后，却因骄傲轻敌而战败身死，被评价为"将骄卒惰，项梁所以亡也"。公元前208年，项梁在东阿击败了秦军，领兵西进，等到达定陶时，再度打垮秦军。又听说项羽、刘邦在雍丘大败秦军，斩杀了三川郡守李由。项梁更加轻视秦军，显露出骄傲自大的情绪。宋义规劝项梁道："打了胜仗后，如若将领骄傲、士兵怠惰，必定会导致失败。现在我军的士兵已有些怠惰了，而秦军的士兵却在一天天地增多，我替您感到担心啊！"但项梁并不听从他的劝告。后来，项梁派宋义出使齐国，宋义在途中遇到齐国使者高陵君显，正要去见项梁。宋义对他说道："我断定项梁必会大败。您要是慢点去还可免遭一死，如果急速赶去就将赶上祸患。"果然，不久后秦二世调动大军增援章邯，秦军趁夜色口中衔枚来袭击项梁的军队，在定陶大败楚军，最终项梁战死。我们常说"骄兵必败"，因骄而败的例子在历史上数不胜数，却仍不断出现，所以为将者一定要时刻保持警惕。

本篇对"战患"和"毁折"的专门论述，提醒为将者在治军的过程中，一定要坚决杜绝军队中出现上述情况，必须要严格执行军法制度，统一全军意志，时刻注意军中动态，切不可麻痹大意，酿成大祸。这也从反面说明了严以治军的重要性和必要性。

针对军队混乱不团结等问题的防范治理，本篇总结了治乱的七种方法，"凡治乱之道，一曰仁，二曰信，三曰直，四曰一，五曰义，六曰变，七曰专"，即一是仁爱，二是信用，三是正直，四是统一，五是道义，六是权变，七是集权。这里面，"仁""信""义"是立法的根本依据，立法就是要打击违背"仁""信""义"的行为，做到这些，也就基本实现了"直"。"一"要求军法的统一性、连续性，军法如果朝令夕改、前后矛盾，士兵就会对法失去信心，不知所措。"变"就是立法与执法的相对灵活性，与"一"是矛盾统一的，也是对将帅智慧的考验。"专"是因为军队具有特殊性，令出多方必出混乱，所谓"将在外，君命有所不受"，古往今来因为国君干预战事指挥，因指挥不专而败的例子不胜枚举。

在这"治乱七道"中的仁、信、直、义、变，首先是对将帅自身必须具备的品德要求；这七种方式相辅相成，仁、信、直、义、变是实现部队军中统一的"一"和"专"的基础。孙子曾总结带兵的一般规律是:"卒未亲附而罚之则不服,不服则难用也;卒已亲附而罚不行,则不可用也。"就是说,在士兵没有对将帅亲近依附前就处罚他们,他们会不服;反之,如果士兵已经对将帅有亲附,但将帅又不能严以军纪,那这支队伍也不能上战场,都是必败之军。那么,解决办法就是上述七种方法,既要通过仁、信、直、义、变使士兵爱戴亲附,这样再强化严格管理,这才能让士兵心服将帅,绝对服从指挥。所以,治军不仅仅是"法"的问题,同样要求将帅本身的武德修养,非常考验将帅的管理艺术。

第五,注意消除迷信,去除疑惑,使全军团结一致。本篇提出军中要注意"灭厉祥",就是要禁止迷信,消除士兵的一切疑惑。《孙子兵法·九地篇》中提到"禁祥去疑"也是相似的道理,都是提醒将帅要注意稳定军队思想,避免士兵胡思乱想;而且要做到"军无小听",军中不可散布谣言,传播小道消息,否则会动摇军心,影响斗志,这些都是作战的大忌。

据史书记载,武王在伐纣出兵前,风云突变,电闪雷鸣,战鼓和军旗都被毁坏折断,连武王的马都被雷声震死了,三军的军心震动。连武王也认为:"天不佑周。"但姜子牙坚持说,这是武王的德行高尚感动天地的表现。武王按当时的惯例命人占卜,兆象却显示"大凶",武王身边的近臣也劝说暂停伐纣。姜子牙见武王犹豫不定,对武王说:"吊民伐罪,天下大道!用兵顺天之道未必吉,逆之也未必是凶,关键在是否得民心。三军取胜在于任用贤能,运用兵法,无需问天道鬼神。"说完,他就把占卜的龟甲烧毁,把蓍草折断。这样使武王最终定下决心,传令三军出征,最终灭掉殷商,建立了周王朝。正是姜子牙"灭厉祥"的做法,坚定了武王进军的意志,消除了士兵的疑惑，稳固了军心，推动了灭商之战的顺利进行，赢得最终的胜利。

总之，《司马法》提出了中国古代以法治军的基本思路和框架，所阐述的以法治军的思想和具体原则，为后世历代制定军队法令、条例提供了基本的参考依据。可以说，《司马法》这些以法治军的思想原则，对于现代军队的管理仍然具有重要的借鉴意义。

（四）重视谋略，掌控主动

打仗不是简单地敌我拼杀，打胜仗需要的是智谋和勇敢的结合。著名军事家孙武说："兵者，诡道也"，在战争中能够取得胜利，除了依靠军事力量的对抗之外，还要靠谋略的巧妙运用。《司马法》认为打仗要做到"智""勇""巧"三者的有机结合，"凡战，智也；斗，勇也；陈，巧也"，打仗比的是智慧，要能够料敌设谋，战场上拼杀比的是勇猛，布阵造势则要巧妙灵活、变化多端。所谓善战者，几乎都不是向对手的优势发起正面强攻，而是尽量避免硬碰硬，寻找对手的弱点下手，用计谋策略使对手的能力无法发挥出来，而己方则要做到扬长避短。本篇提出，打仗要注意"用其所欲，行其所能，废其不欲不能，于敌反是"，原意是，在战场上要让士兵做他们想做的事情，干他们能干的事情，不让他们做那些不想做也做不到的事情，对敌人来说则要反其道而行之。也就是说，我方要以己之长攻敌之短，避开敌人锋芒，让其长处无法发挥出来，打击敌人的薄弱环节。作战时己方要设法实现自己的战略意图，打自己有把握打赢的仗，不要违背自己的战略意图或者去做力所不能及的事情，才能始终掌握主动权。

战国晚期，匈奴等游牧民族逐渐强大起来，赵国离匈奴较近，匈奴经常南下入侵赵国的北部边境地区，大肆掠夺，边境百姓深受其害。然而，匈奴抢完就走，来去如风，赵国起初没有有效的应对之法。后来，赵王派大将李牧驻守雁门，防御匈奴。面对剽悍的匈奴军队，李牧深入分析了敌强我弱的实际情况和敌人的战术方法，决定先采取避而不战的坚守策略，以静制动。

李牧按驻边的需要重新设置官吏，将防区内收取的租税全部都用作守军的军费，优待士兵，增加军队日常开销以改善官兵生活；带领官兵操习骑射，提高部队战斗力。加强战备建设，在边境地区修筑多处烽火台，发现敌军快速预警；派出大量间谍深入边外刺探军情，以随时掌握匈奴动态。同时，李牧制定严明的军纪治理部队，并下令：如果匈奴来犯，要迅速集合士兵，退守营垒，不准出战，胆敢擅自接战的，一律斩首。他要求边境百姓，一旦匈奴来袭，全部坚壁清野，让匈奴抢不到任何东西。如此数年，赵军坚固防守，匈奴骑兵既无法攻城，又抢不到牲畜粮食，每次进犯均毫无所获，被迫退去。几年过去，赵国边境地区损失极少。

时间长了，匈奴人都认为李牧胆子小，不敢交战。赵国的将士们也不懂李牧的用心，甚至质疑李牧，认为他胆小怯战，心中渐渐生出愤愤不平之感。《史记》中有记载曰，"然匈奴以李牧为怯，虽赵边兵亦以为吾将怯。"远在邯郸的赵王听说此事很不满意，认为李牧磨灭了边境将士的士气。赵王责令他必须出战，但李牧仍坚持一如往昔，后来赵王一气之下派赵葱换掉了李牧。赵葱上任后一改李牧的做法，频频出战，但是每次出战都失利而归，军队损失严重，边防多年的积累也被匈奴掠夺殆尽，导致边境几乎无法耕种放牧，百姓生活大不如之前，十分凄苦。赵王不得已再度请李牧出山，李牧称病推辞，赵王再三地请托，李牧说："王必用臣，臣如前，乃敢奉令。"赵王不得不答应他的要求。李牧回到边境，一切照旧。匈奴数次来犯都无功而返，渐渐也对赵军没了戒心，始终认为李牧胆小畏战，看样子就只会坚守，看不起李牧。而李牧这边却是加紧操练，养精蓄锐，士兵个个弓马精熟，骁勇善战。而且，士兵经常得到李牧的丰厚犒赏，却没有用武立功的机会，都希望能上战场作战，斗志昂扬，纷纷请缨出战。

几年后，李牧的部队实力大增，但敌军骄惰懈备。李牧见时机成熟，就挑选坚固的战车1300辆，良马1.3万匹，勇士5万人和神箭手10万余人，日夜训练，加紧备战。大战前，李牧一反常态，让百姓驱赶牲畜任意放牧。匈奴乍一看这情形，并不敢贸然进攻，先派出小股部队试探。赵军一接触到匈奴，就假装退败。匈奴单于听到消息后，以为良机可趁，立即率领主力部队大举来侵。李牧出其不意派出奇兵，从左右两翼对匈奴进行包抄合围，大破匈奴十几万铁骑。李牧乘胜追击，连破东胡、降林胡等多个匈奴部落，匈奴单于只能逃到大漠深处。《史记》上记载，"其后十余岁，匈奴不敢近赵边城。"

李牧之所以能够战胜强大剽悍的匈奴，首先是源自他对敌我双方实际情况的清晰认知。对匈奴而言，速度快，冲击力强，但不擅长攻坚作战，他们长途奔波而来，只是为了掠夺牲畜和人口。而眼下赵军实力严重不足，正面作战胜算不大。所以，就不能按照匈奴擅长的打法来，而是采取以退为进、固守防御的策略，这也是为保存并提升赵军的实力。而且他深知，如果赵国不能重创匈奴主力使其无力再犯，那么匈奴不久之后必将卷土重来。而赵国以农耕为主，频繁的战争会对农业生产造成破坏性影响，即使能打退匈奴几次也可谓是得不偿失。

因此，最好的办法就是引诱匈奴主力部队倾巢而出，对其进行毁灭性打击。要达成这一战略目的，必须同时满足以下条件。首先，使对方骄傲轻敌，松懈戒备。李牧之前始终避敌不战，就是让匈奴认为李牧畏战可欺，让匈奴轻视大军。其次，努力增强赵军的战斗力，加强部队骑射操练和各兵种的配合，在战斗中用战车和弓弩手限制匈奴骑兵的机动性，这就是要实现"用吾之所欲，而必废彼之所欲"，用步兵和骑兵完成包围，最终全歼匈奴主力。

本篇精辟地总结道，打败一切敌人的方法无非就是要抓住两个主要方面，"一曰义，被之以信，临之以强，成基一天下之形，人莫不说，是谓兼用其人。"一是用道义的方法，以诚信感化敌军，用武力威慑敌军，造成统一天下的态势，人们纷纷追随，使天下之士皆可为我所用，这是指从政治上赢得主动。"一曰权，成其溢，夺其好，我自其外，使自其内。"二是用权谋的方法，设法助长敌人的骄傲自满，夺取敌人的要害，用兵从外部进攻，派间谍在内部策应，这是指在战场上夺取主动。

在战争的较量中，要重视政治手段和军事手段双管齐下，军事问题本质上是政治问题，左右军事行动和战争结局的决定因素往往不是单纯的军事力量，而是政治力量。军事作战原则与政治斗争原则在实践中是统一的。要想赢得战争胜利，不仅要争取军事上的主动，更要争取政治上的主动，如果仅有军事主动而没有政治主动，军事主动就难以长久保持。毛泽东在抗日战争期间为和国民党顽固派斗争而提出的"有理、有利、有节"，就是在军事斗争中争取政治主动的重要策略。在战场上，双方都想遏制和破坏对方的意图与行动，这就要充分利用各种条件，让自己的优势充分发挥出来；要会创造战机，战机就是对己而言最有利发挥优势的地方和作战时机，对敌而言就是无法发挥优势的地方和士气最低迷的时机，能够调动敌人而不被敌人所调动，主导作战节奏。

1947年3月，蒋介石命令胡宗南集结三十四个旅的兵力向陕甘宁边区进行重点进攻。蒋介石打的如意算盘是想"擒贼先擒王"，妄图集中优势精锐给解放军以致命一击。中共中央面对十倍强于己的有力对手，决定采取"蘑菇"战术，避开敌之锋芒，不同敌主力决战，而是利用对我军有利的群众基础和地形条件，同敌人一再周旋，消耗对手，然后寻机歼灭之。

这一战双方兵力对比极其悬殊，国民党军队多达25万，我军的西北野战兵团只有2万多人，而且还是以警戒任务为主的部队。我们都说打仗用谋，但战场上是真刀真枪的拼杀，要落到硬实力上，毕竟敌方浩浩荡荡的25万人不是纸糊的。面对这种形势，毛泽东同志等中央领导决定撤出延安，诱敌深入。听说中央决定放弃延安，许多人想不通，也很不愿意。撤离延安之前，毛泽东同志在干部会议上说明放弃延安的重大意义，"我们在延安住了10年，动手挖了窑洞，开荒种了小米，学习了马列主义，培养了一大批干部，指挥抗日战争取得了胜利，领导了全国革命。现在，中国、外国都知道有个革命圣地延安。延安不能不保，但保卫延安不能死保。战争不能只限于一城一地的得失，而主要在于消灭敌人的有生力量。（李敬寅，《转战陕北》）毛主席的话，极大地鼓舞了大家的信心，延安随即开始有序撤离。18日，敌军已经开到延安城外三十里，枪声已清晰可闻，毛主席才最后离开办公处。

19日，国民党军队占领已是空城的延安，蒋介石非常得意，亲自飞到延安视察，嘉奖部队，并召集中外记者组织"参观团"，大肆报道宣扬国民党军队的"重大胜利"，引导舆论。同时，蒋介石下令快速解决西北问题，达成重点进攻的战略目的。

面对国民党军队急于寻找解放军主力决战的心理，中央指示，少部分兵力带上西北野战兵团所有部队番号的路标，佯装向安塞一带撤退，主力则隐蔽在延安东北方向的青化砭待机歼敌。果然，胡宗南认为我主力向安塞方向撤退，所以命令五个旅约五万人向安塞追击，只派出三千左右的兵力向青化砭搜索警戒。25日，敌军进入到伏击圈，解放军迅速拦头斩尾，以绝对优势全歼敌人。这是撤出延安后取得的第一个胜利，振奋了士气，提高了信心，所以被称作是为党中央留在陕北举行了"奠基礼"。

面对青化砭的失利，胡宗南汲取分兵被歼的教训，决定采取"方形战术"，即：部队开进时，全部轻装，携带干粮；布成横竖15至20公里的方阵；几个旅联结一起，数路并进，缩小间距，互相策应；每日前进10到15公里，白天同行，夜间同宿；稳扎稳进，不走大道平川，专走小道高山；不在房屋设营，而多野外露宿。这样既可以避免分散孤立被歼，又可以找到解放军进行决战。采取这种战术后，敌军间隔小，兵力集中，我军几次伏击都未能打成。

在高家塔，毛泽东致电彭德怀等领导人并提出自己的看法："我军歼击敌军必须采取正面及两翼三面埋伏之部署方能有效，青化砭打三十一旅即是三面埋伏之结果。此次我在盘龙、永坪设伏，缺少左翼埋伏，故未打成。但只要敌前进，总有机会歼敌。"彭德怀接到电报后，当晚即回电说明情况："敌自青化砭战役后，异常谨慎。不走大道平川，专走小路爬高山；不就房屋设营，多露天宿营；不单独一路前进，数路并列，间隔很小。以致三面伏击已不可能，任何单面击敌均变成正面攻击。敌人此种小米滚子式的战法，减少我各个歼敌机会，必须耐心长期疲困他、消耗他，迫其分散，寻找弱点，以打击分散之敌与打援敌。"（李敬寅，《转战陕北》）在这里，彭德怀把敌人的战术形象地比作"小米滚子式战法"。小米滚子就是陕北老百姓加工小米用的石碾子，敌人就是拉着碾子顺着磨道转圈子的毛驴。

此后，解放军继续采取敌进我退、敌退我进、敌驻我扰、拖垮敌人的方针，使敌疲惫，乱敌军心，寻找战机。在随后的蟠龙战役中，为麻痹敌人，解放军决定"投其所好"，以三五九旅一部等伪装成主力向北撤退，大张声势，且战且退，并沿途丢弃物资，造成假象，诱敌快速北上。当胡宗南主力向北急进时，解放军也做好攻击蟠龙的准备。5月2日，胡宗南军占绥德，同一天，西北野战兵团在蟠龙发起猛烈攻击。当胡宗南发现"上当"后，急令绥德部队南返，已经为时已晚。此战，解放军已全歼敌整编一六七旅等部6700余人，并缴获大量粮食和军用物资。在主动放弃延安后的一个多月中，西北野战兵团按照毛泽东、彭德怀提出的"蘑菇战术"，先后取得了三战三捷的战绩，消灭国民党军1.4万余人，为西北战场最后的胜利奠定基础。1948年4月，西北野战军收复延安，转战陕北取得了彻底胜利。

在这场以小牵大、以弱胜强的过程中，充分体现了"智""勇""巧"的完美结合。战前，敌人的优势明显，兵力众多，装备优良，来势汹汹；而解放军兵力少，装备差。从客观条件下看，如果与国民党的精锐部队正面对抗，胜利的可能性几乎为零。但是，我党有明显的政治优势，解放军团结一心，不怕牺牲，拥有十分有利的群众基础和地形条件。而当时国民党已失去民心，军队士兵普遍有厌战情绪。在情报方面，我党已提前获取了蒋介石蓄意攻打延安的作战计划等绝密情报。在这些基础上，解放军根据地形等条件创造了"蘑菇"战术，巧妙地分散了敌人强大的兵力，使其想战却不能战，想打却打不到，让国民党军队不得不在黄土高原山沟里进行"武装大游行"，找不到解放军主力部队，完全被牵着鼻子走。这样把敌人肥的拖瘦，瘦的拖垮，使其达到十分疲劳和缺粮的程度，然后选择有利于我军的战地和战机，在局部形成对敌压倒性优势将其歼灭。此战中体现出了"义"和"权"两种手段的相互配合，最终的胜利也可以说是意料之中了。

总之，战争是军事斗争和政治斗争的紧密结合。政治斗争是非武力攻击的软杀伤，军事斗争是武力打击的硬杀伤。作战的过程是运用谋略充分发挥自己的优势、阻止和破坏对手优势发挥的一个博弈过程，是双方"智""勇""巧"的大对决。谋之所用，就是为了达成"用其所欲"，"于敌反是"的效果，通过积极的行动以掌握主动权，才能实现自己的作战意图。

（五）仁而有信，为将之道

所谓千军易得，一将难求。领军出征的将帅是一个国家的高级武官，其素质的优劣在很大程度上决定着军队建设的成败、战争的胜负和国家的安危。古代兵家高度重视将帅的地位作用，历史上无数的战争实践证明了将帅对于战争胜负的关键作用。在历代兵书中对将帅的能力要求有很多论述。《孙子兵法·作战篇》中对将帅的评价极高："夫将者，国之辅也，辅周则国必强，辅隙则国必弱。"在《谋攻篇》中再次强调："故知兵之将，生命之司命，国家安危之主也。"《六韬》中论将时说道："将者，国之辅，先王之所重也。故置将不可不察也。"以上论述都强调将帅是国君的重要辅佐，拥有尽职尽责的优秀将帅，国家就强大；反之，国家就会衰弱。所以，将帅同士兵的命运、军队的强弱、国家的安危是紧密联系在一起的。

《司马法》高度重视对将帅的培养，认为将帅是军队的灵魂和核心，在战争中起着决定性的作用，而且，这种核心地位要通过与广大官兵的密切配合才能发挥出整体的作用。本篇提出将帅和普通士兵要做到同心协力，"将心，心也，众心，心也"。本篇还提到"将军，身也；卒，支也，伍，指拇也"，意思是将帅就如同人的躯干，卒就如同人的四肢，最基本的军队编制"伍"就如同人的手指，彼此间必须协调一致，才能实现"使三军若一人"。那么将帅怎么才能让手下对自己誓死追随，共赴艰险呢？除了依靠严格的军法制度，更重要的是将帅自身优秀的人格素养，首先就要做到爱兵如子，真心关爱手下的士兵。

魏国名将吴起就是爱兵的典范，史书上记载："起之为将，与士卒最下者同衣食。卧不设席，行不骑乘，亲裹赢粮，与士卒分劳苦。"吴起作为主帅，能够和最低等级的士兵穿一样的衣服，吃一样的饭菜，卧不设席，行不骑乘，自己背自己的干粮，和士兵同甘苦，士兵都愿意跟随吴起出征作战。历史上流传着吴起爱兵的一个小故事。有一名士兵身上长了一个很大的疮而且化脓了，流出令人作呕的脓血，士兵疼痛难忍，需要立即处理，否则就会感染。吴起看到这个情况，毫不犹豫用嘴把里面的脓血吸了出来，在场的士兵都目瞪口呆。这件事很快就传开了，士兵们都非常感动，唯独那名士兵的母亲听说此事后，竟然大哭不止。别人非常不解，问：你儿子只是下等的普通士兵，而吴起是尊贵的将军，亲自为你儿子用嘴吸脓，你应该感到高兴才是，为什么哭呢？这位母亲回答说：你是有所不知，我孩子的父亲也曾是吴将军手下的士兵，吴将军曾经也用嘴给孩子的父亲吸过脓血。孩子的父亲对将军感恩戴德，最后拼命战死了。如今，吴将军又给我儿子吸脓血，我儿子一定也会感激吴将军的关爱之情，必将会冲锋陷阵，不久后可能也会战死沙场，我是为这个而哭的啊！

试想一下，一个身份高贵的将军亲自用嘴给士兵吸出脓血，不论是本人还是别的士兵，心里会是一种怎样的感动和震撼？人非草木，孰能无情，有这样爱兵的统帅，部下能不尽心竭力，为之效命沙场吗？将帅对士兵的关爱，对士兵来说，就是对其生命价值的尊重；士兵对将帅的回报，就是坚决服从、奋勇杀敌和至死追随。

《孙子兵法》中提出将帅要"视卒如婴儿，故可与之赴深谿；视卒如爱子，故可与之俱死。"就是强调要以仁爱带兵，将帅对待士兵就像对待自己最爱的儿子那样，要付出真心去关心和爱护士兵，士兵就会感恩戴德，关键时刻就能在战斗中与自己同生死、共命运。

诸葛亮在《将苑》中有一段论将的名言："夫为将之道，军井未汲，将不言渴；军食未熟，将不言饥；军火未然，将不言寒；军幕未施，将不言困。夏不操扇，雨不张盖，与众同也。""士未坐勿坐，士未食勿食，同寒暑，等劳逸，齐甘苦，均危患，如此，日则士必尽死，敌必可亡。"身为将帅，军中的水井还没有打水上来，将帅不能说渴，因为士兵还没有喝水；军中的伙食没有做好，将帅不能说饿，因为士兵还没有吃饭；

军中的营火还没有点起来，将帅不能说冷，因为士兵还没有火烤；军中的帐篷没有搭好，将帅不能说困，因为士兵还没有地方休息；夏天不打扇子，下雨不打雨伞，将帅跟所有人都是一样的。士兵还没有坐下休息时，将帅不能先坐下来休息；士兵还没有吃上饭时，将帅不能先吃饭，将帅应该与士兵同寒暑，等劳逸，齐甘苦，均危患。做到了上述这些再带兵打仗，手下的将士必会竭尽全力而战，面对再强的敌人也不会惧怕危险。

另外，要想让手下官兵与你齐力同心，还要做到"见危难勿忘其众"。为什么曾国藩的湘军很能打？因为他训练的湘军能够"呼吸相顾，痛痒相关，赴火同行，蹈汤同行。胜则举杯酒以让功，败则出死力以相救"，这就是湘军凝聚力和战斗力的来源。三国时，张辽率领的曹军曾被孙权率领的吴军重重围困，当时吴军兵力远多于曹军，关键时刻张辽果断带领军冲锋，率数十骑突围而出。而此时，尚有数百人仍在吴军的围困中奋战，齐声大呼："将军欲弃我等乎？"张辽听到了呼喊声，于是立刻调转马头杀入吴军阵中，与众人殊死力战，杀出重围。面对强大的敌军，张辽并没有只顾自己逃跑而不顾手下士兵。可以想象一下当时的场景，当士兵看到自己的将帅不顾生命危险为了大家的安危再次返回重围，一起合战拼杀的时候，这对士兵的激励作用是胜过千言万语的，士兵也会心甘情愿为这样的将帅拼死奋战。

常言道，"人无信不立，军无信不强"，本篇还从反面角度提出了将帅具有仁爱之心的同时还要有"信"，防止"唯仁有亲，有仁无信，反败厥身。"虽然仁爱能够赢得士兵的爱戴，但是，如果只讲仁爱而不讲信义，反而会遭到失败。

什么是信呢？一方面指的是诚信，将帅要以诚待人，恪守信用,"言必信,行必果"。这样上级信任下级,下级信任上级,军队的凝聚力由此而生。

公元前635年冬天,晋文公率军攻打原国,军队只携带着可供十天食用的粮食。可是到第十天了,却没有攻下原国。无奈,晋文公便下令退军,准备返回晋国。这时,有人从原国回来,报告说:"原国就快坚持不住了,大概再过三天就可以拿下原国了。这是攻下原国千载难逢的好机会。"晋文公身边的群臣也劝谏说:"原国的粮食已经吃完了,兵力也将用尽了,请大王不要急于回国,再坚持一些时日,已经胜利在望了。"晋文公语重心长地说:"出发前,我跟大家已约定好了十天的期限,若不回去,会失掉我作为国君的信用。为了得到原国而失去信用是不可取的,你们怎么不能理解我的苦心呢?"于是坚持下令撤兵回国。晋文公撤兵的消息传到了原国城内,人们纷纷议论说:"有像晋文公那样讲信义的国君,怎可不归附他呢?能够遇到这么好的国君,做他的臣民,真是老百姓的幸运。"就这样,原国开城向晋义公投降了,心服口服地归顺了晋国。晋文公守信的事情传到了卫国,卫国人感叹说:"晋文公如此讲信义,怎可不跟随他呢?"于是,卫国竟然也向晋文公主动投降了。孔子听说了这件事,充满感慨地说:"晋国本来是攻打小国——原国,却收获了卫国的人心,得到了卫国,这都是因为晋国的国君讲信用的缘故啊。"

中国的传统文化非常重信,所谓"非信不可以训人率下",作为一个将帅和领导者如果没有想清楚,就不要轻易做出承诺,一旦承诺就必须做到,这样才能赢得下属的信服和敬重。

诸葛亮在第五次出祁山之前,长史杨仪向诸葛亮提出了一个分兵轮战的建议:"数次兴兵,军力疲惫,粮草又很难供应及时；现在不如把军队分兵循环轮战，以三个月为期。若此则兵力不乏，然后徐徐而进，中原可图矣。"诸葛亮采纳了这个建议，分兵两拨，以百天为期限，士兵轮换上前线。当魏蜀两军相持在卤城一带时，百日期限已到，诸葛亮便下令前线部队收拾东西，准备返回后方。就在此时，传来了紧急军情：曹军20万前来增援助战，司马懿亲自点兵准备攻打卤城。战局对于诸葛亮而言是困难重重，蜀军按规定应该让士兵回家团聚，但换班的兵将尚未到达，兵力严重不足，敌人又即将发起大规模进攻，面对如此的危机，部将都极力劝诸葛亮将士兵先留下退敌，等到新兵到来之后，再进行换班。但是诸葛亮断然拒绝：吾用兵命将以信为本；既有令在先，岂可失信？况且那些即将离去的蜀兵，他们的家人定然靠着门窗在期盼亲人回家，吾今便大难，决不留他。于是，诸葛亮立即传令，"教应去之兵，当日便行"。而当士兵们得知此事之后，群情激奋，一致要求留下来抗敌出战。于是，诸葛亮令全军出城安营，以逸待劳，迎击魏军。在作战中，蜀军士兵士气高涨，奋力拼杀，最终大获全胜。诸葛亮在如此关键的时刻也不忘记遵守承诺，因此赢得了军心，打退了魏军。所以，古人说："信盖天下，然后能约天下。"

另一方面，"信"指的是威信，令行禁止，赏罚有信。杜牧说："信者，使人不惑于刑赏也。"信是让每个人都清楚，犯什么错受什么刑，立什么功受什么赏。虽有仁爱，该赏不赏，该罚不罚，赏罚不明，这样会失信于官兵，将帅也会在官兵心中失去权威。这样会造成纵恶抑善，军队混乱无序，必然导致失败的严重后果。所以，离开了"信"而空讲仁爱，是无法服众的，搞不好甚至会众叛亲离。《孙膑兵法·威王问》中，齐威王问孙膑："令民素听，奈何？"孙膑曰："素信。"

我们都知道秦国通过商鞅变法来让国家逐渐强大起来的，商鞅推出新政前，担心百姓不信任自己，无法遵守变法条令。于是，商鞅决定从立信开始，他的办法是"立木取信"。商鞅在城墙南门放了一根木头，贴出告示说：如果有人能将这根木头搬到北门就赏十金，百姓觉得很奇怪，所有人都不相信。等到商鞅把赏金提到了五十金，这时有一壮士站出来，将木头搬到了北门，商鞅如约赏给了他五十金。这件事立即传开，从此商鞅颁布的新法要求，民众都信都遵从。没过多久，太子触犯了法律，商鞅说："新法不能顺利施行，原因在于贵族带头违犯。这样怎么可能取信于民？"因为，太子是国君的继承人，不能施以刑罚，便将他的两个老师处以刑罚，以示惩戒。秦国人听说此事后，从此无不严格遵守法令。

秦军为什么威震六国，战斗力惊人？也是靠这个"信"字来的。秦国推行军功爵制，即军功是接受爵禄赏赐的最必要条件，凡立有军功者，不问出身门第、阶级和阶层，都可以计功受爵。秦国能够较为彻底地执行"取敌一首，升爵一级"的制度，极大激励了将士们作战杀敌的积极性，使秦军的战斗力得到空前的提高。孔子说："自古皆有死，民不信不立。"正是因为秦国的"信"，商鞅变法得以顺利推行，军功爵制得以彻底实施，秦国实现了富国强兵，为日后统一奠定了坚实的基础，对中国历史的发展起到了重要的作用。

《三略》中说："将无还令，赏罚必信。如天如地，乃可御人。"如果平时无信，到了关键时刻，无论悬出多高的赏金，士卒也不会相信听从。著名军事家孙子认为，"信"是将帅必须具备的五德之一，"信"是将帅能够统兵作战的基本要求，孙子也亲自证明了"信"对训练一支服从指挥的军队的重要意义。

据历史记载，在伍子胥的推荐下，孙子带着写成的兵法进见吴王阖闾，阖闾仔细阅读了兵法十三篇，连连赞叹。为了测试孙子的军事才能，吴王对孙子说："你的兵法十三篇，寡人已经逐篇拜读，确实耳目一新，受益匪浅，但不知实际运用的效果会是如何，可否用它小规模地演练一下呢？"孙子回答说："可以。"吴王又问道："可以用妇人吗？"吴王想给孙子出个难题，要求用宫女来演练。孙子回答说："完全可以。"

于是，吴王下令从后宫挑选180名宫女，领到练兵场上，交给孙子去演练。孙子把宫女们分为左右两队，指定吴王最为宠爱的两位宠妃为左右队长，执黄旗前导。孙子严肃认真地宣布号令要求："你们看着我手中的令旗，听到金锣鼓声，令旗向上，整队起立，令旗指心，队伍前进，令旗指背，队伍退守；左手举令旗，队伍向左行进，右手举令旗，队伍向右行进，大家听清楚了吗？"这些平时娇生惯养的宫女们乱七八糟地回答："清楚了。"安排就绪，孙子便击鼓发令，但是把演练当游戏的宫女们哪管什么规定，嘻嘻哈哈，乱作一团。孙子严肃宣布："刚才可能是我没有讲清楚，是我为将的过错。"接着，他再次详细说明演练要求、列队动作以及军法纪律以后，继续击鼓演练。然而尽管孙子三令五申，宫女们口中答应，但仍不听号令，捧腹大笑，队形混乱。孙子便问军吏："按照军法，不服从军令者该如何处置？"军吏答道："当斩。"于是，孙子下令斩左右队长。这时，吴王见孙子要杀掉自己的爱妃，马上派人传命说："寡人已经知道将军能用兵了。但是没有这两个美人侍候，寡人会吃不下睡不香的。请将军赦免她们吧。"但孙子毫不留情地说："臣既然受命为将，将在军中，君命有所不受。"随即将两位妃子处斩，这时宫女们个个吓得面如土色、噤若寒蝉。孙子另选两人为队长,再次演练时,所有动作完全符合要求。孙武向吴王禀报:"请大王检查,这支队伍已可为王所用,驰战沙场了。"

这就是孙子"吴宫教战"的故事。我们看,只颁布军法,却没有强制的执行力,军法就是一纸空文。孙子通过斩杀吴王爱妃,让大家看到了军法的权威性,不再藐视军法而是严格按军法要求演练,这就是赏罚分明之信。所以,《韩非子》中曰:"信赏必罚,其足以战。若法令不明,赏罚不信,金之不止,鼓之不进,虽有百万,何意于用。"

总之,治军的主导是统军的将帅,一支军队甚至因为将领的不同而具备迥异鲜明的特点。军队的高度执行力和军事斗争的特殊性,让将帅的个人能力素质和决定后果很快反馈到治军和作战的结果上。将帅自身品德操守的优劣,谋略智慧的高下,指挥艺术的强弱,直接关系到军队的安危及作战的胜负,因此,对将帅的选拔和培养必须要高标准严要求。

(六)视敌而举,因敌制胜

《司马法》作战指导思想的核心之一是,用兵打仗要遵循"视敌而举"的原则,即根据敌情之虚实灵活应对。打仗如果不知道敌之情、敌之谋,只是按主观意愿去打,是绝对没有取胜的可能的。而且战场双方激烈角逐,随时变化,我方要根据敌情的变化而采取不同的战法,灵活巧妙地运用各种战术,才能应对变化莫测的战况。本篇提出,作战要"称众,因地,因敌令陈"。即衡量双方兵力情况,利用各种地形条件,根据敌情变化排兵布阵,因敌制胜。曹操说,打仗要量敌而动。只有判明敌人的企图,以此依据来制定作战计划,才有取胜的把握。

战国中期,分晋而独立的魏国逐渐强大起来,不断对邻国用兵,企图争夺霸主之位。公元前341年,魏惠王派庞涓联合赵国进攻韩国,包围韩的国都新郑,韩求救于齐。齐威王任命田忌为将,孙膑为军师,率兵救韩。孙膑决定再次采取"围魏救韩"的策略,率军直指魏国的都城大梁。庞涓闻讯后,慌忙放弃韩国而回救本国之急。魏惠王非常恼火齐国一再干预魏国的霸业之路,决定集中全国精锐兵力,以报之前桂陵战败之仇,也让齐国再也不敢插手魏国的事。于是,魏惠王命太子申为上将军,庞涓为将军,率领10万军队主动迎击齐军,誓与齐军决一死战。

孙膑分析认为魏军悍勇,且敌我力量悬殊,不可贸然决战,只可智取。决定利用魏军向来轻视齐军和庞涓求胜心切的弱点,采取欲擒故纵之计,诱庞涓上钩。首先,他命令军队向马陵方向撤退,马陵地区沟深林密,道路曲折,适于设伏。然后再以"退兵减灶"之策诱敌,孙膑命令士兵第一天挖10万个做饭的灶坑,第二天减为5万个,第三天再减为3万个。在魏军的加急追击下,齐军看似乱了阵脚,细心的庞涓也发现了魏军每天灶坑减少的情况。庞涓大胆预测齐军每天都有大量的士兵逃亡,战斗力在不断下降。庞涓一直后悔当年没有杀掉孙膑的遗憾,他认为这次是解决这个问题的绝佳机会,于是他迫不及待地丢下步兵,亲自率领轻车锐骑,日夜兼程,追赶齐军。

另一边,孙膑计算好行程,判断魏军将于天黑后追至马陵附近,于是选择万名善射的弓箭手埋伏于道路两侧。果然如孙膑所料,庞涓率魏军于天黑后到达马陵,进入到孙膑设伏的地域,庞涓命士兵点起火把照路,火光下,只见一棵大树被剥去一块树皮,上书"庞涓死于此树之下"八个大字。庞涓顿知中计，刚要下令撤退，齐军万箭齐发，伏兵四起。魏军受到突然袭击，立刻阵容大乱，军队进退两难，自相践踏，死伤无数，庞涓无奈拔剑自刎。齐军乘胜追击，正遇太子申率领后军赶到，厮杀中魏军兵败如山倒，齐军生擒太子申，大获全胜。此战后，魏国从此由盛转衰，孙膑完成了自己的完美复仇，并因善于用兵而名垂青史。

"马陵之战"号称战国时期著名三大战役之一，是孙膑、庞涓两大军事家的终极对决，是魏国国运衰败的转折点，也是历史战争案例中精确分析敌情，巧妙运用战术，最终取得胜利的经典之战。齐军战术的制定建立在对敌情的准确掌握和判断之上，孙膑在战前就对齐魏两方军队做了全面的比较，魏军精锐部队——魏武卒骁勇善战，齐军胆小怯战，魏军依仗力量强大，却对齐军有轻敌之心，而且齐军将领庞涓急于建功，求胜心切。孙膑在认真研究了战场地形条件之后，定下减灶诱敌，设伏聚歼的作战方针，正是做到了"称众，因地，因敌令陈"的要求。

战争中，每次交战的对手都有各自的特点，战法不能墨守成规、僵化死板。在实际交战中，战场的情况也是在不断变化的。将领只有根据敌情变化不断调整战法，随机变化，才能达到用兵如神。

115年，东汉安帝年幼，邓太后临朝听政，朝廷政权不稳。这时，陇西一带的羌族人趁机大举南下，进攻武都（今甘肃成县），并扬言继续南下夺取关中。邓太后听说虞诩有将帅之才，于是任命他为武都太守。虞诩接到命令后立即去武都赴任，但是羌军先派几千军队攻占大散关，在陈仓的崤谷拦截虞诩。虞诩得知后，下令部队停止前进，在关外驻扎。大散关地势险要，易守难攻，羌军又占据地形优势，且人多势众。汉军兵力较弱，强攻大散关，即便能取胜，也会元气大伤，于是虞诩决定以智取胜。

虞诩故意对外散布消息，已上书朝廷和请求援兵，等援兵到后，再一起发起进攻，并且在军中一再强调不能进攻。羌军听说以后，认为汉军暂时不会发起攻击，便放松了警惕，分兵前往邻县劫掠，主营只留下少数人马留守。虞诩见羌军兵力已分散，立即下令部队日夜兼程行进了一百余里。而且，他让士兵每人各挖两个灶坑，以后每天每人再增加一倍。

羌军搞不清状况而不敢逼近，而官兵多有怨言，不明白这其中用意，于是问虞诩："孙膑减灶而君增之。兵法日行不过三十里，以戒不虞，而今日且二百里。何也？"即当初孙膑使用减灶的计策，然而如今您却每日增灶；另外，兵法上规定每天行军不要超过三十里，以保持体力，防备不测，而您如今日夜兼程，急行军近二百里，这到底是何意呢？虞诩答道："虏众多，吾兵少。徐行则易为所及，速进则彼所不测。虏见吾灶日增，必谓郡兵来迎众多行速，必惮追我。孙膑见弱，吾今示强，执有不同故也。"敌众我寡，部队速度慢了，容易被追上，走快了敌人不知我军的真实意图。敌人通过我军灶数的日益增多，以为援军已到。看到我军人数既多，行动又快，敌军必然不敢追赶。孙膑有意向敌人示弱，我现在有意向敌人示强，这是因为面临的敌我形势不同的缘故。听后，官兵们深为叹服，连连点头称是，佩服虞诩用兵有方。果然，羌军见灶坑数量每天都在增加，误以为援兵已经到来，不敢轻易出击。

虞诩带兵赶到武都后，兵力仅不足三千人。此时，羌军集中一万多兵力进攻赤亭，情况十分紧急。在兵力对比如此悬殊的情况下，虞诩冷静指挥。下令士兵不许使用强弩，只使用小弓。小弓射程短，无法对敌构成威胁。羌军误认为汉军弓弩数量少，构不成威胁，便集中兵力前进猛攻。于是虞诩命令强弩齐发，一时间羌军人仰马翻，纷纷溃逃。虞诩率军乘胜出城迎战，杀敌众多。与此同时，他让士兵每日更换服装，命令他们从东门出城，再从北门入城，然后循环往复多次，造成援军到来，兵员众多的假象。羌军不知城中究竟有多少汉军，更加惊恐不安，犹豫之后决定撤走。虞诩已猜到羌军必将撤走，在其撤退的必经之路上，派遣五百余人秘密在河道浅水处设下埋伏，当撤退的羌军渡河时，汉军忽然冲出，羌军慌乱应对不及，大举溃败，从此再无力和汉军对抗。

以上两个战例非常具有典型性，孙膑和虞诩虽然都是以灶为计，但用法截然相反，一个是通过减灶示弱以诱敌追击，一个是通过增灶示强以阻敌追击，但最终都达到了克敌制胜的目的，两个战例充分体现了"因敌制胜"的作战原则。《孙子兵法·虚实篇》中曾用水来阐明用兵打仗的道理："水因地而制流，兵因敌而制胜。故兵无常势，水无常形。能因敌变化而取胜者，谓之神。"水没有形态，随着外界环境的变化而变化，由高处流至低处，根据地形确定流向；而面对不同的敌情则要采取不同的应对打法，随机应变，出其不意，使敌人无法招架。所以，用兵作战没有固定的套路模式，没有一成不变的战法，能够根据敌情变化而灵活运用战法取胜的将帅，才是达到了用兵如神的境界。

（七）实战为准，严以施训

能战方能止战，实战必先实训。自古至今，军事训练作为军队建设的重要内容，概莫能外。军队必须经过严格的训练才会有战斗力，否则，兵力再多的军队也是一群乌合之众，上战场就等于去送死，这是不言而喻的道理。因此，如何进行军事训练并打造一支强大的军队，是历代兵家治军所关注的重点问题。在《孙子兵法》中将"士卒孰练"，即士卒是否训练有素，提升到关系国家民众生死存亡的战略高度来认识，列为制胜的关键因素之一。

《司马法》在本篇再次重申"士不先教，不可以用"的观点，不同于第二篇《天子之义》中关注重点在思想方面的教化，本篇侧重论述军事训练。提出"教惟豫，战惟节""上暇人教，是谓烦陈"，强调军事训练重在平时，要让官兵熟练掌握单兵的各项军事技能，要按照"行惟疏，战惟密，兵惟杂"等标准，使官兵明确军队行进的要求、熟悉作战阵法队形的变化和各种兵器的配合，重视训练协同作战的战术技巧，只有经过严格的军事训练以后，士兵才能投入战场。对于将帅，要训练临战指挥能力，掌握作战指挥的权宜机变，包括"大小、坚柔、参伍、众寡、凡两"等内容，造势之大小、战法之刚柔、部队编组或参或伍，兵力投入或多或少，都要比较分析，权衡利害，随机变化。

前文提到"春蒐秋狝"等以田猎为主的练兵训练方式，自春秋末期起就走向了没落，由以一教十、系统正规的新型训练方式所取代。新型训练方式的主要特点是，训练是在各级军官的直接指挥下进行的，并通过由单兵到多兵，由分练到合成渐进过程加以完成。《吴子》中清楚地写道："一人学战，教成十人；十人学战，教成百人；百人学战，教成千人；千人学战，教成万人；万人学战，教成三军。"随着战争的发展，训练也在不断进步和更具针对性。到了唐朝，《唐李问对》中提出了"三等之教"的训练方法："臣（指李靖）尝教士，分为三等：必先结伍法，伍法既成，授之军校，此一等也；军教之法，以一为十，以十为百，此一等也；授之裨将，裨将乃总诸校之队，聚为阵图，此一等也。大将军察此三等之教，于是大阅，稽考制度，分别奇正，誓众行罚。"这是把训练分成了三个阶段以循序递进、逐步提高的训练方法。整个训练过程由少及多、由简单到复杂，有些类似于今天的由单兵到多兵配合，由小分队到大部队，由分练到合练（包括实战演习），由浅入深，循序渐进的科学训练方法。而且唐朝时还注意到训练应该根据部队的不同特点，实施不同的针对性训练方法。如针对少数民族士兵长于骑射、汉族士兵擅长弩战的特点，提出"汉戍宜自为一法，蕃落宜自为一法，教习各异，勿使混同"的主张，这样可以扬长避短，提高战场打击能力。

军事训练必须坚持的原则是：战时用到什么，平时就训练什么；战时怎么打，平时就怎么练。平时要反复演练"攻战守，进退止，前后序，车徒因"，才能在临战时，面对不同情况能够"上暇人教"，稳而不乱灵活应对。戚继光非常重视按实战要求练兵，他的兵学著作《练兵实纪》之所以名为"实纪"，就是要力求实用，贴近实战。戚继光指出："夫金鼓号令，行伍营阵，皆战事也，必曰实战谓何？只缘往时场操，习成虚套，号令金鼓，走阵下营，别是一样家数。及至临战，却又全然不同。平日所习器技舞打、使跳之术，都是图面前好看花法之类。及至临阵，全用不对，却要真正搏击，近肉分枪，如何得胜？"戚继光对于训练中追求好看的花架子式练兵非常不满，因为这样一旦上了战场，完全没有用，战场杀敌是需要真本事。他平时经常提醒官兵，"学则便熟，不学便生。学的便会杀贼,保得自己性命,立得功,不学便被贼杀",要想在战场上求生,就必须刻苦训练,通过杀敌求生。戚继光认为军事训练要尊重科学规律,不能蛮干,讲究循序渐进,一定要遵循"先纪律后战术,先单兵后合成"的顺序有序展开。戚继光的训练内容和系统的训练方法,一直被后世众多将帅所重视和学习。

一支敢打硬仗的军队是依靠严格的训练出来的,才能够达到"人教厚,静乃治,威利章"的状态,给敌人以强大威慑;然而只要疏于训练,必然会军纪松散,再强的军队也会由盛转衰,出现"战患"和"毁折"的危险因素。

古罗马军团以极其强大的战斗力令其对手望而生畏,其战斗力源自于反复严格的训练。首先,他们通过残酷到近乎疯狂的体能和耐力训练,不断突破士兵的肉体和精神极限,也不断提高着每个士兵的体能和耐力,这样在实战中士兵的持续战斗能力明显比对手强很多。其次,士兵必须熟练掌握格斗技巧和各种兵器的使用技能。士兵训练时候使用兵器的重量是作战实际使用武器的两倍,也就是说训练是高于实战标准的。再次,罗马军团作战采用的是著名的罗马方阵战术,通过严格的军纪,保证士兵的无条件服从和令行禁止,整体作战力量惊人,被称为古代最强的五大方阵之一。

然而就是如此强大的罗马军队,随着罗马帝国的建立,训练和纪律也渐渐懈怠。罗马帝国为什么会衰败?《剑桥插图战争史》中讲到这样一句话:"罗马军团的士兵每天把时间打发给演员的喝彩中,他们更经常泡在附近客栈而不是待在部队。战马由于无人照料而杂毛丛生,而它们的主人却把自己的每根毛拔得干干净净,很少看见哪一个士兵毛茸茸的腿和胳膊。"因此，所有强大的军队之所以走向衰败，训练松懈都是一个非常危险的信号。

《司马法》重视军事训练的思想在今天仍有积极的启示意义。我们常说"练兵千日，用兵一时"，不能因为处在和平时期，就觉得战争很遥远，只要战争还存在，就必须持续加强练兵备战，要把练兵提升到战略层面来重视和加强。坚定不移地推进军队实战化训练，不断提高战略威慑能力，才能在面对危机和外来威胁的时候，做到以战止战，维护国家的长治久安。

四

《严位第四》
逻辑思路及经典谋略

[篇题解析]

本篇的标题"严位"也是由第一句"位欲严"而来,"严位"所涉及的内容十分庞杂,大致内容包括军阵的构成特点及阵法规则、基本作战原则、战术的具体运用、军人的心理、将帅的品质素养等诸多方面。

先秦时期,正规作战基本上是以方阵对战的形式进行的。本篇阐述了军阵构成的基本要素——"位""行""列",并对阵列中士兵的位置、姿势、进退要领进行了较为详细的说明,指出在列阵时要"定行列、正纵横",士兵要做到"位欲严",在行军和作战中都要保持严整的阵列队形。继而进一步提出了阵法的特点及运用规则,"立进俯,坐进跪","位,下左右,下甲坐,誓徐行之",等等。

当时,立阵与坐阵是步兵作战的常用战斗阵形,立阵是进攻阵形,坐阵则是防御阵形,二者各有其优势,互为补充,作战时将帅要根据战场情况灵活变化阵形,"畏则密,危则坐",当出现"乱""恐""危""畏"等情况或采取防御态势时,战斗队形要变换为坐阵;当采取进攻时,则要采取立阵,以实施快速冲击。本篇强调"舍谨甲兵,行慎行列,战谨进止",意为当时的军队无论行军、攻战还是追击,甚至强渡江河,都要保持一定的队形。同时,篇中提到军中要求士兵不但要熟悉阵法,更要能够灵活运用阵法,所谓"非陈之难,使人可陈难;非使可陈难，使人可用难"。本篇重现了古代方阵作战的真实场景，是今天研究先秦时期战争形态的珍贵历史资料。

在作战原则和战术运用方面，本篇提出了"轻"和"重"一对辩证的军事哲学概念，与《孙子兵法》中的奇正、虚实等概念一样，是对战争中各要素的抽象概括，可具有多重含义。本篇阐述了"相为轻重"的作战原则，是《司马法》作战指导思想的一条主线。在兵力的使用的问题上，本篇提出"以轻行轻则危，以重行重则无功，以轻行重则败，以重行轻则战，故战相为轻重"，要处理好兵力对比的轻重关系，集中优势兵力，以强击弱，以多击寡，这是作战指导的一条普遍规律，也是经过无数战争实践证实过的。

同时本篇强调轻重的辩证关系不是一成不变的，它们是相对的且可以相互转化的。轻重关系转化的前提之一是"凡车马坚，甲兵利，轻乃重"，即在一定条件下，武器装备的优势，能够战胜在兵力上占优的对手，完成整体实力的轻重转化。值得注意的是"既固勿重，重进勿尽，凡尽危"，重兵进攻敌人不要耗尽兵力，把兵力用尽是很危险的。轻重问题绝不能僵化理解，要根据情况辩证地处理问题。在选择进攻时机的问题上，本篇强调要"击其微静，避其强静；击其倦劳，避其闲窕；击其大惧，避其小惧"，这与《孙子兵法》"避实击虚"的战术原则相一致，意为作战要摸清对手的虚实强弱，尤其在面对强敌时要学会制造态势，灵活运用战术，让对方由实变虚，始终掌握主动权。

关于将帅的武德修养和战时的指挥要领，本篇也多有阐释。将帅要具备高尚的道德情操，做到"心中仁，行中义""敬则慊，率则服"，行事恭谨，以身作则，如此才能得到士兵们的爱戴和信服。而且将帅要"胜则与众分善""若使不胜，取过在己"，即打了胜仗，不要独揽战功，要与众人分享；打了败仗，不推卸责任，勇于承担责任。本篇强调将帅作为军队的指挥管理者，要具备"仁、义、智、勇、信"等美德，才能建立和谐团结的官兵关系，才能让士兵心甘情愿地服从指挥、共赴艰险。在指挥作战时，将帅要做到冷静果断，激励士气，灵活应变，"无复先术"，不能重复陈旧战法。

本篇继续深入讨论治军的细节问题，主要从道德激励和严明军纪两方面结合的角度进行论述。所谓"兵以气胜"，将帅在战前必须充分了解士兵们的思想心理状态，要把求胜、畏敌两种心理分析清楚权衡处理，做到"两心交定，两利若一"。本篇把士兵拼死作战的心理总结成五种类型，"死爱，死怒，死威，死义，死利"，并要求将帅根据这五种心理，运用法令和道义的手段，最大限度地激发士兵们的战斗热情。同时，将帅应从多方面教化培养士兵的思想品质，激励士气，建立敢打必胜的信念，治军必严，但不能过分依赖重罚，要根据具体情况而定，"执戮禁顾，噪以先之。若畏太甚，则勿戮杀，示以颜色，告之以所生，循省其职"，在临战状态下，针对个别士兵出现畏战不前或临阵退缩的情况，将领要严惩不贷，以儆效尤，维护战场纪律，这是为了稳定军心以确保对敌作战顺利进行。但将帅用兵千万不能死板教条，对于全军出现大范围的畏战情绪，不能简单使用斩杀之罚，否则会适得其反，而应采取恰当的方式进行思想教育，稳定官兵情绪，增强部队斗志。另外，本篇还提出复战重赏罚的原则，通过打破常规的赏罚之用，激励全军再战的士气。

总之，《司马法》的治军思想以各种方式渗透在军队建设、作战过程的各个方面，具有较强的可操作性。

[正文注释]

凡战之道，位欲严，政欲栗①，力欲窕②，气欲闲，心欲一。

凡战之道，等道义，立卒伍，定行列，正纵横，察名实③。立进俯，坐进跪④。畏则密，危则坐。远者视之则不畏，迩者勿视则不散⑤。位，下左右，下甲坐⑥，誓徐行之，位逮徒甲，筹⑦以轻重。振马⑧噪徒甲，畏亦密之。跪坐、坐伏，则膝行而宽誓之⑨。起噪鼓而进，则以铎⑩止之。衔枚⑪、誓、糗⑫，坐，膝行而推之。执戮禁顾⑬，噪以先之。若畏太甚，则勿戮杀，示以颜

---

① 栗：森严，畏惧。

② 力欲窕：指行动要敏捷。

③ 察名实：这里指考查所用人才是否名副其实。

④ 立进俯，坐进跪：皆为古代阵法，采用立姿前进时要弯腰，采用坐姿时移动用膝行。

⑤ 迩者勿视则不散：这里指对近处的敌人不要观望，集中精力进行战斗，军心就不会涣散。

⑥ 下左右，下甲坐：这里是指士卒阵中的位置按左右序排列，屯兵驻扎时采取坐阵。下甲，屯兵。

⑦ 筹：古代计算用的一种竹木小棍称作筹，后以"筹"表示计算。

⑧ 振马：抖动缰绳，使马嘶鸣。

⑨ 膝行而宽誓之：这里指主将在阵中膝行到士卒旁边，用宽和的语气来告诫和勉励他们。

⑩ 铎：古乐器名，形如大铃，战场上与鼓配合使用，击鼓而进，击铎乃止。此句意为，士卒起立时要高声呐喊，擂鼓前进。如果要停止，就敲击金铎。

⑪ 衔枚：一根像筷子的短棍，两端有带子，夜袭时士卒将枚衔在口中，并用带子系以颈上，以保持肃静。

⑫ 糗（qiǔ）：炒熟的米、麦等谷物，有捣成粉的，有不捣成粉的，古代通常用作干粮，这里指吃饭。

⑬ 执戮禁顾：这里指用杀戮的方式以严禁士卒出现临阵畏惧、顾盼不前的情况。

色①，告之以所生②，循省其职③。

凡三军，人戒分日④；人禁不息⑤，不可以分食⑥，方其疑惑⑦，可师可服⑧。

凡战，以力久⑨，以气胜；以固久，以危胜⑩；本心固，新气胜；以甲固，以兵胜。凡车以密固，徒以坐固⑪，甲以重固，兵以轻⑫胜。

人有胜心，惟敌之视⑬；人有畏⑭心，惟畏之视。两心交定，两利若一⑮；两为之职⑯，惟权视之。

凡战，以轻行轻则危，以重行重则无功，以轻行重则败，以重行轻则战，故战相为轻重⑰。舍谨甲兵⑱，行慎行列⑲，战谨进止⑳。

---

① 示以颜色：这里指和颜悦色地告诫和教导士卒。
② 生：生路，求生之道，这里指杀敌求生的办法。
③ 循省其职：这里指检查他们所承担的任务是否尽职。
④ 分日：半日。
⑤ 人禁不息：对个人下达禁令，要立即执行。禁，禁令。不息，立即执行。
⑥ 分食：就餐。
⑦ 方其疑惑：趁敌人疑惑不定。
⑧ 可师可服：快速出兵，征服敌人。
⑨ 以力久：这里指兵力强大战斗力就能持久。
⑩ 以危胜：这里指把军队置于危险境地，就可以迫使士卒通过死战而求胜。
⑪ 徒以坐固：这里指步兵作战时，若采用坐阵，便能易于，从而稳固阵势。
⑫ 轻：这里指兵器轻巧锐利。
⑬ 惟敌之视：通过观察分析敌人的虚实，决定是否攻打。
⑭ 畏：这里指设法了解士卒畏惧怯战的原因。
⑮ 两利若一：对两种情况分析利弊得失，通盘考虑。
⑯ 职：职掌，职务，这里引申为掌握，把握。
⑰ 轻重：是《司马法》中常用的一对范畴，内涵抽象，在不同的上下文中所指的事物各不相同。这里指兵力的大小。
⑱ 舍谨甲兵：这里指军队驻扎时要注意兵器甲胄的放置，以便遇到突发情况时可以马上取用，投入战斗。谨，谨慎。
⑲ 行慎行列：行军时要注意行列整齐。
⑳ 战谨进止：作战时要注意前进与停止的节奏。

凡战，敬则慊①，率则服。上烦轻②，上暇重③。奏鼓轻④，舒鼓⑤重⑥。服肤⑦轻⑧，服美重⑨。

凡马车坚，甲兵利，轻乃重⑩。

上同⑪无获，上专多死，上生多疑⑫，上死不胜⑬。

凡人，死⑭爱，死怒，死威，死义，死利。凡战之道，教⑮约⑯人轻⑰死，道约人死正⑱。

凡战，若胜若否，若天若人⑲。

凡战，三军之戒，无过三日；一卒之警，无过分日；一人之禁，无过瞬息。

---

① 敬则慊：将帅恭敬谦和，就会被士卒尊重和拥戴。慊（qiè），满意，此处引申为受尊重。
② 上烦轻：将帅急躁烦乱就会行事轻率。
③ 上暇重：将帅悠闲沉着就会行事持重。
④ 轻：疾速，快速。
⑤ 舒鼓：指舒缓的鼓点。
⑥ 重：持重，沉稳。
⑦ 肤：简陋，单薄。
⑧ 轻：不庄重。
⑨ 重：庄重，壮观。
⑩ 轻乃重：劣势转化为优势。轻、重在这里指优劣态势。
⑪ 上同：追求雷同，这里指随声附和。
⑫ 上生多疑：这里指主将贪生怕死，就会疑虑重重，进退无措。生，贪生怕死。
⑬ 上死不胜：这里指主将只知道死打硬拼，就会一败涂地。
⑭ 死：为……而拼死。
⑮ 教：法规，法令。
⑯ 约：约束。
⑰ 轻：不在意，这里是不惧怕的意思。
⑱ 道约人死正：用道义感化、引导士卒为正义而战。
⑲ 若天，若人：意为顺应天时，顺应民心。若，顺应。

凡大善用本①，其次用末②。执略守微③，本末唯权④，战也。

凡胜，三军一人⑤，胜。

凡鼓，鼓⑥旌旗，鼓车，鼓马，鼓徒，鼓兵⑦，鼓首⑧，鼓足⑨，七鼓兼齐。

凡战，既固勿重⑩，重进勿尽，凡尽危。

凡战，非陈之难，使人可陈⑪难；非使可陈难，使人可用⑫难；非知之难，行之难⑬。

人方有性⑭，性州异⑮；教成俗，俗州异，道化俗。

凡众寡，既胜若否⑯。兵不告⑰利，甲不告坚，车不告固，马不告良，众不自多⑱，未获道⑲。

---

① 大善用本：用兵的最高的境界是用谋略取胜。《孙子兵法》："故上兵伐谋"。大善，指用兵的最高境界。本，根本，指谋略。

② 用末：这里指次一等的境界是靠战胜攻取的手段。

③ 执略守微：指既要统揽全局，也要注意细节。

④ 权：权变，这里指通过权衡分析，以选择或用本、或用末。

⑤ 三军一人：使三军若使一人。《孙子兵法》："故善用兵者，携手若使一人。"即上下一致，团结一心。

⑥ 鼓：前面的"鼓"是名词，这里是动词，指用鼓指挥。

⑦ 鼓兵：指用鼓点指挥士卒操作兵器。

⑧ 鼓首：指用鼓点指挥士卒左右看齐、前后对正、整齐队伍。

⑨ 鼓足：指用鼓点指挥士卒的动作，如前进、后退、停止、坐起等。

⑩ 既固勿重：指在兵力强大的情况下，行动不要迟缓，不要错过战机。固，强大的兵力。

⑪ 可陈：熟悉阵法。

⑫ 可用：指灵活运用。

⑬ 行之难：指在实际中运用很难。

⑭ 人方有性：指不同地区的人有不同的性情气质。方，地区。性，性情气质。

⑮ 性州异：性格随各州而不同。

⑯ 既胜若否：即使获胜，也要像没有取胜那样，戒骄戒躁。

⑰ 告：告诉、告知，这里是夸耀、炫耀的意思。

⑱ 众不自多：不致力于扩充军队、增加兵员。

⑲ 道：用兵之道。

凡战，胜则与众分善①，若将复战，则重赏罚。若使不胜，取过在己。复战，则誓以居前②，无复先术③，胜否勿反④，是谓正则。

凡民，以仁救，以义战，以智决，以勇斗，以信专，以利劝，以功胜。故心中⑤仁，行中义，堪物智⑥也，堪大勇也，堪久信⑦也。

让以⑧和，人自洽，自予⑨以不循⑩，争贤以为人，说其心，效⑪其力。

凡战，击其微静⑫，避其强静⑬；击其倦劳，避其闲窕；击其大惧，避其小惧，自古之政也。

---

① 分善：这里指分享战功。
② 誓以居前：举行誓师以激励部众，并身先士卒。
③ 无复先术：这里指避免墨守成规，不重复以前使用过的战法。术，方法，手段。
④ 胜否勿反：不论胜负，都不要违反上述"与众分善""取过在己""誓以居前""无复先术"的基本原则。
⑤ 中：合乎。
⑥ 堪物智：善于用智慧判断事物的是非。
⑦ 堪久信：善于用诚信长久地赢得人心。
⑧ 以：是"与"的意思，这里指谦逊且和蔼。
⑨ 予：给予，承认。
⑩ 不循：指犯错误。
⑪ 效：这里指使士卒乐于效力。
⑫ 微静：兵力弱小而故作镇静。微，细小，这里指兵力弱小。
⑬ 强静：这里指兵力强大而沉着镇静的敌人。《孙子兵法》："强而避之"。

[译文]

通常的作战原则是，要严格规定好士卒在作战队列中的位置，军中法规要森严，行动要迅捷，士气要沉着，思想要统一。

通常的作战原则是，根据德才情况授予相应的等级职位，建立卒、伍等军队各级编制，规定好士卒的行列次序，调整好队列的纵横排列，核查所用之人是否名副其实。采用立姿作战时，将士要弯腰前进，采用坐姿作战时则要跪地前行。队伍存在畏敌情况时，队形要紧密，遇到危急情况时，主体采用坐阵。对于远处的敌人，将领要事先观察了解敌人的情况以有所准备，士卒就不会产生畏惧；对于近处的敌人，只要不让士卒看到，这样就能集中精力而不会慌乱涣散。士卒在阵中的位置，按左右分布排列，屯兵驻扎时应采用坐阵。宣誓完后，部队要从容不迫地前进，阵形中的将士都身穿铠甲，根据其所用兵器的轻重妥善进行配置。使战车震动，战马嘶鸣以观察军队的士气，如果出现惊恐畏惧，将领应该让阵形靠近聚拢，可以让士卒由跪姿变坐姿，或由坐姿变卧姿，将帅则应该膝行至士卒面前，用温和的语言勉励他们。发起进攻时，队伍要高声呐喊，击鼓前进；如果停止进攻，则要鸣金收兵。士卒衔枚、宣誓、就餐时，士卒采用坐阵，移动时用膝盖行进。如果士卒在战场上顾盼不前、临阵退缩，要用杀戮的惩罚方式，以儆效尤。将领要大声严厉地在全军面前说明厉害，并身先士卒以鼓舞士气。如果士卒在战场上过于畏惧，那就不要采用杀戮的方式处罚，而应该和颜悦色地告诉他们战场上杀敌求生的方法，促使他们尽职尽责，激励他们完成任务。

三军之中，将领对小部队下达命令，半天以内就必须执行；对个别士卒下达禁令，要督促立即执行，禁令不解除，不允许进餐。队伍应趁敌人疑惑不定时，迅速出兵，征服敌人。

通常作战，队伍力量强大就能够作战持久，士气旺盛就能取得胜利；阵形坚固就能持久，经受危险反能取胜。军心稳固、一心求战就能获胜；士卒锐气旺盛，学会使用盔甲保护自己，使用兵器杀敌制胜。车战采用密集阵形，阵地就能坚固。步兵采用坐阵的形式防守，军队就能稳固。铠甲坚固在于厚重坚实，兵器制胜在于轻巧锋利。

士卒具备战胜敌人的决心，这时要先观察分析敌情决定是否可以攻打。士卒有畏惧心理时，将领要想办法了解他们畏惧的原因。将领要将士卒的求胜心理和畏惧心理都考察分析清楚，全面考虑两方面的利弊得失。对于这两方面的情况，将帅要灵活予以权衡与把握。

作战的原则是，以小部队攻击敌军的小部队就会有危险；以大部队攻击敌军的大部队则很难成功；以小部队攻击敌军的大部队就会失败；以大部队攻击敌军的小部队则可以进行决战。因此，作战就是要处理好"轻"与"重"的相互关系。军队在驻扎时要处于保持战备状态，以防敌军偷袭等突发事件。行军时队列要严整，投入作战时要注意进退有序。

作战的原则是，将帅能恭敬谨慎就能获得士卒的尊重，将帅能以身作则就能获得士卒的信服，将帅急躁容易行事草率，将帅镇静就会遇事沉着。开战时，鼓点急促是命令部队迅速行动,鼓点舒缓是命令部队舒缓前进。服装简陋就显得士气低迷,服装华美会显得军容严整。

只要兵车坚固,战马强壮,甲胄兵器装备精良锐利,即使在兵力方面不占优势,军队劣势也可以转化为优势。

在军中,如果主将喜欢下属附和自己,则会一事无成。如果主将独断专行,战斗时死伤就会众多。如果主将贪生怕死,就容易疑虑不断,队伍进退失据。如果主将只会一味硬打死拼,队伍就容易一败涂地。

在战场上,士卒拼死奋战的原因,有的是出于报恩的心态,有的是出于愤怒的心态,有的是害怕受到刑罚,有的是出于正义,有的是为了追逐利益。作战的规律是,用法令来约束士卒,他们就不畏惧死亡;用道义来感化士卒,他们会为正义拼死奋战。

作战的原则是,战争胜败与否,取决于是否能顺应天时,是否能顺应人心。

作战时,对军队下达的号令,必须在三日以内执行。对百人的小部队下达的号令,必须在半日以内执行。对个别人员下达的命令,必须要立即执行。

将帅用兵的最高境界是以谋略取胜,战场拼杀制胜是次一等的境界。将帅既要高屋建瓴掌控全局,又要把握细节,是以谋略制敌还是以攻战制敌,要根据战场情况权衡比较,这是指挥作战的艺术。

作战能够取得胜利,原因在于全军上下团结一心如同一人。

作战指挥时有多种鼓点,有的鼓点是用于指挥军旗的,有的鼓点是用于指挥战车的,有的鼓点是用于指挥战马的,有的鼓点是用于指挥步兵,有的鼓点是用于指挥兵器使用的,有的鼓点是用于指挥人员调动、队形变化的，有的鼓点是用于指挥士卒的动作的，以上七种鼓点的要领全军要规定清楚、使用正确。

通常作战，如果兵力强大，行动就不要迟缓。但即使兵力雄厚，进攻敌军时也不要一次性投入全部力量，如果兵力耗尽就会有危险。

通常作战，难的不是布阵，而是让官兵熟悉阵法；更难的不是让官兵熟悉阵法，而是让他们灵活地运用阵法。总之，难的不是懂得阵法，而是掌握灵活地运用阵法。

不同地方的人有着不同的性格特点，性格又因为居住地的不同而各有差别。军队内通过教化可以使人们形成一定的风俗，不同的地域风俗也各不相同，用道德教化可以改变一个地方的风俗。

无论兵力多少，部队打了胜仗要像没打胜仗一样，以防官兵骄傲懈怠。如果兵器不要求锋利，盔甲不要求坚固，战车不要求牢固，战马不要求优良，军队不追求扩充，那意味着将领没有真正掌握用兵之道。

凡是作战，打了胜仗，将帅要与大家分享战功；如果将再次进行战斗，就要重视赏罚；倘若作战失利，要主动承担失利的过错；再次作战时，要举行誓师仪式以激励官兵，并身先士卒，不再重复之前的战术。无论胜负如何，将帅都不要违反上面的做法，这是用兵打仗的正确原则。

对待士卒，将帅要用仁爱解救他们的危难，用道义激励他们作战，用智慧判断他们的功过是非，以勇敢率领他们战斗，以诚信使他们忠诚，用财物利益激励他们获取战功，用建功立业鼓舞他们去积极取胜。因此，将帅思想要合乎仁爱，行为要合乎正义，用智慧辨明事物的是非，以勇气担当大任，以诚信赢得士卒长久的拥护。

将帅谦让和蔼，官兵之间的关系就会融洽，犯了过错将帅敢于自己承担，把荣誉主动让给他人，这样就能使部下心悦诚服，心甘情愿为自己效力。

作战的原则是，攻击兵力薄弱而故作镇静的敌人，避开兵力强大而沉着镇静的敌人；攻击疲惫不堪的敌人，避开休整良好、行动敏捷的敌人；攻击那些充满惊恐畏惧的敌人，避开谨慎小心但已有戒备的敌人。这都是自古以来用兵作战的方法。

[新解]

（一）"相为轻重"，用兵思想

《司马法》全书贯穿了朴素的军事辩证法思想，用矛盾是对立统一的方法来看待和处理战争中的具体问题。在战略层面和作战指导层面，《司马法》提出了中国兵学中一对很独特的军事范畴——"轻重"，把战争中的诸多因素抽象成"轻"和"重"矛盾对立统一的两个方面，是对战争中多种既相关又矛盾的军事关系的哲学概括。《司马法》提出"相为轻重"的原则，是为将者必须要考虑和把握的重大战略战术问题。那么，什么是轻？什么是重？这需要为将者结合特定环境和特定条件才能精准把握其含义。在《严位》中主要探讨了以下三个方面的轻重关系。

第一，以强胜弱的轻重关系。

《司马法》关于轻重的有一段专门的论述："凡战：以轻行轻则危，以重行重则无功，以轻行重则败，以重行轻则战，故战相为轻重。"目前，多数学者认为，这段中的"轻重"可以主要从兵力多少的角度理解，兵力少为"轻"，兵力多为"重"。按这种观点，那么上述段落可以解释为：用小部队对付敌人的小部队会有危险；用大部队对付敌人的大部队，就难以成功；用小部队去对付敌人的大部队，就会导致失败；用大部队对付敌人的小部队，就可以决战。

战争是敌对双方使用不同兵力的生死较量，自古至今，军事家探讨研究的一个重大问题就是战争中的兵力运用问题，这段中阐述了不同的兵力运用情况下会产生不同的作战结果，即危、败、无功和战四种情况。"以轻行轻"是指敌我双方兵力投入都有限，战斗力相当，这样对战的结果是，有被敌人吃掉的危险。"以重行重"则是双方兵力都非常雄厚，直接硬碰硬，则都会损失惨重，得不偿失。这两种情况下，双方的兵力是对等的，打起来能得到的好处很有限，还有失败的可能性。"以轻行重"的情况则是，以较少的兵力对抗拥有强大兵力的敌人，失败的可能性则非常大。有一种情况是可战的，或者说有取胜的把握，那就是"以重行轻则战"，即在兵力占据优势的情况下就可以对战，就是我们常说的集中优势兵力。

古代兵家在战争实践中总结出集中优势兵力的一个重要条件就是实现"我专而敌分"，专就是专一，集中；分就是分散，即集中自己的兵力，分散敌人的兵力，形成对敌的优势。自古以来的战争，尤其是冷兵器时代，军事实力在很大程度上体现在投入兵力的数量上，兵多则强，兵少则弱。虽然在实际交战中，兵多的一方并不意味着必然能取得胜利，但是能够集中兵力，在战场上占据关键优势的一方的获胜几率要大得多。但即便是总体上兵力少的一方，如果能够设法分散敌人的兵力，使敌人的部队前后不能策应，相互不能援救，敌人的力量就会因为分散而被削弱，而自己的军队如果能够集中兵力，在局部造成我众敌寡的局面，己方就能容易获胜。

历代兵家十分重视并且反复探讨这一作战原则。如《孙膑兵法》中提出："能分人之兵，能按人之兵，则锱（株）而有余。不能分人之兵,不能按人之兵,则数倍而不足。"此处强调能分散敌人的兵力,能抑制敌人的军队,那么很少的力量也可取胜。反之,即使力量数倍于敌,也是不能取胜的。换言之,这说明通过指挥谋划可以改变双方力量的强弱对比,从而影响作战的胜负。《淮南子》中也认为:"或将众而用寡者,势不齐也;将寡而用众者,用力谐也。"意思是统率的部队比敌人多,使用起来反而比敌人少的,那是因为兵力分散;统率的部队比敌人少,使用起来却比敌人多的,那是因为善于集中使用兵力。这些论述都是强调集中兵力对战争胜负的重要意义。

明朝与后金的萨尔浒之战,就很好体现了集中优势兵力这一作战指导思想。1619年,明军集结20万精锐士兵加上朝鲜半岛方面的军队,号称47万大军,兵分四路攻打后金。当时努尔哈赤手下的八旗兵仅6万余人,在兵力方面明显处于劣势。面对明军四路围攻,努尔哈赤认为明军虽众,但南北二路道路艰险,路途遥远,到达战场时间必然会长,应先击败明中路之兵,决定"凭你几路来,我只一路去",采取集中兵力、逐路击破的作战方针,集结6万兵力准备迎战。

很快,后金发现杜松率领的明军主力出抚顺关东进,进展迅速,而其他几路明军却进展迟缓。杜松率军进至萨尔浒后,又分兵为二,以主力驻扎在萨尔浒附近,自率万人进攻吉林崖。于是,努尔哈赤决定集中八旗兵力,首先迎击孤军深入、欲立首功的明军主力杜松军。看到杜松军孤军深入,兵力分散,努尔哈赤一面派兵增援吉林崖,一面亲率八旗兵4万5千人进攻在萨尔浒的杜松军。次日,两军交战,勇而无谋的主将杜松战死,明西路军全军覆没。

明军马林率领的北路军到达尚间崖时,得知杜松军战败的消息，不敢前进，将军队分驻三处就地防御。而努尔哈赤在歼灭杜松的军队后，将八旗主力转锋北上，赶去尚间崖方向迎击马林军。在后金军东面和南面两路夹攻之下，明军抵挡不住进攻势头，大败而逃，后金军队乘势追杀，北路明军大部被歼。此时，明军刘铤所率的东路军因山路崎岖，行动困难，未能按期到达战场。因刘铤不知西路、北路已经失利，仍按原定计划向北开进。努尔哈赤击败马林军后，立即回师南下，准备迎击刘铤军。为全歼东路军，努尔哈赤采取诱其速进、设伏聚歼的打法，事先以主力在阿布达里岗布置埋伏，另以少数士兵穿着明军衣甲，打着明军旗号冒充明军，持着杜松令箭，诈称杜松军已迫近赫图阿拉，要刘铤速进。刘铤信以为真，立即下令轻装急进。刘铤先头部队进至阿布达里岗时，遭到伏击，刘铤兵败身死，努尔哈赤乘胜击败其后续部队。

　　明军总指挥杨镐坐镇沈阳，掌握着一支机动兵力，但对其他三路明军没有作任何策应。得知杜松、马林两军战败，慌忙传令李如柏率领的南路军快速回师。南路军行动迟缓，这时仅到达虎拦岗，当接到撤退命令时被后金哨探发现，后金哨探在山上鸣锣发出冲击信号，大声呼噪。明军误以为是后金主力发起进攻，竟然惊恐万分，仓惶溃逃，仅因自相践踏就死伤1000余人。

　　萨尔浒之战，后金军以劣势兵力，仅用五天时间连破多路明军，歼灭明军45800余人，文武将吏死者310多人，明军元气大伤，后金从此夺取了辽东战场的主动权，为后面清军入关奠定了坚实基础。此战中明军的失败当然是由多种因素造成的。但仅从战术方面来看，明军本来拥有兵力的绝对优势，却指挥错误，兵分四路，分散了自己的兵力，将原本兵多力强的优势转化成了劣势，犯了兵家大忌。相反，努尔哈赤则采取集中兵力、逐路击破的正确作战方针，形成了局部的对敌优势，最终取得胜利。"清史研究第一人"萧一山这样评价萨尔浒之战："综观此役，明之兵数，实逾金军，然分全军为四路，则其势必弱；而况杜松轻渡浑河，两分兵力，乃明师失败之最大原因也……努尔哈赤即利用明之分，而己则以合克之，此其所以致胜也。"

在《孙子兵法》中也用大量篇幅论述集中兵力的原则，如在《虚实篇》中，提出"则我专而敌分，我专为一，敌分为十，是以十攻其一也，则我众而敌寡。能以众击寡者，则吾之所与战者，约矣。"就是要在战场上制造我军兵力集中一处而敌人分散在十处，即"我众敌寡""以十攻其一"的态势，如此一来同我军当面作战的敌人就有限了，接下来就可以"以重行轻则战"了。那么"重"和"轻"具体到怎样的程度才能战呢？《司马法》没有给出明确的答案，可以借用《孙子兵法·形篇》中的一句话来回答，就是"故胜兵若以镒称铢，败兵若以铢称镒"。这句话中的"镒"和"铢"是古代的计量单位，换算关系是1镒就等于576铢。以镒称铢，比喻兵力众寡之悬殊，好比鸡蛋碰石头，胜负几乎没有悬念。这段话揭示了一条战争胜负的规律，即获胜的军队如同以"镒"对"铢"那样，是以绝对优势的军事实力取胜于弱小的敌方；而失败的军队则如同以"铢"对"镒"，是处于绝对的劣势来对抗强大的对手。这正是"以轻行重则败，以重行轻则战"的体现。

以重行轻的作战原则，是《司马法》对军事理论的重大贡献之一。无论是冷兵器时代，还是现代化战争的今天，集中优势兵力的原则一直被军事家所重视和不断发展运用。在当前的信息化战争中，"轻重"的内涵更加丰富，不仅仅是兵力的强大，武器装备优势、火力打击优势、信息获取的优势等都是"重"的一种体现。

第二，以弱胜强的轻重转化。

《司马法》中阐述的轻重关系是辩证的，轻与重是对立统一的两个方面，轻是相对于重而言的。"以轻行轻则危，以轻行重则败"，这是从一般意义上讲的，但也不是一成不变的法则。本篇中就提出能够发生轻重关系转化的一个重要前提："甲以重固，兵以轻胜""凡车马坚，甲兵利，轻乃重。"只要兵车坚固结实，甲胄兵器精良，即使在兵力上不占优势，也可以实现实力的由弱转强，所以，"轻"是可以转化为"重"的。此处，《司马法》把武器装备作为轻重转化的重要条件。反之，"兵不告利，甲不告坚，车不告固，马不告良，众不自多，未获道。"意思是如果战争不讲求兵器锋利，不讲求盔甲坚固，不讲求战车牢固，不讲求马匹优良，不努力扩充兵员数量的，那就意味着用兵者没有真正懂得用兵作战的规律。《司马法》重视车马、兵甲等武器装备的作用，武器装备、军队数量与战争的胜负都是息息相关的。在一定条件下，武器装备的优势，能够帮助军队战胜在兵力上占优的对手，完成整体实力的轻重转化。

前文讲过，《司马法》对武器装备的重视程度在古代兵学研究中是非常突出的。武器不是战争的决定性因素，是建立在战争双方武器装备无巨大代差的基本前提下的，因为在冷兵器时代，对战双方武器装备的差距不会太大，而且对战争胜负的影响远没有像现代战争的程度大，也正因如此导致我国古代兵学"重谋轻器"的研究特点。时过境迁，在现代技术高速发展的引领下，武器装备间的巨大代差造成了战争胜负者之间的巨大悬殊，将会直接影响战争的结局。因此《司马法》从武器装备的角度论述轻重转化的思想，对于我们研究现代战争，特别是研究信息化战争条件下的"轻重"转化问题有重大的指导价值。

第三，在军事力量使用上的轻重关系。

军事力量的运用是一门艺术，前文提到要形成"以重行轻"的态势则可以战，接着又提出一个相对的观点："凡战，既固勿重，重进勿尽，凡尽危。"意思是如果军事力量已经强于对方，就不要再盲目增加；进攻时已经配备了很强的兵力，就不要把所有的兵力都用上，把兵力用尽是很危险的。轻重是相对的，绝不能僵化理解，要根据情况辩证地处理问题。"以重行轻"可以战，但对重的认识，并非越重越好，在实践中要随时根据实际情况调整变化。即使兵力优势明显，实施进攻时也不要一次性投入全部的兵力，力量用尽会带来不可预测的危险。而且如果将全部兵力投入战争，大军持重，也容易错过其他战机，因此部队应当留有适当的机动性兵力（相当于现代战争中的战略预备队），以便应付各种突如其来的变故。这样一来，集中兵力就有了更为丰富的内涵，在战争中如何处理好的轻重两者的关系，"相为轻重"是掌握的战争规律的关键。

我国历史记载中，最早使用预备队并发挥决定性作用的是春秋时期的吴齐艾陵之战。公元前484年，吴王夫差听说齐景公已死，欲联合鲁国进攻齐国，吴鲁联军与齐军主力在艾陵（今山东莱芜东南）展开决战。吴王夫差派遣吴上、下、右军与齐军相对列阵，自己则亲自指挥中军，列于吴三军阵后作为预备队。大战开始，齐军首战获胜，击败了吴上军，便认为有把握战胜吴军。第二天的战斗开始，面对吴军的撤退，齐军马上投入全部兵力对战，战车高速突击并与步兵逐渐脱离。此时，吴王夫差早已在高处密切关注战况，见时机已到，亲率精兵三万，分成三路反以鸣金为号，从侧翼进行穿插，将齐兵分割成三段，使齐军首尾不能相顾。由于齐军已无兵力可用，被吴军包围后，大军很快溃乱。吴军见夫差亲临指挥，士气倍增，最终大败齐军，获齐军革车八百乘。艾陵之战是春秋时期规模较大、较彻底的围歼战，是中国战争史上较早使用预备队的战例之一，此后预备队的作用为历代兵家所重视。

从上述战例中可以看到预备队在战场上发挥的重要作用，即使"以重行轻"，也不要将兵力一次性全部投入战场。其实，在军队中设立预备队的作用远不止后方预备、补充战斗力那么简单，预备队经常由一支战斗经验丰富的精锐力量组成，以奇兵身份出现，在关键时刻给敌人致命一击。在瞬息万变的战场上，预备队更像是一把利刃，直插在敌人的弱点之上，发挥其决定性作用。而且，预备队可以在己方战况进入被动状态时及时进行战术调整，通过其灵活机动的特点扭转整体的战局，鼓舞士气。

所以，"重进勿尽"的分兵之论与"以重行轻"集中兵力的要求并不矛盾，应该说，"重进勿尽"是"以重行轻"进一步深入展开，构成了在军事力量运用的轻重问题上的完整论述。在战场上集中与分散的要求都不是绝对的，而是相辅相成，对立统一的。分散兵力是为了更好地集中优势兵力，如通过预备队实施侧翼夹击、包围等战术，或者应对战场突发事件，抢占作战主动权。不得不说，早在两千多年前，《司马法》对此用兵理论的深度思考和精辟论述，对后世军事思想发展的引领意义是非常重大的。

本篇还从不同的角度带入"轻重"概念进行论述，在指挥号令方面，"奏鼓轻，舒鼓重"，鼓声是进攻的号令，只有根据情况轻重适宜，疾徐相变，才能使军队进退有节；在将帅修养方面，"上烦轻，上暇重"，将帅要避免急躁烦乱的"轻"，要做到从容不迫才能遇事持重，做出正确的决策；在武器装备方面，"甲以重固，兵以轻胜"，铠甲厚重结实才能坚固，兵器轻锐应手才有利于胜敌。在军服着装方面，"服肤轻，服美重"，服装简陋就显得士气低迷，服装华美会显得军容严整。

总之，《司马法》以其独特的军事辩证法视角，从军事领域抽象出"轻重"这一对基本范畴，是军事思想史的重要成果。轻重可涵盖的范围相当广泛，在不同环境中所指的具体事物不同，如兵力众寡、辎重多少、装备优劣、士气高低、休整时间的长短、行动速度之快慢、进入敌境之深远、侧重进攻或是防守等诸多方面。作战就是处理轻重关系的过程，轻重是相对的，两者之间相互权衡制约，在一定条件下可以相互转化，"故战相为轻重"，掌握战争规律的关键在于处理好轻重这两个因素的关系。"相为轻重"原则是《司马法》作战指导思想的一条主线，贯穿于战略战术各个层次之中。战争是敌对双方军事力量的对抗，灵活运用战略战术，调节矛盾，摆脱劣势，创造有利于己的轻重关系，赢得优势，把握主动，夺取胜利。

（二）避实击虚，巧造战机

《管子》中曰："故凡用兵者，攻坚则韧，乘瑕则神。攻坚则瑕者坚，乘瑕则坚者瑕。故坚其坚者，瑕其瑕者。"意思是，在用兵作战的问题上，打敌人的强点就会碰钉子，打敌人的弱点就容易成功。攻击敌人的强点而不克，其弱点也就会变成强点；而乘虚先击破敌人的弱点，其强点也会变成弱点。所以，在作战中有一条基本的原则叫"避实击虚"，那究竟什么是"避实击虚"呢？

"庖丁解牛"是来自《庄子》中的一个典故，大致内容是有一个厨师的宰牛技术非常高超。技术一般的厨师杀牛，每月要换一把刀，是因为他们用刀去砍骨头，所以刀很快就坏了；好的厨师每年换一把刀，是因为他们用刀去割肉。这位厨师的刀用了十九年了，宰牛数千头，而刀口却像刚从磨刀石上磨出来的一样。为什么呢？因为这位厨师是按照牛的骨骼框架，顺着牛的骨节空隙走刀，使皮骨分离，关节解开，而不碰到牛的骨头。所以，牛被分解开了，但他的刀却几乎没有任何磨损。

避实击虚和上面的庖丁解牛的道理有异曲同工之妙，用兵是要避免从正面进攻那些军队强大的、防御坚固的、占据优势的对手，简言之就是要想办法避开对手一切不好打的方面，选择对手关键而脆弱的环节作为主攻方向，争取占据战争中的主动地位。如果坚持从正面攻击敌人的优势，只能给敌人提供击败己方的机会。避实击虚是古今中外所有将领所遵循的重要作战原则。到底何为"实"，何为"虚"呢？在军事领域，可呈现出多种状态，有备、严整、镇静、勇敢、饱食、众多、充足、安逸之类为"实"，无备、混乱、畏惧、饥饿、寡少、疲劳之类为"虚"。

无论古今，决定战争胜负的关键因素是人。攻心治气是最高级别的击虚，本篇提出，"凡战，击其微静，避其强静；击其倦劳，避其闲窕；击其大惧，避其小惧，自古之政也。"作战原则是，攻击兵力薄弱而故作镇静的敌人，避开兵力强大而沉着冷静的敌人；攻击疲惫不堪的敌人，避开休整良好、安逸有备的敌人；攻击惊恐畏惧的敌人，避开小心谨慎、已有戒备的敌人。《孙子兵法》中提出的"避其锐气、击其惰归""以静待哗""以逸待劳""无邀正正之旗，勿击堂堂之陈"都是与"避实击虚"类似的观点。

在秦赵的阏与之战中，赵国名将赵奢巧妙地运用避实击虚的战术打败了来犯的强大秦军。公元前269年，秦国以赵国不履行协议中交换城邑的条款为由，派胡阳率军进攻赵国的战略要地阏与（今山西省和顺县）。阏与扼守太行山的东西交通要道，一旦失守，秦国将打开赵国的西大门，并能够以此为基地威胁到都城邯郸及整个赵国的安全。赵惠文王急召名将廉颇和乐乘等人讨论如何救援。然而，廉颇和乐乘都认为"道远险狭"，很容易遭到埋伏袭击，而且秦军实力太强，因此难以救援。唯有当时尚未成名的将领赵奢认为"其道远险狭，譬之犹两鼠斗于穴中，将勇者胜。"于是，赵惠文王任命赵奢为主将率军救援阏与。

秦军将领具有丰富的作战经验，为了防止赵军出兵救援，在围困阏与的同时又发兵一支向东直插武安，摆出进攻武安的态势，牵制赵军的行动。武安在阏与东南约百十里的地方，距离邯郸仅三十公里，秦军的行动方案看似天衣无缝，让赵军进退两难。赵奢面对这种严峻的形势，从邯郸出发刚走三十里就下令安营扎寨，而且要求军中加固营垒，在营区周围修筑了许多屏障，故意摆出毫无进取之意的姿态，并传令部队："有以军事谏者死。"然而，军中还是有一人冒死直谏，建议火速救援武安，赵奢立刻下令将此人按军法斩首，此事之后全军上下无人敢再提救援之事，也让秦军更加搞不清楚赵军的意图。

这样，一直过了二十八天，赵奢再次命令增筑营垒。秦军派间谍进入赵军驻地探查军情，赵奢好吃好喝款待后把他放了回去。间谍把赵军的情况报告给秦军将领，秦将分析认为赵军确实只想保住都城，无意救援阏与；而且觉得赵奢胆小怕战，于是放松了对赵军的戒备。但是，在间谍走后不久，赵奢立刻集合部队，向西急进，仅两天一夜即抵达距离阏与五十里的地方并扎营。仍在武安的秦军收到赵军已经逼近阏与的消息，慌忙调兵前往阏与。

赵军面对强大的秦军，这一战如何能取胜，依然是个难题。这时，赵军中有一位名叫许历的军士，进见赵奢，建议道："秦人不意赵师至此，其来气盛，将军必厚集其阵以待之。不然，必败。""先据北山上者胜，后至者败。"赵奢采纳了军士许历的建议，率先抢占北山制高点。后面赶来的秦军对北山发起进攻，而赵军居高临下，猛击秦军。阏与守军也出城配合作战。很快，秦军不敌赵军的猛烈攻势，死伤逃散过半，大败而归，阏与之围随之解除。

在这一战看似并不复杂，其实打得极其巧妙且漂亮，面对强大秦军的来势汹汹和周全的作战部署，赵奢首先选择的是避其锋芒，让敌人无所能攻。他通过隐蔽作战企图，麻痹敌人，促其骄傲轻敌，这是把敌人心理上的"实"转化成"虚"。之后赵军出其不意，突然急行军至阏与附近五十里地区安营，并抢先占领要地，使己方处于有利地位，掌握了主导权，然后"击其疲劳，避其闲宠"，再次把秦军力量上的"实"转化成"虚"，最终打赢了这场几乎不可能胜利的战争。此战后，赵奢被封为马服君，一战名扬天下。

再看历史上另一位打仗的高手——唐太宗李世民，在虎牢关之战中一战擒二王，充分运用了"三军可夺气，将军可夺心"治气击虚的打法。隋朝末年，群雄争霸，王世充据洛阳称帝，国号郑。窦建德在河北称帝，国号夏。620年，李世民率领八万精兵攻打王世充，在数次激烈交战后，成功将王世充围困在洛阳。王世充困守孤城，派使者向窦建德求救，许以利益，说以利害，成功使窦建德决定援救王世充。

窦建德亲率十几万大军开赴洛阳，水陆并进，威胁唐军侧翼。虎牢关位于洛阳东部，是窦建德进入洛阳的必经之路。虎牢关是天下闻名的险关，被称为洛阳的东大门，南连嵩岳，北近黄河，易守难攻。而唐军这边，当官兵们得知窦建德率军赶来，都感到非常恐慌，害怕被里外夹击，而且唐军刚经过与王世充军队的激战，军队疲惫，全军上下认为没有胜算，建议李世民不如先撤兵，择机再战。

但李世民分析认为，王世充已经是穷途末路，不必花太多力气攻打，可以坐等他败亡。窦建德刚刚打了胜仗，将领骄傲，士卒疲惫。虎牢关是窦建德进入洛阳的必经之路，只要唐军占据虎牢关，就等于扼住他的喉咙。如果窦建德冒险决战，则可以轻易败之；如果窦建德犹豫不决，不来交战，不出十天半月，王世充自会溃败。破洛阳城后，唐军士气自然大增，再打败窦建德也不成问题。如果此时退兵，让窦建德和王世充联合起来，其势力会大增，不但前功尽弃，后面的战局也会变得非常艰难。李世民决定采取分兵之策，留大部队继续围困洛阳，自己率领3500名精兵占据虎牢关，拦截窦建德的大军。李世民派人在虎牢关以东二十里处设伏，自己则与尉迟敬德仅带四名骑兵前去查探敌情，与敌相接后以自己为诱饵将敌军引到埋伏圈内，斩杀敌三百多人，俘虏窦建德军两员大将，唐军士气大增。

窦建德军在虎牢受阻不能前进，停留了一个多月，打了几仗都未能取胜。这天，李世民接到唐军密探报告：窦建德探听到唐军草料不够，意图趁唐军在黄河以北放马之时，袭取虎牢关。李世民决定将计就计，传令将千余匹战马在黄河放牧以引诱窦建德，自己则立即暗中返回虎牢关。窦建德果然率军倾巢而出，在汜水沿岸布阵，连绵二十里，擂鼓前进，军容鼎盛。唐军将领看到这阵势，兵力对比悬殊，不免惊慌忐忑。但李世民胸有成竹，对诸将说："敌人从山东起兵，还没有碰见过强大的对手，如今身涉险境却喧嚣混乱，军纪不严，逼近城池排列战阵，有轻视我们的意思。我们如果按兵不动，他们的士气自然就会衰竭，时间一长士卒又饥又渴，到时候我们突然进攻，必会取胜。只要一过正午，肯定能打败他们。"

窦建德军从清晨一直等到中午，却始终等不来唐军，迟疑着想撤兵，士兵们饥饿疲惫，纷纷坐在地上，后又争着喝水吃饭，早已没有列阵时的严阵以待。李世民命令宇文士及带三百骑兵前去试探攻击，当看到敌阵出现慌乱后，李世民当即决定发起全面进攻，并率领轻骑先出发，大军跟随在后，直扑敌阵核心。窦建德军应对不及，阵形全无，混乱无章。李世民率领几名猛将把旌旗卷起，冲入敌阵，从阵后而出，打开唐军旗帜，窦建德军的士兵回头看见唐军旗帜在阵后飘扬，以为唐军已胜，迅速全面崩溃。此战唐军大获全胜，生擒窦建德。

李世民斥责窦建德道："我们讨伐王世充，与你有什么相干，竟跑到你的领土之外，来与我们交战！"窦建德却说："现在我不自己来，恐怕以后还得烦您远途去攻取。"唐军把窦建德押到洛阳城下，王世充知道突围无望，只能出城投降了。李世民一战平定窦建德、王世充两大集团，统一北方，奠定唐朝版图的基础。

战前，窦建德军队虽在兵力上远超唐军，但李世民很清楚双方的优劣形势，冷静指挥，先占据地形优势，通过一系列小规模战斗消耗窦建德的实力，关键时刻挫败了敌人的强盛士气，建立起唐军战胜敌人的信心。然后，采取诱敌的方式调动窦建德军队列阵决战，唐军则暂不展开全面进攻，等到敌人饥渴难耐、阵形混乱的时候，再发起突然全面进攻，并巧妙利用军旗，一举瓦解敌军的抵抗意志。虎牢关之战，唐军巧妙地运用了"击其微静，避其强静；击其倦劳，避其闲窕；击其大惧，避其小惧"多种战法，一战擒双王。

总之，避实击虚是古今军事指挥者所一致遵循的作战原则。吴起说："审敌虚实，而趋其危。"所谓"避实"就是要避免攻击实力强大、士气严整、预先有备的对手；而"击虚"则是利用对手的混乱、疲惫、不备及出错机会，实现突破。值得注意的是，虚实的状态并不是固定不变的，在面对强敌时要学会找其虚实，更要学会制造态势，通过小利引诱、诡道欺骗等谋略把敌人的力量、心理等状态转实为虚，使之由强变弱，达成我对敌的优势，出其不意消灭敌人。

（三）先秦军阵，形式规则

在历代兵书及其他古籍中对于先秦军阵的具体记述比较少，而《司马法》中有多处论及军阵的内容，是我们了解和研究古代军阵作战的重要文献资料，具有十分重要的历史学术价值。

先秦时期，正规作战基本是以方阵队列的形式进行的，军队作战要先"立卒伍，定行列，正纵横""位逮徒甲"，由此可见，一个基本单位的步兵方阵由位、列、行三个要素构成，位就是步兵的位置，行和列的概念有时区分并不清晰，比较准确的描述是横和纵。不论名称如何，步兵战斗队形基本上都是由纵横两个方向的排面构成的，采用5行5列的五伍制，即横向和纵向各由 5 名步兵构成，也就是 25 名士兵组成一个方阵作为单位。其中，纵向是一伍，有排列前后之分，使用五种不同的兵器；横向为不同伍但前后位置相同、排列在同一水平线的五名士兵，他们使用同一种兵器。如此一来，通过纵横两个坐标相交就能够明确方阵中每个士兵的相对位置了。"位"不仅是行列的基础，更是阵的基础，有了明确的"位"，才能够实施战术所需要的单兵和队列动作。因此，战斗的第一要义"位欲严"，即士兵必须严格坚守自己的战斗位置，位的变化决定行列抑或纵横的变化，纵横的变化决定阵形的改变。《司马法》首次较为全面、系统地论述了阵的构成，为方阵的阵形变化设计奠定了理论基础。这在当时无论是对战术理论还是军队操练都具有重大意义，也证明了早在春秋时期方阵战术无论在理论和实践层面都已相当成熟。

从作战的姿势和方式上，古代军阵主要可分成立阵和坐阵。文中提到"立进俯，坐进跪"，就说的是这两种作战队形，采用立阵时要弯腰前进，采用坐阵时要跪地前进。前者很容易理解，至于后者就不太好理解了，因为坐阵在秦汉以后很少使用，大家都比较陌生。先秦时代的"坐阵"，是指采取"坐跪"姿作战的战斗队形。这里需要注意的是，古代的"坐"与今天我们所理解的"坐"是不同的。隋唐以前，我国室内是没有椅凳类用具的，人们都是席地而坐，在如今的日本和朝鲜仍可见到类似的生活习惯。当时的"坐"，不是像今天直接臀部着地，而是双膝着地，双脚在后，臀部向后放在脚后跟上，席地而坐。只要将臀部抬起，就是跪姿，腿伸直站起，就是立姿。这种坐姿，是古人生活中最常见的一种姿势，很多姿势都从这种坐姿演变而来。

之所以采取坐阵的方式，主要原因归纳有三：一是当军队在作战中处于守势或劣势时，采取坐阵可以稳定方阵队形，使其不发生移动变化，更不会出现随便后退的情况；二是采取坐姿时，竖盾牌于身前，可以为全身遮挡，能保证士兵不受敌方射来矢箭的伤害；三是坐姿便于发弩，这时既可发强弩，又可提高命中率。所以，坐阵在当时作战中的作用是非常重要的，本篇提出"车以密固，徒以坐固"，就是强调车战稳固取胜在于阵形密集，步战稳固取胜在于采取坐阵。

在《左传》记载的多次战争中，都有坐阵的出现，如《左传·宣公十二年》中记载，"赵旃夜至于楚军，席于军门之外"，这里是动词"席"，是席地而坐的意思；《左传·昭公二十八年》中载，吴国公子光欲杀吴王僚，"王使甲坐于道，及其门"。从上述"坐其北门""席于军门之外"的实际使用情况来看，在临战前的诱敌作战之时，也采取坐姿。由于坐阵在战斗中的重要作用，因此在古代军事训练中必有练"坐"的科目。如在《史记·孙子吴起列传》中记载了孙子练兵的要求，就有"妇人左右前后跪起，皆中规矩绳墨，无敢出声"，这里的"跪"的意思就是坐，即练习坐阵的战术动作。

就现存史料来看，立阵与坐阵在当时都是步兵作战常用的战斗阵形，立阵是进攻阵形，坐阵则是防御阵形，二者各有其功能与优势，在作战中交互运用，互为补充，从而使军队在作战中面对不同的态势可以随机变换，从而在最大程度上稳固自己战胜敌人。《尉缭子》中曰，"立陈，所以行也；坐陈，所以止也。立坐之陈，相参进止"，说明了立阵用于准备进攻，坐阵用于驻止和防守。作战时要根据攻守进止的情况来决定采取立阵还是坐阵。本篇中提到"畏则密，危则坐"，当士兵畏惧时,队形要密集;遇到危急情况时,要采用坐阵,这样可以稳定军心、稳固阵形。在《吴子》中有"圆而方之,坐而起之",意思是由圆阵转换成方阵,也就是说由防御转为进攻,就要由坐阵变成立阵。以上论述都说明了作战时阵形变化的依据原则,当出现"乱""恐""危""畏"等情况或采取防御态势时,战斗队形要变换为坐阵;当采取进攻时,则要采取立阵,以能够实施快速冲击。

坐阵自秦汉以后逐渐退出历史舞台,尤其从汉武帝时代起,骑兵迅速的发展,使中国古代骑兵完成了向战略军种的转变,成为军队中的第一主力兵种。在高速、灵活的铁骑冲锋的面前,坐姿式防御比较被动,灵活性差,抗敌冲击的能力明显不足。但后世也不是完全没有坐阵的使用痕迹,如宋代的"叠阵",就包括坐跪姿在内。

本篇进一步具体阐述了古代军阵的基本战术规则,"位,下左右,下甲坐,誓徐行之,位逮徒甲,筹以轻重。振马噪徒甲,畏亦密之。跪坐、坐伏,则膝行而宽誓之。起噪鼓而进,则以铎止之。衔枚、誓、糗,坐,膝行而推之。"士兵在阵中的位置要按前后左右分布排列,屯兵驻扎时应采用坐阵。部队要从容不迫地前进,根据各种兵器的轻重合理配置。使战车震动,战马嘶鸣以观察军队的士气,如果士兵惊恐畏惧,就应该让阵形靠近聚拢,由跪姿变坐姿,或由坐姿变卧姿,将领则应该膝行至士兵面前,用语言勉励他们以稳定部队情绪。发起进攻时,要高声呐喊,击鼓前进;如果停止进攻,则要鸣金收兵。士兵衔枚、宣誓、就餐时,采用坐阵,移动时用膝盖行进。强调"舍谨甲兵,行慎行列,战谨进止",军队在驻扎时要战备严整,行军时要队列严整,投入作战时要注意进退有序。这些要求与史料记载的内容是一致的,当时的军队无论行军、攻战还是追击,甚至强渡江河,都要严格保持一定的队形。

通过以上内容,我们可以了解到先秦时期军阵作战的概貌。本篇中严格规定了军阵作战的基本构成要求,不同阵形的特点规则,士卒在战斗中的单兵和队列动作,以及在各种不同情况的阵形变化和应对措施,因此,《司马法》也被认为是世界上第一部有文字记录的军事条令,较为详实地反映出我国春秋时期军队的发展水平,具有极高的军事历史研究价值。

(四)将帅武德,指挥艺术

中国古代兵家认识到,全军将士同心同德、同仇敌忾是胜利的重要保障。孙子说:"上下同欲者胜。"只有军队团结同心,才能最大程度地发挥出部队的战斗力,取得胜利。本篇提出,军队要做到"心欲一""凡胜,三军一人,胜""凡战,若胜,若否,若天,若人",反复强调军队思想意志统一的重要性,为将者带兵要实现全军上下团结如一人的状态,才能无往不胜。而将帅本身的武德素养及领导管理能力对于能否实现全军将士同心同欲具有决定性的影响,因此治军之要,首在练将。

第一,为将者要做到"敬则慊,率则服",将帅只有尊重士兵、谦和待人,才能获得士兵的拥护和爱戴,只有以身作则、为人表率才能赢得士兵的敬重和信服,这是建立良好将士关系的准则。孔子说:"其身正,不令而行;身不正,虽令不从。"这对于任何领域的管理者来说,都是通用法则。西汉名将卫青就是一个爱护士卒、身为表率的将领。在《史记·淮南衡山列传》中称他"大将军遇士大夫有礼,于士卒有恩,众皆乐为之用""言大将军号令明,当敌勇敢,常为士卒先。休舍,穿井未通,须士卒尽得水,乃敢饮。军罢,卒尽已度河,乃度。皇太后所赐金帛,尽以赐军吏。虽古名将弗过也"。赞扬卫青谦逊知礼,爱护将士,对敌"常为士卒先",所得的赏赐全部与众分享,是难得少有的良将。卫青之所以出击匈奴屡屡获胜,与他优秀的个人品质和善于带兵的能力是分不开的。

将帅要想使手下的官兵在作战中"齐勇若一",身先士卒、率先垂范是非常重要的影响因素。俗话说:"兵熊熊一个,将熊熊一窝。"如果主将都怕死畏敌退缩在安全地带,他的手下能有谁会愿意拼死杀敌呢?

春秋时期,晋国大夫赵简子率军围攻卫国的国都,他拿着犀牛皮做的坚固盾牌作掩护,站在弓箭和滚石打不到的地方,击鼓命令军队开始进攻,结果他的军队却根本不响应,赵简子气得一把将鼓槌扔到地上,叹息道:"唉,我军的士兵这么快就疲惫不堪了。"这时候,一位名叫烛过的官员脱下头盔说:"我听说,只有君主不懂得如何利用士兵,而士兵本身是不会感到疲倦的。以前我们的先君晋献公,吞并十七个国家,迫使三十八国屈服,打了十二次胜仗,依靠的就是这些士兵。献公死后,惠公即位,他荒淫无度,昏庸残暴,纵情于声色,秦国看到这样的情况便随意入侵晋国,军队甚至打到距离都城仅十七里的地方。但即便是这样,也是靠这些士兵来抵御的。惠公死后,文公即位,围攻卫国,得到邺地;城濮之战,我军五次打败楚军,得到天下霸主之名,依靠的也还是这些士兵。之所以出现目前这种情况,主要是您做得不够好,而不是我军士兵疲惫的缘故。"赵简子听后,恍然大悟,马上丢下盾牌,冲到阵前,再次击鼓下令冲锋。官兵们受到了极大的鼓舞,个个奋勇争先,最后打败对手赢得战争。得胜之后,赵简子感叹地说:

"得车千乘不如闻烛过一言。"

由此可见，将领是一支军队的灵魂，将领虽然是一纸任职命令赋予的官位，但其真正的权威并非完全来自于高高在上的官职，而是他智勇仁义、正直公平、身先士卒、爱兵如子的人格魅力获得了将士们真心的爱戴与敬畏，只有这样的将领，士兵才愿意跟着他赴汤蹈火、出生入死。上面的例子中，作为主帅的赵简子，打起仗来让士兵们冲在前面，自己却躲在后面拿着盾牌生怕受一点点伤，怎么可能激励起士兵们上阵杀敌的士气呢！

第二，优秀的将帅要具备高超的指挥管理能力，对将帅这一职业的要求就是管理军队和指挥打仗，将帅如果不会带兵打仗，即使个人品行再好，也无法担此重任，否则是误国误民，后果不堪设想。带兵的能力前面已讲了很多，主要体现在治军管理的方面；指挥作战的能力，是对将领智慧的考验。战场上的较量是智慧的较量，战争中充满了未知性、复杂性，经常会碰到危机重重，甚至濒临绝境，优秀的将帅则可以巧妙处理，转危为安，反败为胜；而低能的将帅，会因为一个失误，被敌人抓住机会，由胜转败。

《司马法》强调"虑多成则人服""虑既定，心乃强"，将领的用兵智慧是其能带兵服众的重要条件，士兵自然是愿意跟随能打胜仗的将领。优秀的将帅具有敏锐的洞察力、良好的判断力和果断的执行力，能够准确把握战机，做出最优决策。《司马法》对将帅指挥能力的要求体现在全书论述的各个作战原则和战术运用的要求中，在前后文中也各有展开，不再重复。本篇中提到了作战时需要将帅引起重视的一个情况，即"无复先术"。所谓"兵无常势，战无常法"，意思是要避免重复老一套的战法，应打破习惯思维，善于变换思路，让敌人猜不出摸不透，才是用兵的上乘艺术。

第三，优秀的将帅要具备沉着冷静的意志，战争环境最大的特点是复杂而危险，将帅面临着巨大的压力，这种情况下人性的弱点也会淋漓尽致地表现出来。这个时候，为将者首先要做到的，是绝对不能允许消极的情绪和心理压力主导了自己的决策，或影响到自己的队伍。要注意"上烦轻，上暇重"，将帅遇事千万不可以急躁，急躁则容易行事草率，必须要镇静沉着才能做出正确的判断和决策。战场上，依照情绪行事是将帅带兵打仗的大忌，比如将帅在愤恨的心情驱使之下很容易头脑发热，因为急于求胜而轻举妄动，出现各种漏洞，给敌人可乘之机。

三国时期的夷陵之战，刘备因为急于为关羽报仇，不顾众人的反对，明知东吴早已做好准备，仍率军盲目冒进，结果被陆逊诱敌深入，吃了大败仗。因为将帅的一时之怒而随意指挥盲目出兵，一定会付出严重的代价。在第三篇《定爵》中也提到"作事时，使人惠，见敌静，见敌暇"。面对敌人，将帅首先要稳得住心，沉得住气，不能争强斗狠，要冷静处理出现的复杂情况。打仗时，敌人会想尽办法来刺激对方将帅的情绪，动摇其意志，使其无法做出正确的判断。

孙子提出作为将领要做到"静以幽"，所谓"静"，就是内心沉着冷静，这样心理才不会被对手扰乱；所谓"幽"，就是思虑深远难测，这样意图才不会被对手看透。"静"是"幽"的前提，只有首先做到"静"，才能谋定而动。战争瞬息万变，各种不确定情况甚至危机的出现对作为决策者的将帅的心理是极大的考验。一军之将的能力素质直接关系到千万官兵的生死甚至国家的安危，面对各种复杂混乱的局面将帅必须做到"猝然临之而不惊，无故加之而不怒"。将帅在处于混乱和危险环境中展现出的强大的控制能力和领导能力，将会赢得将士们的极大信任与坚决的支持跟随。

第四，要求将帅能够"胜则与众分善""若使不胜，取过在己"，即打了胜仗，将帅要与大家分享战功，打了败仗，要勇于主动承担失利的责任。历史上无数优秀将领无不是有着大格局和胸怀、有责任敢于担当的人才，获胜了不独享战功，战败了也不向下推卸责任，而是敢于负责。

历史上，赵国名将赵奢与士卒感情极深，据其夫人所言："身所食饮而进者十数，所友者百数，大王及宗室所赏赐者尽与军吏士大夫。"因此，战士皆愿为之效命。汉朝大将军窦婴将汉景帝所赏赐的一千金，直接摆在府中的走廊穿堂上，部下军官路过时，就让他们随意拿取，一天之内，将黄金一散而空，自己不留分毫，史称"金无入家者"。曹操曾评价说："古者赵奢、窦婴为将也，受财千金，一朝散之，故能济成大功，永世流声。吾读其文，未尝不慕其为人也。"可见两位优秀将领对后世的积极影响。

汉朝"飞将军"李广随从大将军卫青出击匈奴，由于李广与右将军赵食率领的东路军没有向导，在沙漠中迷失了道路，延误了约定会师的时间，将被问责。李广曰："诸校尉无罪，乃我自失道，吾今自上簿。"李广对前来问责的官员主动承担过错和处罚，称众位校尉没有罪，是自己的原因导致大军迷路，自己去接受讯问即可，不能怪罪他人，把责任都归到了自己身上。据《史记》中记载，"广廉，得赏赐辄分其麾下，饮食与士共之。终广之身，为二千石四十余年，家无余财，终不言家产事。""广之将兵,乏绝之处,见水,士卒不尽饮,广不近水;士卒不尽食,广不尝食。宽缓不苛,士以此爱乐为用。"李广为官清廉,得到赏赐就分给部下,与部下吃住都在一起,李广一生做了四十多年二千石俸禄的官,家中却没有多余的财产。在汉朝,官员的工资以粮食计算,一石为一百二十斤粮食,二千石就是二十四万斤粮食。李广连续四十年拿着如此高的工资,但是在他去世的时候,家中没有积蓄,因为他都把钱都花在自己的部队上了。李广带兵常在戈壁草原的环境恶劣地区跟匈奴作战,遇到缺水断粮的时候,只要有一名士兵没有喝过水,李广就不会喝一口;哪怕一个士兵没有吃上饭,李广就不会动筷子。李广对部下如此宽厚爱人,士兵都很愿意跟着他,乐于为他所用。

所以,"让以和,人自洽,自予以不循,争贤以为,入说其心,效其力",将帅谦让和蔼,官兵之间的关系就会融洽;将帅犯了过错主动承担,把荣誉让给他人,这样就能使部下心悦诚服,心甘情愿为其效力。

第五,提出为将之忌,"上同无获,上专多死,上生多疑,上死不胜",意为,如果主将喜欢下属附和自己,则会一事无成。如果主将独断专行,作战就会死伤众多。如果主将贪生怕死,就容易疑虑不断。如果主将一味硬打死拼,就容易一败涂地。

试想一下,如果将帅畏死严重、只想活命,那么无论面对有利还是危险的情况,都会患得患失、犹豫不决,不敢果断采取行动,最终会导致错失机会,必败无疑。所以,吴起说:"用兵之害,犹豫最大;三军之灾,生于狐疑。"东晋末年,权臣桓玄篡位称帝,刘裕举兵讨伐,两军在峥嵘洲相遇,虽然当时桓玄的兵力远多于刘裕，但桓玄非常怕死，在战船一侧系着小舟，还经常预演失败逃跑的流程，以备快速奔逃。这种情况下，军队自然毫无斗志，在刘裕军队的进攻下很快溃败。主将一旦贪生怕死就容易疑神疑鬼，放大危险，部众也必然没有斗志，这是兵家大忌。

而如果将帅只是凭着热血而没有脑子地一味死打硬拼，也是无法取胜的。虽然"勇"是军人的基本素质，但真正的勇不是匹夫之勇，而是遇事不鲁莽冲动，以畏惧之心去认真面对和处理危机情况，即所谓的"大勇若怯"。一次，子路问孔子："子行三军，则谁与？"子曰："暴虎冯河，死而无悔者，吾不与也。必也临事而惧，好谋而成者也。"这段对话的意思是，子路问孔子："如果您统帅三军，那么您想和谁在一起共事呢？"孔子答道："敢于赤手空拳和老虎搏斗，徒步涉水过河，即使死了都不会后悔的人，我是不会和他在一起共事的。我要找的，一定要是遇事小心谨慎，善于谋划而争取胜利的人。"因为没有胆怯之心，一味逞勇，就不能认真全面思考解决的办法，怎会有取胜的可能呢！

第六，本篇从建设良好的官兵关系的层面出发，对将帅武德的要求提炼出五个方面，即"仁、义、智、勇、信"五种品德。"凡民，以仁救，以义战，以智决，以勇斗，以信专，以利劝，以功胜。故心中仁，行中义，堪物智也，堪大勇也，堪久信也。"要求为将者，对待官兵要用仁爱解救他们的危难，用忠义激励他们积极作战，用智慧来明辨他们的是非功过，以勇武精神率领他们去战斗，以诚信的威望使他们团结一致，用利益勉励他们去奋战，以功勋鼓舞他们去积极取胜。所以，为将者必须要具备"仁、义、智、勇、信"之德，这"五德"相辅相成,不可偏废任一项,并把仁德列为首位,作为最根本的武德要求,这也是"仁本"思想在将帅自身素质要求上的反映。上文对为将者提出的各种具体要求,都是这"五德"的具体内容和体现。

孙子说:"聚三军之众,投之于险,此将军之事也。"将帅需要在复杂紧张、残酷危险的环境下,率领他的部队取得胜利,这是对将帅能力素质的极大考验。为将者必须要严格要求自己,不断完善和提升自己的品德素养和指挥水平,才能获得部众的爱戴与尊重,让他们心悦诚服地服从指挥,无论面临多么危险的局面都能上下同心、同生共死。只有德才兼备、智勇双全的优秀将帅才能打造出一支团结一心、勇猛善战的队伍,这是能战能胜的坚实基础。

(五)大善用本,谋略制胜

战争是政治的继续,战争的目的不是为了单纯的"打赢",而是为了达成政治目的。虽然《司马法》在开篇就提出"正不获意则权,权出于战",说明了战争的政治属性和必要性。然而"兵者,死生之地也"。司马迁在《史记·太史公自序》里面描述春秋时期的战争有这样一句话,"《春秋》之中,弑君三十六,亡国五十二,诸侯奔走不得保其社稷者不可胜数。"随着战争规模的扩大,其残酷性是愈加严重,"争地以战,杀人盈野;争城以战,杀人盈城。"所以,古代兵家在探讨战场的用兵之道的同时,更是跳出战场对抗的框架思维,从大战略的角度去全面审视战争,思考是否能够用谋略等手段来尽可能实现不战而胜的最佳境界。

《司马法》从仁本的角度出发,对单纯的"伐兵"持有一定的保留态度。提出"大善用本,其次用末",认为用兵最上乘的境界是运用谋略取胜,而战场上"伐兵"的攻取作战是下策,是次等之选。当然,至于如何选择则要根据实际情况进行判断,不可一概而论,"执略守微,本末唯权,战也。"也就是说,主帅要通过权衡比较来决定是用谋取胜还是通过攻战取胜,这是驾驭战争的高超艺术。《孙子兵法》中则将这一思想提出了更清晰的行动标准,"上兵伐谋,其次伐交,其次伐兵,其下攻城",强调用兵的最高境界是"不战而屈人之兵"。

有个成语叫"折冲樽俎"。折冲,指抵御敌人。词语起源于折冲骑,最早出现在春秋时代,是一种战车,它的名字的来历就是因为它能遏止别人的冲锋,好像把刀折断了一样,起名折冲;樽俎,指古时盛酒食的器具。折冲樽俎的典故讲的是春秋时期齐国晏婴的故事,意思是不使用武力而在酒席中推杯换盏间制敌取胜。

春秋中期,诸侯争霸,中原的强国晋国谋划攻打齐国,为了探清齐国形势,晋平公派大夫范昭出使齐国,齐景公盛宴款待范昭。席间,正值酒酣耳热,大家都有几分醉意,范昭借着醉意向齐景公说:"大王,请您赐我一杯酒喝吧。"齐景公没多想,吩咐侍臣说:"把酒倒在寡人的杯中拿给尊使。"范昭接过侍臣递过来的酒一饮而尽。当侍臣刚要把酒杯还给齐景公时,晏婴把这一切看在眼里,厉声命令侍臣道:"快扔掉这个酒杯,给大王再换一个。"因为依照当时的礼节,君就是君,臣就是臣,在酒席上,君臣应该各用各的酒杯。范昭用齐景公的酒杯违反了这个礼节,是对齐国国君的不敬,范昭故意违反礼节就是要试探齐国君臣的反应,结果被晏婴当场识破了。范昭回国后,向晋平公报告说:"现在还不是攻打齐国的时候,我试探了一下齐国君臣的反应，结果让晏婴识破了。"

范昭认为齐国有这样的贤臣辅国执政，如果当前去攻打齐国，没有必胜的把握，晋平公因而放弃了攻打齐国的计划，这就是"折冲樽俎"典故的由来。孔子称赞晏婴说："不出樽俎之间，而折冲千里之外，晏子之谓也。"晏子机谋，酒席谈笑间，就灭掉了晋攻齐的企图，不费一兵一卒，退了敌军，这就是谋略制胜的真实案例。

在《战国策》中记载了苏秦游说齐闵王的故事，其中苏秦说道："臣之所闻，攻战之道非师者，虽有百万之军，比之堂上；虽有阖闾、吴起之将，禽之户内；千丈之城，拔之尊俎之间；百尺之冲，折之衽席之上。"意思是说，攻战之道不在军队的多少，即使有百万大军，也能败之于朝堂之上帷幄之中；即使遭遇阖闾、吴起那样的将帅，也能通过室内的策划擒获他；虽然有千丈的城池，也可以在酒席之间不用一兵一卒拿下它；虽然有百尺高的战车，也可以在坐卧之时摧折它。所以，取胜的关键是在帷幄之中的策划和谋略，要实现不战而屈人之兵，而非战场上的厮杀。

"大善用本"这个"本"指的是深奥微妙的谋略，运用谋略达到不战而获全胜就是用兵的最高境界，通过深谋远虑的战略运作，塑造即将对抗的双方形势，引导其发展走向，使对手失去赢的可能性而无法对抗，这样既能避免战火之灾，又能达成战略目的，也是民本主义思想在军事领域的集中体现。

战国时期，张仪就用"谋"瓦解了齐楚联盟，为秦国减轻了出兵压力，轻松实现其战略目的。公元前555年，齐国帮助楚国攻打秦国，夺取了秦地曲沃。后来，秦惠王一心报仇雪恨、收复疆土，打算讨伐齐国，但他考虑到齐楚两国的军事联盟关系，担心遭到他们的联合反击，便向谋士张仪请教对策。张仪对秦惠王说："大王请放心，我能够让齐楚两国反目成仇。"

于是，张仪去楚国拜见楚怀王说："大王啊，我们秦王最敬重的人就是大王您了；我作为臣子，也莫过于希望给大王您做臣子。而秦王最憎恨的人是齐威王，而微臣最恨的人也是齐威王。如今齐王的罪过，对于秦国来说是最为严重的。若是楚国能和齐国断交，那么秦国愿意献出商、於一带六百里土地送给楚国；秦王还愿娶妇嫁女，与楚结为兄弟之国。假如这样的话，齐国必然会逐渐衰弱，齐国要是衰弱了，就会听从大王您的号令。这样一来，楚王东弱齐国，西结强秦，又获得可商、於六百里的土地，可谓一举三得的上策。"

楚怀王听后非常高兴，马上在朝廷上宣布："寡人从秦国得到商、於六百里肥沃的土地！"群臣都来向楚怀王道贺，谋士陈轸最后一个来拜见楚怀王，但与众不同的是，他并没有向楚怀王道贺，而是表示非常忧虑。楚怀王很诧异地问道："寡人不费一兵一卒，就得到商、於六百里的土地，寡人认为这是一次重大的胜利，大臣们都来向我道贺，为什么偏偏只有你不道贺呢？"陈轸回答说："在臣看来，商、於的土地不但得不到，而且还会招致祸患，所以不敢随便道贺。"楚怀王问："此话怎讲？"陈轸说："秦国之所以看重大王，是因为有齐国这样强大的盟国。如今秦承诺的土地还未能得到，大王却要先和齐国断绝邦交，这会使楚国陷入孤立的境地，秦国怎么会重视一个孤立无援的国家呢？何况如果先让秦国献出土地，然后才与齐国绝交，秦国必然不肯；而若是楚国先和齐国断交，然后再向秦国讨地，那肯定会受张仪的欺骗而得不到土地。上当后，大王您必定悔恨莫及。这时，西面有秦患，北面与齐绝交，没有了后援，齐秦两国的军队都将会不约而至。"但是，自作聪明的楚怀王根本听不进去陈轸的话，他很不高兴地对陈轸说："事已定好，你还是闭上嘴别说了，等着寡人的好消息吧！"很快，楚怀王派使者去和齐国断交。这样，张仪只用了一张"空头支票"就瓦解了齐楚两国的联盟。

张仪回秦国后，秦国派人出使齐国，暗中和齐国缔结盟约。同时，楚怀王派人随张仪入秦接收土地，可是张仪一回到秦国，就装病不上朝。楚怀王说："张仪以为寡人不是诚心和齐国断交吗？"便派了一个勇士去齐国辱骂齐王。张仪证实楚国和齐国已经彻底断交后，才出来见楚国使臣说："赠送贵国的土地，从这到那，总共方圆六里。"楚国使臣明知张仪有意如此也无可奈何，只好返回楚国，报告楚怀王。楚怀王大怒，当即准备发兵攻打秦国。陈轸再次进谏楚怀王："秦强楚弱，伐秦非计。大王不如再给秦一座城池，与秦共同伐齐，如此或许可以把损失在秦国手里的土地再从齐国得回来，这不就等于楚国没有损失了吗？如今已楚和齐绝交，又去谴责秦国的失信，这会促使齐国与秦国联合，我国会因此而受到极大的伤害。"可是，固执己见的楚怀王仍然没有采纳陈轸的忠谏，坚持发兵攻打秦国。秦齐两国果然联合起来，韩国紧随其后，在杜陵打败了楚军，楚国遭到了严重的削弱。

张仪瓦解齐楚联盟的过程充满了智慧和谋略，张仪利用楚怀王的贪婪心理和各国之间的矛盾和纷争，不费一兵一卒便瓦解了齐楚联盟，为秦国最终的胜利发挥了关键作用。

《孙子兵法·谋攻篇》中讲道："故善用兵者，屈人之兵而非战也，拔人之城而非攻也，毁人之国而非久也，必以全争于天下。故兵不顿而利可全，此谋攻之法也。"善于用兵打仗的人，不用直接交战就能使敌人屈服，不用强攻就能拿下敌人的城池，即使摧毁敌国也不需要旷日久战。一定要用全胜的战略去争胜于天下，这样自己的实力不受到损耗，却可以圆满取得胜利。

真正的善战者不是仅仅盯着战场的拼杀胜败，而是以目标为牵引，从不同的视角全面地分析以达成最终战略目的。所谓"大善用本""上兵伐谋"就是要从更高层次去认识战争，处理战争问题，其实质是把"仁本""慎战"的思想放在更高的战略层面上去谋划，利用战略和战术的多维层面去实现利益的最大化。值得注意的是，"大善"是指最理想的状态，并不是否定"战"的作用，强大的军事实力是"用本"的坚强后盾，是实现"用本"的基础。实际情况中更多的是本末兼顾、多种手段并用，尽可能把损失和破坏降到最低的程度，最终迫使敌人屈服。因此，"执略"与"守微"相互依存，只有知"战"之用，才知"不战"之用；敢战能胜，才能不战而胜，在实际情况中要"本末唯权"，审时度势，权衡而定。

（六）刑德并举，治气治军

前文提到，《司马法》作为军事法典类型的兵学著作，提出了系统的治军理论及方法措施。前面几篇已经从明令军法、严明赏罚、令行禁止等多方面做了详细论述，本篇继续深入治军的细节问题，主要从道德激励和严明军纪两方面结合的角度进行论述。

战场上，士气的高低对战争结果有着直接的影响。要想掌握好军队的士气，一定要充分了解士兵的思想心理状态。本篇中提出要重视士兵的两种心态——"胜心"和"畏心"。"人有胜心，惟敌之视；人有畏心，惟畏之视。两心交定，两利若一；两为之职，惟权视之。"当士兵有战胜敌人的决心，这时就可以找准进攻时机实施打击；当士兵有畏战心理时，要想法了解他们畏惧的原因，及时安抚激励，想办法转变其心理状态。将帅要将士兵的求胜心理和畏惧心理都考察分析清楚，全面考虑利弊得失，并结合战场情况予以权衡与把握。

求胜心是将士们去获取胜利的前提和保证，连求胜心都没有的军队是注定打不了胜仗的。畏惧心是人之常情，战场是极其血腥和残酷的地方，据统计，有的战役中士兵上前线后，平均生存时间不超过七小时，其惨烈程度可见一斑。所以，上战场前人们感到恐惧不安是非常正常的，但是畏战怯战是作战之大忌，所谓"狭路相逢勇者胜"，只有迎战而上、临危不惧去赢得胜利才是活下去的唯一出路。

上战场前，将帅要及时解决官兵心理失衡的状况，在争胜心和畏惧心之间分出轻重，要让全军的争胜心大于畏惧心，做到意志统一、万众一心，便可以决一死战。而军队不怕流血牺牲的勇敢拼杀精神，是靠平时严格的治军和教育训练培养出来的，需要注意的是治军不是僵化地走程序，不是简单粗暴地让士兵唯命是从，要做到严之有情、晓之以理，这非常考验将帅的管理艺术。

掌握士兵的心理状态是巩固和提高部队军心士气的基础。本篇从心理层面，总结出士兵能够奋战杀敌的五种情况，"凡人，死爱，死怒，死威，死义，死利"。在战场上，士兵之所以能够拼死奋战，有的出于报恩的心态，有的出于愤怒的心态，有的害怕受到刑罚，有的出于正义，有的为了追逐个人利益。根据这五种情况，将帅平时就要认真切实地做好军队的思想教育工作，要重视结合道德和军法两种激励约束手段，"凡战之道，教约人轻死，道约人死正"。军队内用法令来约束士兵，他们就不畏惧死亡；用道义来感化士兵，他们会为正义拼死奋战。前文提到过，赏罚严明不足以成为制胜的充分条件。因为奖惩是一种被动的、应激的、后发的机制，是对客观结果的处理，而不能够成为将士内驱力的最大动因，更不足以成为忠诚的绝对保证。

主帅要想唤起将士自主的积极行动，一方面需要加强思想道德的教化，另一方面需要为将者检讨自身，如在日常治军中是否勉励关怀士卒，是否能表率三军，是否能达到将士同心团结，是否能有效进行训练等。所以，本篇也再次强调道德教化对于统军的重要性，"人方有性，性州异；教成俗，俗州异，道化俗"，军队中的每一个人来自各个不同的地方，不同地方的人由于地方风俗的差异有着不同的性格特点，通过道德教化可以把大家的认识习惯统一起来，才能够达到全军上下在思想上和行动上的一致。

针对临战前个别士兵出现畏战不前或临阵退缩的情况，必须"执戮禁顾，噪以先之"，即就地正法、严惩不贷、以儆效尤。但是"若畏太甚，则勿戮杀，示以颜色，告之以所生，循省其职。"如果全军将士们普遍存在畏敌怯战情绪时，就不能单纯采用杀戮的方式来解决了，在此种情况下，将帅要采取恰当方式进行思想教育，才能稳定士卒情绪，增强部队斗志，激励他们完成任务。因为当全军出现"畏太甚"的情况，就意味着军心的严重动摇，如果再按军法严惩，将会适得其反，一是因为法不责众，二是可能会触发军心崩溃，甚至哗变。在这种危急之际，将帅的处理方式至关重要，要以自己的沉着镇静去感染部众，让大家理解到只有奋勇杀敌才是唯一的生路，这样才能稳定军心、提升士气。战场上，士兵的勇怯心理来自于自己所处的境地，将帅用兵千万不能死板教条，如果一味用斩杀之法逼迫士兵向前，最终只会适得其反。将帅应努力创造有利的"势"来改变士兵心理，这才是高明有效的做法。本篇论述了严格战场纪律的必要性和做好部队思想工作的重要性以及二者相辅相成的关系，由此也可以看出先秦时期治军思想的发展成熟。

在军队中有一个特殊的组织叫督战队，顾名思义，就是专门负责监督士兵作战的部队，他们的任务就是防止士兵逃跑或投降，一旦发现有士兵想要退缩或背叛，就会毫不犹豫地杀死他们。督战队并非近现代的创新，其渊源可追溯到古罗马和古代中国等国家。在古罗马，军队已经设立有监督部队执行作战的"军团长"。在我国古代设有监军，代表朝廷协理军务，督察将帅并负责对前线将领和士兵进行督查，对逃兵给予严厉处置。例如前文讲过，《司马法》作者之一的司马穰苴斩杀犯军法的齐景公宠臣庄贾的故事，这里的庄贾就是齐景公设立的监军。

1449年，明朝遭遇土木堡之变，明英宗被瓦剌部俘虏。明朝上下一片慌乱，瓦剌军队趁机两路进攻北京，拉开了北京保卫战的序幕。兵部尚书于谦积极整军备战，下令"凡是有盔甲者不出城迎战的立斩"，利用一个多月的时间调集二十二万大军，增强了京师防守力量。为了提高军心，保卫京师安全，于谦命令守城部队全部镇守于城门之外，并将城门关闭，以示背城死战的决心，并规定"临阵，将不顾军先退者，斩其将。军不顾将先退者，后队斩前队"。明军在城楼上布置大量弓箭手作为监军，一旦有士兵想临阵脱逃或是裹足不前，一律放箭射杀。

身为主帅的于谦全副甲胄，阵前慷慨陈词，晓谕三军将士以忠义报国，而且处处率先士卒，明军得以士气大振，击败了瓦剌军对北京的进攻。在这场战争中，于谦"执戮禁顾"的严令做法，稳定了军心，确保了北京保卫战的最终胜利。

但是督战队也有其局限性，不是在任何场合都能发挥积极的作用，在"若畏太甚"或者战局失控的情况下，即使督战队的存在也无法阻挡整个前线的溃败。北伐战争期间著名的贺胜桥之战中，北伐军攻破了直系军阀吴佩孚的第一道阵地后，吴军开始纷纷溃退。吴佩孚见状怒不可遏，严令官兵不准退却，并亲自砍掉十余个退却的旅、团长的头颅悬挂在电线柱上示众，以震慑官兵。吴佩孚亲率督战队和大刀队列于贺胜桥上，见溃兵仍旧四散逃去，下令机枪手向退却的官兵扫射，桥上桥下积尸累累，只见浮尸不见水，溃兵处于夹击之中。退却的吴军官兵被吴佩孚自相残杀的暴行所激怒，遂组织起来，对贺胜桥实行反冲锋。吴佩孚见兵败如山倒，只好仓皇驱车逃跑。

临战中畏敌怯战问题处置办法不是一成不变的，更不能一味依赖杀戮来解决。战争实践表明，在临战状态下，对于那些严重危害军心士气的怕死士兵和可耻逃兵，择其情节恶劣者处极刑以警示全军，这是维护战场纪律以确保对敌作战顺利进行之所必需。但是，主帅要根据军队的实际情况具体分析处理，必须掌握适度原则，不可随意大开杀戒，以免挫伤军威士气，结果适得其反。

本篇还提出复战重赏罚的思想，"若将复战，则重赏罚"，如果再次作战，则要重视赏罚。这里的复战指的是前期已经取得部分作战成果但没有全局制胜，或者前期作战失利，需要再战扭转整体战局形势，必须要实现突破。这个时候非常关键，往往关系战争最后的成败。所以，此时的赏罚具有鼓励再接再厉或将功赎过的效果，这时就要打破"大捷不赏、大败不诛"的规定，为了激发将士的杀敌之心，只要对再战有利，赏罚要打破常规，必要时就要施行超出惯例的奖赏，法外施恩，而如果出现畏战等言论导致军心不稳，必须施以格外重罚防止生变。常言道"重赏之下必有勇夫，重罚之下必有畏者"。实施远超出平常规定范围的赏赐，官兵们就会不顾一切地奋勇拼杀，争立战功。而用以重罚，则让任何人不再心存侥幸，必须全军共同进退。《孙子兵法·九地篇》中提出，有时候要"施无法之赏，悬无政之令"，也就是相同道理，这样才能达到"三军一人，胜"。

赏罚之用的不合常规，给我们提供了另一种"出奇制胜"的思路。打破原有思维模式常常是达到目标更有效的手段。在处理任何问题时，人们需要跳出常规思维的窠臼，用反向思维或另类思维去理解和分析问题，切忌因拘泥经验、恪守规矩而瞻前顾后，优柔寡断，以至于错失良机。

此外，《司马法》的治军思想以各种方式渗透在军队建设、作战过程的各个方面。如《定爵》中提到"物既章，目乃明"，强调信号要易于辨识的要求，体现出军法的严明。如谈及通信装备的使用，"凡鼓，鼓旌旗，鼓车，鼓马，鼓徒，鼓兵，鼓首，鼓足，七鼓兼齐""无诳其名，无变其旗"，通过论述旗鼓等装备的使用规范，强调军法的严肃性和治军要求。

总之，《司马法》把政治、法律、道德等充分融入其治军思想体系中，并深受儒法两家的影响，把二者很好地融合在一起为己所用。儒家的影响体现在战争的性质、刑赏的本质和最终目的等方面；法家的影响体现在实现建军治军的现实手段方面。

《司马法》充分认识到军队管理中儒与法的各自优势，利用人性中向善和逐利的特点，提出了教化与赏罚并重的管理理论。《司马法》的治军思想是体系完整的，较为成熟的，很多重要思想概括出了管理领域普遍适用的规律，至今都具有重要的研究价值和指导意义。

五

《用众第五》
逻辑思路及经典谋略

[篇题解析]

本篇的第一句是"凡战之道,用寡固,用众治",所以选取"用众"二字为篇题。对比前四篇,本篇的篇幅最短,主要论述作战的战术指导问题。

"众寡"是我国古代军事思想中的一对基本的概念范畴,通常指兵力的多与少。解决好兵力的众寡运用,是作战胜利的关键性因素之一,也是自古以来兵家高度重视和反复探讨实践的兵学问题。《孙子兵法·谋攻篇》中指出"识众寡之用者胜",强调为将者要掌握大部队和小部队不同的运用技巧,这关系到战争的胜负。

《司马法》同样非常重视这一用兵原则,在本书第四篇——《严位》中,已经通过"轻"与"重"的概念对此问题进行了探讨,本篇在此基础上继续深入论述,围绕众寡的运用问题阐述了一系列用兵的原则,重点论述了如何在敌众我寡、敌寡我众的情况下灵活地选择战术策略以取得战争的胜利。当我众敌寡时,要与敌展开正面较量,快速实施包围,同时注意要"远裹而阙之",即给敌人留一条逃跑的生路,防止敌人的困兽之斗,这与《孙子兵法》中"围师必阙"的思想具有一致性。当敌众我寡时,就要虚张声势先迷惑敌人,瓦解敌人的优势,攻其无备,出奇制胜。

"众寡"的灵活运用,离不开战术侦察和战机的选择,只有通过观察敌情以"知彼",才能正确地选择战机,才能得心应手地运用兵力。在第三篇《定爵》中提出了"视敌而举"的作战指导原则，本篇就此问题继续深入分析，侧重强调后发制人，即先观察敌情动向，在充分掌握其强弱虚实的基础上用兵。对于如何了解敌情，本篇提出通过示形动敌来侦察敌情的六种方法，即"众寡以观其变，进退以观其固，危而观其惧，静而观其怠，动而观其疑，袭而观其治"，表明部队要想方设法调动敌人，观察其应对情况，进而准确分析判断出敌情动向，为我方实施有效的打击提供可靠依据。那么，下一步就是进攻阶段，"击其疑，加其卒，致其屈，袭其规，因其不避，阻其图，夺其虑，乘其惧"，即选准正确的时机和打击目标，果断进攻，避实击虚，粉碎敌人的战略意图。

本篇提出，军队要注意战场上实施行动的先后时机和休息时间长短的问题，认为"先则弊；后则慑。息则怠，不息亦弊，息久亦反其慑"，这些特点要求将帅在选择作战行动的时机上既不能过早也不能过晚，否则都会影响官兵的体力和心理状态。而且主帅要充分考虑到官兵的休息情况和战斗行动的密切关系，既不能不注意休息，又不可休息时间过长，这都会影响官兵的战斗士气。

本篇探讨了在不同地形条件下对行军和驻营的要求，主帅要学会充分利用地形环境条件，指出"背风背高，右高左险，历沛历圮，兼舍环龟。"本篇还提出："凡近敌都，必有进路，退，必有返虑。"意思是凡是逼近敌人都城的时候，一定要先研究好进军的路线。在退兵的时候，将领也要提前考虑好后撤的行动方案。

最后，提出将帅可以采取"书亲绝""选良次兵""弃任节食"等方法，以稳定军心，激励士气，想方设法提高军队的战斗力。

[正文注释]

凡战之道，用寡固，用众治，寡利烦①，众利正②。用众进止③，用寡进退④。众以合⑤寡，则远裹⑥而阙⑦之。若分⑧而迭击⑨，寡以待众，若众疑之，则自用之。擅利⑩则释旗⑪，迎而反之⑫。敌若众，则相众而受裹⑬。敌若寡若畏⑭，则避之开之⑮。

凡战，背风背高，右高左险，历沛⑯历圮⑰，兼舍⑱环龟⑲。

---

① 烦：多，这里指战术变化频繁，灵活多变。这里意为兵力少宜采取灵活多变的战术而出奇制胜。
② 正：正面作战。
③ 进止：这里指协调一致，攻防兼备。
④ 用寡进退：兵力弱小要能进能退，机动灵活。
⑤ 合：交战。
⑥ 远裹：实施包围。
⑦ 阙：通"缺"，预留缺口。《孙子兵法》："围师必阙。"
⑧ 分：分兵。
⑨ 迭击：轮番攻击。
⑩ 擅利：指敌方已经占据主动。
⑪ 释旗：放倒或卷起旗帜。
⑫ 迎而反之：这里指佯装示弱，诱敌深入后再伺机给予反击。
⑬ 相众而受裹：指如果敌人兵力强大，就当观察敌人的虚实，在被包围的情况下，谋划突围破敌。相，观察，察明。
⑭ 畏：这里指行动谨慎。
⑮ 开之：网开一面。这里指给敌人放开一条生路，开门诱敌。
⑯ 历沛：历，迅速通过。沛，多水草的沼泽地带。
⑰ 圮（pǐ）：崩毁之地。《孙子兵法》："行山林、险阻、沮泽，凡难行之道者，为圮地。"
⑱ 兼舍：指昼夜兼程，快速行军。古代行军，一舍为三十里，兼舍为六十里。
⑲ 环龟：指四周有险可守而中间较高的地形。

《用众第五》逻辑思路及经典谋略

凡战，设①而观其作，视敌而举。待则循而勿鼓，待众之作。攻则屯而伺之②。

凡战，众寡③以观其变，进退以观其固，危④而观其惧，静⑤而观其怠，动⑥而观其疑，袭而观其治⑦。击其疑，加其卒⑧，致其屈⑨，袭其规⑩，因其不避⑪，阻其图，夺⑫其虑⑬，乘其惧。

凡从奔勿息⑭，敌人或止于路⑮，则虑之⑯。

凡近敌都，必有进路，退，必有返虑⑰。

凡战，先⑱则弊⑲，后⑳则慑㉑。息则怠，不息亦弊，息久亦反其慑㉒。

---

① 设：设置，这里指布阵待战。
② 攻则屯而伺之：敌人主动攻击，我军要集中兵力，伺机破敌。屯，聚集，集中兵力。
③ 众寡：这里指调动数量不等的兵力反复试探敌人，以看其反应。
④ 危：使……危险。
⑤ 静：指按兵不动。
⑥ 动：指实施佯动。
⑦ 袭而观其治：通过小规模战术袭击，观察敌人是否会出现混乱。
⑧ 加其卒：乘敌人仓促之时实施攻击。
⑨ 屈：指力量无法施展。
⑩ 袭其规：通过突然打击扰乱敌人的作战部署。规，正规，这里指敌人既定的作战部署。
⑪ 不避：冒险轻进。
⑫ 夺：打消，制止。
⑬ 虑：谋划，计划。
⑭ 从奔勿息：追击逃跑的敌人不可停息，以防止其保存实力而伺机反击。
⑮ 止于路：停止逃跑。路，落荒逃跑。
⑯ 虑之：判断其企图。
⑰ 返虑：指撤退的考虑或行动方案。返，后退，撤退。
⑱ 先：提前，过早。这里指行动比敌人过早。
⑲ 弊：疲惫，士气衰竭。
⑳ 后：过迟。这里指行动比敌人过晚。
㉑ 慑：害怕。
㉒ 息久亦反其慑：指休息时间过长，反而会适得其反，使士兵产生畏敌心理。

书亲绝①,是谓绝顾之虑②。选良次兵③,是谓益人之强④。弃任⑤节食,是谓开人之意⑥。自古之政也。

---

① 绝:指断绝士兵与外界的联系。
② 绝顾之虑:指断绝将士们思念家乡亲人的念头,以思想集中专心于战事。
③ 次兵:授予武器。次,排比,引申为安排、准备妥当。
④ 益人之强:增强部队的战斗力。益,增加,增强。
⑤ 弃任:这里指抛弃不必要的辎重。
⑥ 开人之意:激发士兵决一死战、破釜沉舟的决心。开,启发,激发。

[译文]

军队作战的规律是,小部队作战,要采用坚固防守的战术。大部队作战,要做到严整不乱。兵力弱小,部队要采用灵活多变的战术,争取出奇制胜;兵力雄厚,就可以堂堂正正与敌人展开正面较量。部队可用的兵力多,要能进能止;可用的兵力少,要能进能退。当我军以优势兵力和弱小兵力的敌人作战时,要对其实施包围并虚留逃跑的缺口,同时分兵轮番攻击敌人;以劣势兵力和强大兵力的敌人作战时,就要设法使敌人产生疑惑,然后用诡诈灵活的战法打击敌人,出奇制胜。如果敌人已经占据了有利形势,我军就要卷起旗帜伴装败退,诱敌深入再伺机予以反击。如果敌人兵力众多,就要观察分析敌情,做好被敌人包围的应对策略。如果敌人兵力不足,且行动小心谨慎,那就要先退让避开敌人,避免敌人拼死作战,然后再伺机歼敌。

用兵打仗,要选择背风的方向和背靠高地的位置,右边以高地为倚托,左边以险地为依靠。如果遇上沼泽地以及崩陷地段等难以行走的地形,部队要迅速通过,同时选择外低内高、四周有险可守的地形驻扎宿营。

用兵打仗,要先布好阵势后观察敌人的反应,根据敌情变化,采取相应的行动。如果敌人已经做好战斗准备,我军要暂不进攻,等待敌人的下一步行动。如果敌人主动进攻,就要集中兵力伺机破敌。

用兵打仗，使用数量不等的兵力先去反复试探敌人的虚实；可以使用时进时退的方式，观察敌方阵势是否稳固；使用威胁逼近的方式，观察敌人是否畏惧；使用按兵不动的方式，观察敌人是否有所懈怠。实施战术佯动，我军可观察敌人是否产生疑惑。使用小规模突然袭击，观察敌人是否能严整不乱。在敌人疑惑时发起进攻，乘敌人仓促无备时出其不意，使敌人深陷困境。采用突袭的方式打乱敌人的作战部署，利用敌人轻举冒进的错误行动，阻止其战略企图，粉碎其作战计划，在敌人恐惧时发动进攻一举歼灭对方。

凡是追击溃逃败退的敌人，不能停止。敌人若在途中停下来休息，将帅要分析其真实意图，考虑是否有埋伏。

凡是逼近敌人都城的时候，一定要先研究好进军的路线。在退兵的时候，也要提前考虑好后撤的行动方案。

凡是作战，如果采取行动过早，军队就容易疲惫倦怠。如果采取行动过晚，军队就容易产生畏战心理。如果总想着休整，士卒就容易懈怠。如果总是不休整，士卒就会疲惫。但休整时间过久，士卒反而会产生怯战心理。

严禁士卒和亲人的书信往来，这样就能绝断他们思念家乡亲人的念头。选拔勇猛善战的人才，配备精锐的武器，这样可以增强军队的战斗力。丢弃笨重的装备，减少随带的粮食，这是为了激发出士卒誓死作战的决心，这些都是自古以来带兵打仗的方法。

[新解]

（一）掌握兵力，众寡之用

众寡之用，是指战争中兵力多与兵力少的不同运用方法，蕴含着深刻的辨证哲理。解决好兵力的众寡运用，是关系到作战胜利的关键性因素之一，也是自古以来兵家高度重视和反复探讨实践的兵学问题。"众寡"往往又与兵力的"分合"技巧紧密联系在一起，所谓"分合"，就是指兵力的集中与分散。"严位"篇中通过"轻重"的概念对兵力运用问题进行了初步的探讨，本篇在此基础上继续深入论述，围绕着兵力众寡的问题提出了一系列具体的用兵原则，主要可分成三个方面。

一是阐明了众寡的不同特点及运用要求。开篇即提出，"凡战之道，用寡固，用众治，寡利烦，众利正。用众进止，用寡进退"，意思是，兵少则易散，因此指挥小部队要注重防守，力求稳固；兵多则易乱，因此指挥大部队作战，要严明法纪，时刻做到严整有序。战场机动的过程中，兵多要能进能止；兵少要能进能退。一般情况下，兵力少有利于快速机动，便可采用灵活多变的战术，争取出奇制胜。兵力多，就可以按常规战法出战，与敌人展开正面较量，让对手直接面对我方强大兵力的威慑力量，从士气上压制对手，可以使之产生动摇甚至不战而退。

383年，前秦皇帝苻坚统一了北方后准备集全国之力大举进攻东晋，想要一统天下。前秦军队由秦苻亲自指挥，总兵力有百万余众，浩浩荡荡南下来战。东晋宰相谢安主张坚决抵抗，以谢石为大都督、谢玄为先锋，率领战斗力强悍的8万北府兵前去迎击秦军主力。史书记载，虽然前秦大军百万，但并未集结完毕。即使如此，东晋8万北府兵面临的是由苻融率领的25万前秦先锋部队，兵力对比仍是非常悬殊，随时都有败亡的风险。

开战初期，苻融凭借绝对的兵力优势，快速拿下了寿阳，秦军初战告捷。随后，秦军占领了郧城，并切断了东晋前来救援的胡彬军的退路。苻坚听闻大喜，带轻骑八千赶到寿阳，自以为能速战速决，派曾为东晋守将的朱序前去劝降。然而，朱序却是"身在曹营心在汉"，到了晋军营中，将秦军的部署和盘托出，并建议道："秦军虽有百万之众，但还在进军中，如果兵力集中起来，晋军将难以抵御。现在应趁秦军没能全部抵达的时机，先发制人，迅速出击，绝不能拖到秦军全部集结完毕。只要能击败其前锋部队，就能破秦百万大军。"谢石起初打算坚守不战，待敌疲惫再伺机反攻，听了朱序的话后，便改变了作战方针，决定主动出击。

晋军取得洛涧大捷后与秦军对峙淝水。前秦先头部队受挫，士气很是低落，连皇帝苻坚都有动摇之心。苻坚和苻融登上城头观察淝水对岸晋军的动静，看到晋兵阵容严整，训练有素，不免暗暗心惊。再望向北面的八公山，山上的草木在北风中不停晃动，疑似有无数的晋兵在环伺而立，苻坚大惊失色对苻融说："晋军是一支劲旅，怎么能说是弱兵呢？"

秦军紧逼淝水而布阵，以至于晋军无法渡河。谢玄觉得这样下去必然对晋军不利，于是想了一个办法，他派使者给苻融送了一封信，信中写道：秦军孤军深入，然而却紧逼淝水部署军阵，如此下去只能长久相持，不是迅速解决的办法，希望秦军能够调整军队稍向后撤，让晋军渡河后，与之决战。前秦众将领都认为不能答应这个请求，但苻坚却认为可以这样做。他的想法是，秦军只需稍微后撤一些，等晋军渡河到一半的时候，出动铁甲骑兵冲杀过去，那样晋军必定大乱，秦军一举击溃晋军。苻融听后也表示赞同，于是回信表示同意晋军的要求。很快，秦军战旗挥舞，指挥大军开始后退。

两军作战，军队的士气和凝聚力非常关键，秦军本来就不是完全一心，加上前面战事受挫，士气低迷到极点。大军一开始撤退便阵脚全乱，再也控制不住了，士兵以为前方战败，慌忙后逃，全军如决堤的洪水般溃散。而晋军则趁机渡河杀来，这时朱序在秦军的阵后高声呼喊"秦军败了"，士兵们听到后更是丢盔卸甲，全面崩溃。晋军乘胜追击，秦军狂奔乱逃，自相践踏，投水而死的不计其数，尸体甚至堵塞了淝水。在逃跑途中的前秦士兵惶恐不安，几乎被吓破了胆，以至于听到呼呼的风声和鹤的鸣叫声，都误以为是东晋的军队将要追过来了，于是慌不择路，昼夜不敢停歇，挨饿受冻，回到北方时百万大军已失去十之八九。最终淝水之战以前秦军队的完败收场，前线总指挥苻融被当众斩杀，苻坚中箭负伤逃回洛阳。

淝水之战是我国历史上以少胜多的著名战役，晋军面对数倍于己的强大秦军能大获全胜的原因主要有两点。其一，表面上敌众我寡，但晋军趁对方没有完成全部集结的情况下，以自己的"合"攻击敌人的"分"，挫其锐气，动摇其军心，以至于前秦部队看见风中的草木都以为是晋军。其二，苻坚率领的前秦军队虽然有百万之众，但军队构成非常复杂，除了前秦嫡系部队外，苻坚还命令那些归附势力也一起派兵参与攻打东晋，并且为了组建大军匆忙之下大规模征兵，很多士兵都是没有经过军事训练的普通百姓，被征服的少数民族只是迫于前秦的统治之威并非一心，兵员质量参差不齐，整支军队没有统一的向心力和凝聚力。这些情况导致了在军队组织后退的过程中，士兵心理恐慌加剧，随即全军混乱不堪，溃不成军。成语"草木皆兵""风声鹤唳"的典故就出自此战，军心不稳到如此地步，又怎么会有胜利的可能？《司马法》强调"用众治""用众进止"，指挥大部队作战一定要注意整齐不乱，否则即使兵力众多，作战也会一败涂地。

二是阐述敌我众寡对比形势下的谋略运用。提出"众以合寡，则远裹而阙之，若分而迭击。寡以待众，若众疑之，则自用之。擅利则释旗，迎而反之"，即当我军以众击寡时，就要包围敌人，但不要彻底切断敌人的所有退路，而是留出一条"生路"。通过欲擒故纵的方法，利用敌人的贪生之念，在精神上动摇敌人死战的决心，我军便可分兵对敌实施轮番打击。当我军以寡敌众，要设法虚张声势使敌人产生疑惑，然后灵活使用战术以出奇制胜。当敌人已占据有利地势时，我军可以卷旗而退，佯装败逃以诱敌追击，这样敌人就失去原有的地理优势，我则可迎敌而战。

官渡之战时，曹军在壶关包围了高干的军队，当时曹操下令城陷后要把敌军全数坑杀，结果敌人顽强抵抗，曹军经数月仍未能拿下壶关。曹仁便向曹操建议使用"围师必阙"的方法，认为围城时应让城里的人看到有活路，否则反正一死，他们会拼死抵抗。曹操听从了曹仁的建议，壶关的敌军果然很快归降。

解放战争时期，解放军把这种打法形象地总结成一句话，"围三阙一，网开一面，虚留生路，关门打狗"。这样能收获多重效果，第一，瓦解对方抵抗意志和士气；第二，可以引蛇出洞，伺机歼敌；第三，对于己方而言不仅可以轻易达到作战目的，而且还降低了作战人员的伤亡。这也恰恰符合孙子所说的"不战而屈人之兵"，把损失降到最低点。

当面临敌众我寡的情况时，我军要施计用谋，瓦解敌人的优势，再攻其无备，出奇制胜。

公元前204年，韩信率一万余新招募的汉军越过太行山，向东进军去攻打项羽的附属国赵国。赵王歇和赵军统帅陈余集中二十万兵力布防在太行山区的井陉口（今河北井陉东），占据有利地形，试图将韩进堵死在太行山道中，并与其决战。

井陉口是太行山八大隘口之一，此处山道狭窄，战车不能并行，骑兵难以列队，易守难攻，不利于大部队行动。当时，赵军已先在井陉口占据了地利，居高临下，以逸待劳，处于优势和主动地位。反观韩信，麾下不足三万人，且基本是招募的新兵，千里行军，人马疲惫，处于劣势和被动地位。

赵军旗下谋士李牧之孙李左车向陈余建议：利用地利，正面大军固守，坚壁不战，而汉军绵延数百里，粮草必然落于后方，用一部分兵力绕到敌后切断汉军粮道，使其前不得斗，退不得还，野无所掠，最后前后夹击，汉军必败，一战可擒韩信。但陈余却是一名崇尚正面攻击的古典派军人，且认为韩信兵少而疲弊，不应避而不战，拒绝了李左车的意见。

韩信明白敌众我寡，不能强攻，反复研究地形地势和赵军的部署。在探知李左车的计策没有被采纳，赵军主帅陈余有轻敌情绪和希望速决的情况后，立即率军赶到离井陉口三十里远地方扎下营寨，半夜时分，韩信派出两千轻骑，人手一面汉军的红色战旗，趁夜色从偏僻的山间小道迂回至井陉口侧翼的山坡潜伏，并叮嘱道，"赵见我走，必空壁逐我，若疾入赵壁，拔赵帜，立汉赤帜"，计划是翌日由自己牵制赵军，待到赵军大举出动追击自己之时，伏兵便趁着赵军主营空虚之际，攻入赵军大营，拔掉赵军旗帜，树起汉军赤旗。随后，韩信传令部队就餐，他对将士们说："少餐即可，待天明破赵之后再饱餐。"大家将信将疑，只能从命。韩信遂即传令击鼓，出大将旗仗，向井陉口进发，他说："赵军已先我占据了有利地形，筑垒以待，看不到大将旗仗，怕他们怀疑我尚在后军，不肯全部出动发起攻击。"

当汉军接近井陉口时，韩信立即传令中军主力全部前出到河边背水列阵，赵军远远见汉军背水列阵，纷纷讥笑韩信不懂兵法。天色大亮后，韩信树起大将旗帜，率主力部队杀向井陉口，佯装要对赵军发动猛攻。陈余眼见韩信兵少，自己又占据有利地势，于是率轻骑锐卒出战迎击，欲生擒韩信。一阵厮杀后，韩信装作不能抵挡，下令抛弃旗鼓仪仗，快速后撤。陈余见此情景，认为机不可失，当即下令赵军倾巢而出，赵军争抢汉军的旗鼓，追赶汉军。

汉军在前有强敌，后有大河阻挡，已无路可退，人人奋力拼杀，爆发出了惊人的战斗力。双方厮杀半日有余，赵军仍未能获胜。这时，赵军大本营已空，韩信预先设伏的两千轻骑居高临下，直驰而入，在赵军营垒遍插汉军红旗。而鏖战中的赵军久战兵疲，看到无法快速取胜，便准备退回营中，突然发现自己的营地中已插满汉军红旗，以为已陷入绝境，阵形当即大乱，士兵争先逃跑。汉军趁此良机前后夹击，大败二十万赵军，斩杀赵军统帅陈余，生擒赵王歇。

战后，汉军将士们饮宴相贺，大家问韩信："将军让我们背水列阵，这是有悖兵法的啊，为什么竟然能取胜呢？"韩信哈哈大笑："兵法上不是也说了嘛，置之死地而后生，置之亡地而后存。如果我们给自己留一条生路，士兵们还能如当时那般拼死作战吗？"诸将这才领悟了背水列阵制胜的奥妙，对韩信佩服至极。

"背水一战"的战前形势是，汉军处于"寡以待众"，而且敌人"先处战地并据其利而待敌"的不利局面，按兵书上所讲，敌人完全是"以逸待劳"，优势过于明显，按常理而言韩信处境是十分艰难的。韩信当然明白不能按兵法之常理行动，通过背水列阵并假装溃逃，把敌人引出来，这样一来，敌人就失去了地利的优势，这正符合本篇提出的"敌擅利则释旗迎而反之"的作战思路。最后汉军正奇结合，漂亮地打败了强大的对手，这一战也成为中国历史上著名的经典战例。

三是从敌人兵力众寡的角度，提出应对之策，"敌若众，则相众而受裹。敌若寡若畏，则避之开之"，即当敌人兵力强大时，要仔细观察敌情，做好在被包围情况下突围的应对策略。当敌人兵力弱小又行动谨慎时，我军就要先退让一步，也是为了避免敌人死战的决心，瓦解敌人的意志，否则敌人可能，出现"置之死地而后生"的情况，反而会造成我力量受损或者兵败于敌的结果。在《孙子兵法·军争篇》中提到的"穷寇勿迫""归师勿遏"战术思想也是同样的道理。当敌人已经到了绝境的时候，我军不要急于迫近，要为敌人留后路，这是从精神上瓦解敌人的一种手段。我们常说的"困兽犹斗""狗急跳墙"，如果敌人被逼得走投无路而拼命死战，企图同归于尽，这对我方来说是得不偿失的，古人用兵就非常注意这一点了。

531年，北魏尔朱氏和高欢两派势力为争夺朝政控制权而斗争激烈，两方军队在韩陵山（今河南安阳东北）地区进行了一场大战。当时，尔朱氏军队兵强马壮，号称二十万大军。而高欢军队骑兵不足两千，步兵不满三万，且被包围在韩陵山。尔朱氏军队围而不合，留了一条生路，准备瓦解高欢军队士气，将其彻底歼灭。面对敌强我弱的态势，高欢知道尔朱氏麾下诸将虽然复归于好，组成联军，但并不一心，决定学习当年项羽破釜沉舟的做法。他下令军队布成了一个圆阵，然后又命人将牛驴等牲畜集中起来，用绳索全部拴在一起，堵塞了出逃的那条路口，让大家看到无路可逃。然后，高欢向将士们发表慷慨激昂的动员令，刹那间军队士气大增、斗志昂扬，都抱着决一死战的意志投入战斗。最后，高欢军以少胜多大破尔朱氏军队，取得了韩陵之战的胜利。此战中，高欢军在"敌众而受裹"的困难局面下，堵住可逃的道路，置军队于死地之中，激励战斗士气，一鼓作气击败敌人。在这一战中，尔朱氏军的打法符合兵法之常理，围而留口，本想摧毁对手的战斗意志，没想到高欢的用兵水平更胜一筹，反其道而行之，制造死地，激发出士兵死战到底的决心。

总之，打仗之难，难在用兵；用兵之难，难在众寡之用。兵力运用是历代将帅研究作战的重中之重，在《孙子兵法·谋攻篇》中提出的"知胜五法"中，第二条就是"识众寡之用者胜"，即懂得兵力多和兵力少不同用法的人就能取胜。用兵作战将帅既要讲究量力而动，又要讲究力量的配合使用。用兵之人要懂得根据兵力多少采取不同的战法，该集中时集中，该分散时分散，灵活运用大小力量，才能无往而不胜。

（二）待敌观变，后发制人

战争是最高级别的对抗。既然是对抗，我方就要看敌人怎么出招，才能有针对性地采取行动，准确把握己方进攻和追击的时机，从而牢牢掌握战场主动权。前面在《定爵》中讲到了"视敌而举"，本篇中再次分析"视敌而举"的作战原则，侧重强调后发制人的问题。

"凡战，设而观其作，视敌而举。待则循而勿鼓，待众之作。攻则屯而伺之。"意思是，用兵打仗，我们要先布好阵势后观察敌人的反应，根据敌情变化，采取相应的行动。如果敌人已经做好战斗准备，我方便暂不进攻，等待敌人的下一步行动；如果敌人主动进攻，就要集中兵力伺机破敌。后发制人就是要等待对方先行动，寻找对手的弱点，抓住有利时机实施反击，制服对方。后发制人表面上看似乎是被动的，但并非消极等待，而是被动中有主动，是我军为保存实力、待机破敌而采取的一种积极的作战方式。

公元前226年，秦王嬴政派王贲率军进攻楚国，揭开了攻灭楚国的序幕。秦军很快取十余座城池，秦王觉得时机成熟，打算一举灭楚。于是秦王问将军李信说："如果派兵攻楚，将军估计需要多少兵马？"李信答说："二十万人足矣"。又问老将王翦，王翦却说："非六十万人不可"。秦王则说："王老将军老矣，怎么如此胆怯啊！"秦王于是派李信、蒙恬率领二十万军队进攻楚国，王翦以生病为由，告老还乡。第二年，秦国对楚国发起进攻，初期进展顺利，连下两城。楚军将领项燕见秦军孤军深入，率楚军主力尾随其后，乘秦军轻敌无备，突然发起袭击大败秦军，并乘胜猛追三天三夜，攻入秦军营垒。秦军损失惨重,大败而归。

秦王很后悔当初没有听从王翦的建议,亲自去请王翦出山,王翦以有病在身、无法领兵为由推辞。秦王言辞恳切,坚持请他出任秦军统帅,王翦说:"大王必不得已用臣,非六十万人不可",秦王应允。王翦于是接替李信担任秦军统帅,率领六十万大军出征攻楚,秦王亲送至霸上。

楚国听闻秦军再次大规模来攻,动用全国的兵力准备奋力抵抗。王翦根据已往长期的作战经验,知道楚军具有顽强的战斗意志,是一支能战能守的军队。尤其是楚军新胜秦军,锐气旺盛,斗志昂扬,对付这样的敌人,不仅没有胜利的把握,一旦行动不慎,还会影响整个战局。所以,王翦进入楚国后,采取坚守营垒、避不出战、养精蓄锐的作战方针。虽然楚军多次挑战,秦军始终坚守不出。王翦每天与官兵共同生活,关心官兵的饮食、起居,并在军营举行各种训练活动以提高士兵的体力及战斗技能。经过一年的对峙,楚军求战不得,斗志日益松懈,项燕只好率军东撤。王翦看到进攻的时机到了,命令全军立即出发追击楚军,一举击败楚军主力,随后乘势纵深进攻,攻破楚国的都城,俘虏楚王,楚国灭亡。

在秦灭楚的整个过程中,由于之前打了几次胜仗,李信认为楚国已是穷途末路,轻敌大意,秦军在兵力并没有绝对优势的情况下深入楚地后主动出击,被楚军抓住机会,战败受挫。而老将王翦清楚地认识到,虽然楚国当时实力已经远不如秦国,但楚国毕竟是幅员辽阔的大国,且楚军主力仍在,因此绝不可轻视对手。王翦分析了双方当时的情况,认为如果直接主动出战,秦军占不着什么好处,反而可能会被对方找到弱点,得不偿失。

王翦采取后发制人的策略,"设而观其作",不接敌作战,而是"待众之作"。在"待"的过程中,他休养军队、调整训练,最终等到敌人由实转虚,趁机攻击破敌。值得注意的是,后发制人并不是说要等到最后才能采取行动,而是要根据对手情况的变化,寻找机会,伺机行动,而且要掌握主动权,确保战则必胜之。

大名鼎鼎的齐桓公是春秋五霸之首,他在位期间发动的对外战争极少有败绩,然而在齐鲁之间的一场战争中却输给了处于弱势的鲁国,这一战就是前文中提到过的长勺之战。

公元前684年,齐国军队进攻鲁国。在得知齐国大军来犯之后,鲁庄公决定集结全国的力量,与齐军进行决战。鲁国有个叫曹刿的人去见鲁庄公,并毛遂自荐,说服鲁庄公让他跟随鲁军前去打仗。齐军仗着兵强马壮,侵入鲁国境内,鲁庄公根据齐强鲁弱的形势,暂时避开齐军锋芒,撤退到有利于反攻的长勺迎击齐军。

由于齐军实力强大,而且以往齐鲁两国的战事中齐国赢多败少,因此齐军上下都没把鲁军放在眼里,认为鲁军不堪一击,于是发起猛烈的攻势。鲁庄公见齐军来攻,就要擂鼓下达应战出击的命令。这时,曹刿劝阻说:现在齐军锐气正盛,我军出击正合敌人心愿,没有必胜的把握,"宜静以待",不能出击。于是鲁庄公下令鲁军固守阵地,并命弓弩手向齐军射击,以稳固阵势。结果齐军没有接敌,又冲不进鲁军阵地,反而受到鲁军弓弩的猛烈射击,最终无法前进,只得后撤。经过稍事休整,齐军展开了第二次攻击,这一次,曹刿仍然劝鲁庄公不要出击,继续固守阵地。结果,齐军攻势虽猛,但仍无法攻克鲁军,再次退回,士气不免疲惫。见鲁军一直不肯应战,齐军认定是鲁军怯战，随即决定再次发动进攻。于是齐军开始了声势浩大的第三次进攻，很快就到了鲁军面前。不过，曹刿看到这次齐军来势虽猛，但已有疲态，士气明显下降，认为出击时机已到，立即向鲁庄公建议发起反击。

随即，鲁庄公亲自擂起战鼓，下令鲁军出击。听到攻击的命令，鲁军铆足了劲向齐军冲杀而来。在鲁军锐不可当的攻势下，齐军招架不住节节败退。鲁庄公见状准备下令继续追击，但曹刿认为齐国兵力强盛，是否真正溃败很难判定，担心另有埋伏，阻止了鲁庄公的追击命令。之后，曹刿登高观察到齐军旗鼓杂乱，兵器扔得满地都是，又下车发现齐军战车的车辙混乱，这才断定齐军真的是溃不成军，便建议鲁庄公乘胜追击。最后鲁军大获全胜，一洗之前的战败之辱。

在这场战役中，面对实力明显占上风的齐军，曹刿阻止了鲁庄公马上应战的常规打法，而是选择先不出战、持重相敌。鲁国获胜后，鲁庄公问这样做的原因，曹刿回答说："用兵打仗凭借的是士气。第一次击鼓冲锋时，士气最为旺盛；第二次击鼓时，士气就衰退了；等到第三次击鼓，士气便完全消失了。齐军三次攻击之后，士气已完全殆尽，而我军却士气正盛，这时实施反击，自然能够战胜齐军。"在战后决定是否追击时，曹刿也没有放松警惕，认为齐国强大不能马虎对待，而要谨防其佯败设伏。曹刿在仔细观察敌情后，根据齐军出现车辙紊乱、旌旗歪斜的状况，这才大胆地建议实施追击。

曹刿的作战方法很好地诠释了"视敌而举""后发制人"的战略用意和思想精髓，与本篇"待则循而勿鼓，待众之作。攻则屯而伺之"的观点，有异曲同工之妙。长勺之战中"一鼓作气，再而衰，三而竭"是后发制人、敌疲我打战术思想的实战完美运用。

现当代的很多武打片中，真正的武林高手很少开战便左右出击，而是往往固守阵势，先观察对手，等到知晓对手的运用特点，发现其弱点后，再果断出手，击而败之。中国传统武术都非常重视后发制人，认为后发制人比主动攻击水平更高，是更高级的战术，因为先发者旧力已老，新力未生，而对手通过细心观察对先发者的路数已经了然，则可以随机应变，准确应对。"视敌而举"是为了达到"先立于不败之地，以待敌之可胜"的态势，两军对抗，急于进攻未必能赢，要想办法让自己先不被敌人战胜，看对方的行动是否有失误、是否有破绽，等到机会出现了，一举而破敌。

说到"先发制人"和"后发制人"两种用兵方式，到底何时出手为最佳时机呢？其实，二者无所谓的最佳之选，其内在关系是辩证的、相辅相成的。如何采取正确的作战行动不是凭空的想象，而是要因情用兵、因敌制胜，即根据战争客观实际情况的变化来决定采取何种作战行动。无论是先发制人还是后发制人，都是以夺取战场主动权为目的。善于用兵的人会随时随地灵活机动进行选择，在先发制人时，要雷厉风行，迅猛进攻；而在后发制人时，则沉着应对，持重待机。

（三）示形动敌，有效打击

毛泽东把战争的制胜之道总结为，"知己知彼，百战百胜"。战场对峙的双方都想尽可能地搞清楚对手的真实情况，找到击败对手的关键点。然而，战场上无论哪一方都不会把自己的虚实情况暴露给对方，那怎么样才能"知彼"呢？或者说，能不能让对方自己现出原形或者露出破绽呢？当然可以，就要想办法调动对手，观察对手的行动反应。

在捕食过程中，老虎小心翼翼地观察并试探驴，发现它除了会大叫和用蹄子踢以外，实在没有别的本领。最后老虎终于放心，大吼一声，扑了上去把驴给吃了。正是经历了试探，老虎知道了驴的"虚实"，认为可以完全对付得了驴，最后才下决心进攻。这是"黔驴技穷"一词的意义。

用兵打仗的道理也是类似的，要想办法让对方动起来，我方才能知道究竟能不能对付敌军、该怎么对付敌方。本篇提出，"凡战，众寡以观其变，进退以观其固，危而观其惧，静而观其怠，动而观其疑，袭而观其治。击其疑，加其卒，致其屈，袭其规，因其不避，阻其图，夺其虑，乘其惧"。意思是，在战场上，我军可使用数量不等的小部分兵力先去反复试探敌人的虚实；使用时进时退的方式，观察敌方阵势是否稳固；使用威胁逼近的方式，观察敌人是否畏惧；使用按兵不动的方式，观察敌人是否有所懈怠；实施战术佯动，观察敌人是否产生疑惑；使用突然袭击，观察敌人是否能严整不乱。在敌人疑惑时发起进攻，乘敌人仓促无备时出其不意，使敌人深陷困境。采用突袭的方式打乱敌人的作战部署，利用敌人轻举冒进的错误行动，阻止其战略企图，粉碎其作战计划，在敌人恐惧时发动进攻一举歼灭对方。总之，我方要想方设法调动敌人，使其自我暴露，从而看清楚敌人的真正实力和行动部署，为正确地选择战机提供准确的依据。

夏朝的最后一位君主夏桀在位期间，暴虐无道，民不聊生，民众怨心四起。夏朝国势渐衰，风雨飘摇。在河南商丘的汤，决心伐桀灭夏。然而，虽然夏桀统治天怒人怨，国力削弱，但是夏王朝统治有四百年之久，汤摸不透夏朝到底实力如何，对于灭夏能否取胜并没有把握。这时，时任宰相伊尹提了个建议，当年停止给夏朝进贡，以试探夏的实力及其盟国的态度，汤采纳了他的建议。夏桀得知汤没有进贡后大怒，"起九夷之师"攻汤。伊尹见夏还能调动九夷族的兵力，知道其势力还很强大，就对汤说："现在我们还不能讨伐夏桀，因为他还能调动盟国的部队，我们的实力还不够打败他，还是恢复向夏的进贡吧。"汤也看到时机未到，就马上向夏桀请罪，卑辞厚礼表示臣服，恢复进贡，去掉了夏桀心中的芥蒂。夏桀于是下令罢兵，不再伐汤。

一年以后，汤先后灭了夏的三个重要盟国顾、韦和昆吾，实力大增。伊尹再次建议，先不进贡以观其变，汤采纳其谋。夏桀得知商汤又不进贡，大怒，再次下令"起九夷之师"伐商。可是，这一次九夷的首领因为忍受不了夏桀的残暴统治，纷纷叛离，拒绝听其调遣。伊尹看到夏的力量已大为减弱，知道灭夏的时机已经成熟，对汤说："可矣"，汤乃兴师。最终，汤灭夏，建立了商王朝。

我们看，在灭夏的过程中，伊尹两次提出停止给夏朝进贡，以此来探明夏朝实力的强弱情况。第一次发现夏朝仍很强大，无法与之抗衡，于是便按兵不动；第二次发现夏朝的实力严重削弱，没有了支持的力量，已不足为惧，于是果断发动了灭夏的战争，最终成功取代了夏朝。

在《吴子》一书中，魏武侯问吴起："两军在战场相持，我不知道敌方将领的能力，有什么办法呢？"吴起回答说："派一名勇敢善战的下级军官，带一小股精锐部队前去试探性进攻，不能取胜，只能败退，以观察敌人的种种表现。如果敌人每次前进和停止，都指挥得整齐有序，追击时假装追不上，看到战利品装作没有看见,这样的将领就是智将,不能与他交战。如果敌人急忙来追,军旗杂乱,队伍散漫不整,见了战利品唯恐抢不到,这样的将领就是愚将,虽然他拥兵众多,也可以将其活捉。"这就是"众寡以观其变"的应用场景之一,通过小规模的出兵交火来试探对方,观察其不同反应,再对自己下一步的行动进行合理的调整。

在《孙子兵法·虚实篇》中提出通过"策、作、形、角"四种方法来"知彼","策之而知得失之计,作之而知动静之理,形之而知死生之地,角之而知有余不足之处"。此处是强调,将领通过综合分析各种情报,判断敌人作战计划之优劣;通过调动敌人,观察敌人的活动规律;示敌以假象,引诱敌人做出反应,便可了解敌人的强弱环节;通过小规模的交手,探知敌人的虚实所在。主帅综合运用上述方法,才能知道对手的"原貌",采取有针对性的行动,实施打击挫败对手。

东汉末年爆发了声势浩大的黄巾起义,东汉将领皇甫嵩与张角的弟弟张梁战于广宗,张梁率领着黄巾军的精锐力量,作战非常勇猛。第一天的双方对战中,汉军攻城受阻,未能取胜。于是,第二天皇甫嵩下令关闭营垒,让士兵整顿休息,以观察对方的反应变化。张梁看到皇甫嵩撤军休整,似乎未有进攻的打算,也放松了警惕。皇甫嵩得知黄巾军骄傲轻敌,有所松懈,立即在当天晚上悄悄集合部队,于黎明时分抵达城下,对黄巾军发起了猛烈的攻击。此时,黄巾军还在睡梦中,听到大军嘶吼杀来,防备不足,仓皇应战。战斗一直持续到天黑,汉军大胜,斩杀张梁。黄巾军被斩杀三万人,五万余人溺河死亡,几乎全军覆没。这一战中皇甫嵩巧妙地运用了"静而观其怠"的办法,在正面作战受挫的情况下,一动不如一静,他选择先观察敌人的反应，得知敌人已有懈怠，迅速击之而胜。

在搞清楚对手的虚实之后，也不能犹豫等待，要"击其疑，加其卒，致其屈，袭其规，因其不避，阻其图，夺其虑，乘其惧"，抓住战机，果断采取行动。

东汉建立之初，天下诸侯割据，其中隗嚣占据陇西，没有归顺之意。光武帝刘秀在劝降不成的情况下，下令征剿隗嚣。然而，隗嚣的大将高峻据守在高平县，汉军围攻了一年都没有攻下来，光武帝就派寇恂去招降高峻，高峻派军师皇甫文来见，皇甫文态度倨傲、目中无人。寇恂大怒，下令杀了皇甫文。众将大惊，纷纷劝说不可杀，认为高峻手上仍有精兵上万，装备充足，撤退的路也畅通无阻，而且，汉军久攻不下，现在想让他投降却要杀他的军师，这样做肯定会适得其反的。但是，寇恂坚决下令杀了皇甫文，同时让皇甫文的副官回去禀告高峻："你的军师因无礼被我杀了，你要投降，就快投降；不想投降，就继续守吧！"高峻得知了消息，大为惶恐，竟然当天就开城投降了。众将又惊又喜，前来祝贺的同时问寇恂："两国交兵不斩来使，何况汉军战事不利，为什么您斩了他的使臣，他却立即投降了呢？"这时寇恂才说出杀皇甫文的原因，他早就知道皇甫文是高峻的心腹，高峻的计谋大多出自皇甫文。当见到皇甫文的时候，看他的态度就知道他是来打探虚实，以便回去再定计策。如果放他回去，就正中了他的计谋，杀了他反倒会让高峻吓破胆，六神无主之下，只能选择投降。众将叹服不已。寇恂的做法是个特例，完美诠释了"击其疑""阻其图"的效果。

总之，作战要掌握因敌变化的用兵原则。《孙子兵法·九地篇》中同样提出"践墨随敌，以决战事"，一再强调根据敌情和战场实际情况的变化，敌变我变，随时调整作战行动。只有知彼知己，才能准确找到打击的关键点，从而把控全局。知彼不易，要想尽一切办法把对手搞清楚，设法示形动敌，观察对手的应对情况以摸清其虚实所在。同时，也要防止对手示形动我，注意虚实相间，更要加强自身行动的保密性。只有搞清了自己相对于对手的优势和劣势，才能利用好自己的相对优势，选择对自己最有利的作战时机和战法，乘隙蹈虚，给对手以毁灭性打击。

（四）行军宿营，有效择地

战争是在一定的地理区域内展开的，利用好地理环境是战争胜负的关键性因素之一。《司马法》非常重视利用战场的地理条件，前面提出"利地"思想，即选择有利于己的战场环境，更有利于掌握战场的主动权。《孙子兵法》也在第一篇中把"地"作为战争制胜的五个关键因素之一。因此，地形对于指挥作战是至关重要的，在战争中为将者要特别重视"地"的影响，仔细考察地形的险易条件和道路的远近情况，才能更好地利用地形条件以发挥出部队的优势。

本篇提出"背风背高，右高左险，历沛历圮，兼舍环龟"，讲的是在不同地形条件下战场选择、行军宿营的原则。行军作战一定要重视研究战场环境，阵地要选择背风、背靠高地，右边背靠高地，左边依托险地的地方。古代"右背"为"主要侧翼部队"，因为大多数人以右手持兵器左手拿盾，所以当主要侧翼部队从右侧居高临下冲杀出击，使用兵器时会比较顺手。高处在右，转身很顺，我们站队的口令有"向后转"，也是从右边向后转动身体。大多数人都是右手右脚为主，端枪也是左手在前、右手在后，因此右边更方便。总的情况是，傍右是主流,"右背高地"也是因此而来。右有高地,左有险地,后有屏障,前面是战场,敌人只有一条路可以来,打起仗来就便利了。姜太公说:"军必左川泽而右丘陵。"《孙子兵法·行军篇》中提出:"右背高,前死后生",都是持相似的观点。

在秦赵的阏与之战中,赵奢率领赵军急行赶到距离阏与50里的地方安营扎寨,赵奢采纳军士许历建议,率先抢占北山高地。后到的秦军对北山发动进攻,但已经失去了先机,多次进攻未果,赵军居高临下得以大败秦军。这就是占据了"背高"的地利而获胜的战例之一。

我们常在战争题材的影视作品中看到抢占高地的剧情,无论是古代还是近现代相当长一段时期内的战争,关键地区的高地都具有极其重要的战略意义。高地的视野开阔,利于侦察,占据方能够以逸待劳,率先发现敌人的动向,提前做出有针对性的准备;然而处于低处的一方,军队行动被敌方一览无余,难以快速发现对方的人数、部署等情况,信息的不对称导致被动状态。因此,提前占据关键高地可以说就掌握了战场的主动权。

冷兵器时代的战场主要在陆地,可以用箭矢、石头以及点燃的物品从高处向下攻,这样己方损失小,向下发起冲击可以利用势能优势,冲击力更强。而从低处向上仰攻,体力消耗大,向上射箭瞄准难度大;如果有骑兵,也无法发挥骑兵的全部优势。比如,南北朝时,后周北齐两国争霸,后周军围了洛阳,北齐名将段韶率军占据高处的地利采取守势。后周军在低处发起仰攻,步兵边上山边进攻;齐军则边战边退,把对方往山上引,等后周士兵精疲力竭时,齐军忽然转为攻势。后周军本来仰攻就很累,又无法借助从上往下的势,很快便溃败逃跑了。所以，诸葛亮说："山陵之战，不仰其高；水上之战，不逆其流；草上之战，不涉其深；平地之战，不逆其虚；道上之战，不逆其孤。此王者，兵之利，地之所助也。"

进入热兵器时代，占领高地的一方可以架起机枪向下扫射，还可以在山脊背面架起迫击炮轰击对方，处于低处的一方包括火力点和人员都暴露在对方的枪口下，不利于隐蔽。抗美援朝有几次著名的阻击战都是志愿军牢牢控制着高地，即便伤亡惨重也坚守阵地，拖住美军，比如松骨峰战斗、上甘岭战役。控制一个高地，就控制了一个区域，甚至对战争全局都起着决定性作用。

当然，作为一种常规的战术，是从战争中提取的一般性情况。凡事都有两面性，"背风背高，右高左险"自然也不是万能的，要具体情况具体分析，切不可生搬硬套，比如三国时马谡之所以失街亭，原因就在于他直接硬套了兵书上的兵法，马谡自认为精通兵法，骄傲轻敌。他不顾王平的建议，自作主张放弃水源而把军队主力部署在山上，准备居高临下，以期达到"置之死地而后生"的效果。曹军将领张郃正是利用蜀军的这一部署，切断了蜀军的取水道路和粮道，将蜀军包围在山上，然后放火烧山，最终大败蜀军。这就是盲目占领高地的典型反面案例。

至于"历沛历圮"，是行军经过的特殊地带。什么是"沛地"和"圮地"？沛是指沼泽地带，圮是指崩毁地带，这里指的是军队通过山林、险阻、沼泽等难以通行的地方，要快速通过，不能停留，不能驻扎。《孙子兵法·九地篇》中认为，"行山林、险阻、沮泽，凡难行之道者，为圮地""圮地则行。"比如红军二万五千里长征所走的路很多就是圮地，由于圮地既不便于部队运动，也不利于部队宿营，是严重妨碍作战的不利地形条件，必须要快速通过。如果在行军作战时进入圮地，周围又有敌军，随时可能接敌，该怎么处理呢？

吴王阖闾和孙武有一段关于圮地行军的精彩对话，吴王问孙武："吾入圮地，山川险阻，难从之道，行久卒劳，敌在吾前而伏吾后；营居吾左而守吾右，良车骁骑，要吾隘道，则如之何？"武曰："先进轻车，去军十里，与敌相候，接期险阻。或分而左，或分而右；大将四观，择空而取，皆会中道，倦而乃止。"意思是，如果军队进入圮地，地形崎岖艰险，道路难行，行军易疲。还面临着前有敌军、后有伏兵、左有敌营，右有守卫，敌人还会派轻骑在关口拦截，这时该如何处置？孙子说：先派出轻车，到我军前面十里左右，寻找险要的地方，候敌接战。后面的部队注意左右迂回前进，同时要四面观察，寻找敌人的弱点突破。部队疲倦就要停止进攻，休整固守。由此可见，早在春秋时期，对于在各种地形条件下如何作战有了研究。

"兼舍环龟"讲的是军队宿营的问题。宿营时必须选择四周低中间高、四周有险可守的"环龟"地形驻扎，根据这种地形特点布圆阵，方便四面迎敌防御。这种宿营的布阵有三个好处，一是可以防止被洪水淹没，二是视线开阔便于观察敌情，三是可以防备敌人的围攻。这是古代冷兵器时代为将者必备的战场基本知识。战争都是在特定的客观环境中进行的，为将者要学会根据战场的地理条件进行排兵布阵、安营扎寨，学会趋利避害，借助地利之势掌握主动。

679年，东突厥首领阿史德温傅起兵反唐，唐高宗命大将军裴行俭率兵北上讨伐。一天，唐军进入突厥境内的单于都护府北界时，天色已晚，部队就地安营扎寨，当挖掘堑壕等四面布防已经完成后,裴行俭突然命令部队立即把营地转移到附近的高冈处。这一举动让官兵很是不理解,有的将领报告说:"官兵们现都已安顿就绪,不能再随意改变。"裴行俭却坚持命令部队移往高冈处,重新安营。到了深夜,突然电闪雷鸣、暴风雨来袭,唐军原本设营的地方,很快完全被淹没于洪水中,水深近四米。众将士眼看这种情景,无不惊叹侥幸,并因此询问裴仁俭如何预见必有大雨要来,裴仁俭只是笑着说:"从今以后你们只听我指挥就行了,不必问我是怎么知道的。"其实,裴仁俭正是按兵书上行军安营的要求,让部队及时移营到高处,避免了被洪水淹没的危险,确保了军队的安全。

我们知道,战争都是在一定的客观环境中展开的,《孙子兵法·地形篇》中曰:"夫地形者,兵之助也。料敌制胜,计险易远近,上将之道也。知此而用战者必胜,不知此而用战者必败。"所以,地形等自然条件是用兵的重要辅助条件,只有了解敌情,同时考察地形之险易、计算道路之远近,才能更好地完善作战计划。懂得使用这些方法指挥作战的将领,必然胜利,否则必败。

总之,战场选择、行军地形及安营环境都要慎重选择,为将者要根据高山、平原、沼泽、湖泊等各种自然条件,具体情况具体分析。简单来说,就是要选择有利于军队的安全和粮草供给、有利于观察敌情、有利于排兵布阵的地形条件,因地制宜,以营造出有利于己的作战态势,形成对敌的打击优势。

(五)行动休息,把握节奏

战机,是指适合用兵作战的有利时机。善于把握和利用战机是作战指导最重要的艺术之一。而战机稍纵即逝,为将者必须要准确、快速地判断并及时行动，才能抓住它。本篇提出"凡战，先则弊，后则慑"，认为在作战中，如果比敌人过早地采取行动，军队就容易疲惫倦怠，反而失去主动变为被动。反之，如果行动比敌人过晚，那么一开始就处于被动地位，士兵就容易产生恐惧畏战的心理。这就要求将帅要掌握军队对敌作战的反应能力和行动时机。

我们常说"先下手为强"，凡事都强调抢占先机最重要，在《孙子兵法·虚实篇》中也提到："凡先处战地而待敌者佚，后处战地而趋战者劳。"意思是先到达战场等待敌人的军队就比较安逸，后面到达战场仓促应战的军队就疲劳被动。因为先行抵达战场的军队能够休息充足，精力充沛，先抢占有利地势，可以安逸地等敌人来。而后面赶来的军队，行军劳累，有利的地理条件被对方先占了，又要马上投入战斗，军队状态处于下风。

但《司马法》却提出"先则弊"。而在《孙子兵法·军争篇》中又提出："后人发，先人至，此知迂直之计者也。"意思是，即便是比敌人行动有所滞后，但如果能够先到达要争夺的要地，懂得把不利条件变成有利条件，就掌握了迂直之计的方法。《司马法》却又说"后则慑"。《孙子兵法》和《司马法》中都提到了先和后的问题，关键在于一个"度"的问题，怎么把握好这个度呢？那就看能否做到"致人而不致于人"，也就是掌握主动权。

在前面讲到的秦国和赵国的阏与之战中，秦军先行围困了赵国的阏与，本来是处于以逸待劳的态势。但是赵奢采取了一系列操作迷惑秦军，作出畏惧秦军、无心救援阏与、仅求保住都城的消极姿态，后却率领赵军以迅雷不及掩耳的行动跃进至离阏与五十里处驻扎下来休整部队。这时秦军又希望在赵军立足未稳之时进攻赵军,于是急行五十里来战,按《孙子兵法·军争篇》中所讲的情况,如果急行军五十里去同敌人争利,一般只有半数人马能够按时到达,导致先头部队受挫。果然,这时候秦军人疲马乏,双方形势发生了转变,此时的赵军处于以逸待劳的优势状态,而且先行占领了北山的有利地形,变被动为主动,最终战胜秦军,阏与之围也随之解除。赵军将领赵奢也是凭借此战,一战封神。

古代军事家的智慧在阏与之战表现得淋漓尽致、炉火纯青。此战的精妙之处在于,通过超出常规的行动来调动对方,从而打破了双方的原本状态。所以,采取行动的早晚没有定论,不是越早越好,更不是越晚越好,一定要根据具体情况灵活指挥,不论行动早晚,以掌握主动为目的,使敌来就我,而我不必就敌。

古代打仗是"擂鼓进军",听到鼓声大军就要发起冲锋了,选择什么时机击鼓是非常讲究技巧的,明朝刘伯温曾说过:"鼓能作士卒之气,则不可太频,太频则气易衰;不可太远,太远则力易竭。须度敌人之至六七十步之内,乃可以鼓。彼衰我盛,败之必矣。"这句话就讲了击鼓的时机,鼓声的确能够振奋士气,但不能太频繁,太频繁了则容易使士气衰落;不能在部队距离敌人还太远时击鼓,距离太远等士兵们冲锋过去,力气已耗尽,作战就会吃亏。必须估计在距敌六七十步远时,才可击鼓,命令士兵进行冲锋。同时,击鼓的时机就要选在敌人士气衰落、我军士气旺盛的时候,在这时候冲锋,打败敌人是必然的。

前面讲了"一鼓作气"的战例,在齐军先发起进攻的情况下,鲁军并不急于反击,而是固守阵地,等待时机。鲁军等到齐军第三次击鼓，看到齐军的士气已显出疲惫之态，锐气也被消耗掉了，在"彼竭我盈"之时，果断进攻，大胜齐军。在这个过程中，鲁军就是巧妙运用了先发和后发的时机问题，把齐军的最佳状态转化成"先则弊"，自己则是选择最佳的时机进行反击，最终取得胜利。所以，先和后的并不是绝对的，是可以相互转化的，在瞬息万变的战场上要准确把握行动的时机才是关键。

另外，什么时候休息，休息时间的长短也关系到战争的胜负，本篇提出，"息则怠，不息亦弊，息久亦反其蹶"，如果总想着休整，士兵就容易懈怠。如果总是不休整，士兵也会疲惫。但休整时间过久，士兵反而会产生怯战心理。因此，战场上军队休整的时机和时长也要恰到好处，由此可见把握时机的难度之大，这更加反映了当时作战指挥思想的精湛程度之高。

历史上，杨坚在称帝前，被北周武帝宇文邕封为"隋国公"，在朝中不断培养自身势力，逐渐控制了北周的朝政，引起尉迟迥等北周老臣的不满，后来尉迟迥起兵反抗杨坚，双方在河南商丘展开大战。杨坚派于仲文为大将一路奔袭到达前线，这时人困马乏，而尉迟迥军队占有优势。所以，此时于仲文的部将建议军队先休整再战，曰："军自远来，士马疲敝，不可决胜。"但是，于仲文却下令三军立即吃饭，饭后马上列阵开战，最终打败了对手。

战后，部将请教于仲文："此前我军疲劳，按理不可与敌交战，最后竟然获得胜利，这是用的什么计策呢？"于仲文笑着说："我所率领的将士基本都来自华山以东的地区，他们善于速战速决，不适合打持久战，所以，要快速乘势进军，才能够一举制胜。"诸将听罢，都心服口服。在这场战役中，于仲文的决策明显违反了"以逸待劳"的传统用兵原则,按常理讲,军队疲惫很容易被敌人打败,而于仲文能够独具慧眼,根据士兵的作战特点采取正确的策略,打了对手一个措手不及,取得了战争的胜利。

战场局势千变万化,往往牵一发而动全身,胜败有时会因为一个看似细枝末节的改变而决定最后的结局。军队如何进行休整是作战需要重视的一个方面。为将者必须要根据战场实际情况,准确把握住战机,机动灵活地指挥作战,这对于战争的胜负至关重要。

(六)稳固军心,提高战力

对于如何保证军队高昂的士气,提高战斗力的问题上,本篇提出三个具体方法,"书亲绝,是谓绝顾之虑。选良次兵,是谓益人之强。弃任节食,是谓开人之意"。

一是"书亲绝",就是部队开拔后,严禁士兵给亲人写信。多数人会觉得这样做很是不通情理。但这其实是从作战的实际需要考虑的,意为断绝士兵们的后顾之忧,以稳定军心。士兵们长期在外作战,想念自己的家乡和亲人们是人之常情。但战争是残酷的,如果战败,全军战死覆灭,更有甚者国破家亡。为将者要为士兵的生命负责,更要为国家和人民负责。大战前夕,之所以断绝士兵与家人的书信往来,是为了全军能够专心上阵杀敌,否则,情有所牵便容易引起军心涣散,战斗力发挥会受到严重影响,甚至导致作战失败。

219年,东吴大将吕蒙趁关羽北上攻打魏国之际,率军占领了荆州的两个重镇。在攻占江陵后,吕蒙还俘虏了关羽及其麾下将士的家属。据《三国志》中记载:"蒙入据城,尽得羽及将士家属,皆抚慰,约令军中不得干历人家,有所求取……蒙旦暮使亲近存恤耆老,问所不足,疾病者给医药,饥寒者赐衣粮"。吕蒙没有为难将士们的家属,反而是厚待他们,命令吴军不得骚扰人家,抢夺东西。同时,严明军纪,封存府库,不许士兵骚扰百姓。

关羽知道江陵失守后,急忙撤军返回,途中多次谴责吕蒙背信弃义。关羽的使者到江陵后,吕蒙亲自出城迎接,以贵宾相待,而且让使者到蜀军将士们的家中慰问,将士家属则纷纷让使者替他们带回书信,告知家人无恙。使者把书信带回关羽军中,将士们看到书信,得知家人不但平安无事,而且所受到的优待超过了以往,战斗士气全无,甚至很多官兵直接逃走。等到关羽和吕蒙的部队交战之日,吕蒙把城中蜀汉将士的家人都叫到战场上喊话,一时间,漫山遍野都是呼兄唤弟、寻父寻子的呼喊声。如此一来,关羽部队的将士们都循声而去,哪还有作战的心情,最后自是军心涣散,不战自溃。关羽也自知无力收复江陵,败走麦城,最终被俘身亡。

在这个战例中,吕蒙击败关羽靠的就是攻心之法,原本在兵力对比上,吕蒙并不占优势,但通过攻心策略瓦解了关羽军队的士气,尤其是书信的往来,是吕蒙实施心理战的关键环节,以此削弱蜀军的战斗力,而关羽缺乏对士兵心理动态的重视和掌握,加速了他的失败。

在《史记·司马穰苴列传》中,著名将领司马穰苴说:"将受命之日则忘其家,监军约束则忘其亲,援枹鼓之急则忘其身。"即从接受命令的那一刻起,就应当忘掉自己的小家庭;来到军队宣布规定号令后,就应当忘掉亲人朋友;当擂鼓进军、战况紧急的时刻,就应当忘掉自己的生命。这里强调的"忘家""忘亲""忘身"——"三忘"的精神揭示了军人在出征作战中要达到忘掉小家、以国为大的境界。只有时刻牢记战争的"大义",才能在战场上不怕牺牲、勇往直前。

二是要"选良次兵",即选拔出勇敢善战的优秀将士,配以精良的兵器,组成精锐部队或者突击部队,这样可以极大地提高军队的战斗力。在《孙膑兵法》中有这样一段对话,威王曰:"地平卒齐,合而北者,何也?"孙膑曰:"其阵无锋也。"齐威王问孙膑,两军对战,战场条件和双方人数都基本持平,为什么一方还会被打败呢?孙膑回答说,失败的一方是因为没有选出精锐部队作战。所以,用兵一定要"选锋",就是要把最精锐的士兵挑选出来,组成突击部队,像一把尖刀,给敌人致命一击。没有"选锋"的军队,就是没有兵锋的军队。在军队中,士兵的身体素质、能力水平各不相同,如果都混在一起编制,那么勇猛的士兵得不到应有的重视与使用,战斗力无法充分发挥出来;能力弱的士兵积极性往往也不强。所以,孙子曾说,兵无选锋就会失败。优秀的部队都会有精锐力量,在打仗时作为先锋队、突击队等,这就是兵锋。

在《诗经·小雅·六月》中有一句是,"元戎十乘,以先启行。"这里的元戎指大的战车,从这句诗中可以看出,西周时期军队"选锋"已经出现。自古历代建军都非常重视"选锋"军的组建,对其也都有专门的命名。如春秋时晋国称"前行",秦国称"锐士""陷阵",战国时齐国称"技击",魏国称"武卒",唐朝时称"战锋""跳荡"等。

秦国之所以能横扫六国,完成大一统,关键因素之一就是大秦帝国军队的强大战斗力。而大秦虎狼之师中的精锐——铁鹰锐士,就是一支精中选精的兵锋队伍。据称,秦国名将司马错创立了铁鹰锐士，他要求下马步战以超越魏武卒为准，上马骑战以超越赵齐骑士与匈奴胡骑为准。具体选拔方法极为苛刻：首先是体魄，在吴起当年训练魏武卒"手执一支长矛、身背二十支长箭与一张铁胎硬弓、同时携带三天军粮，连续疾行一百里，能立即投入激战"的基础上，又增添了全副甲胄、一口阔身短剑、一把精铁匕首与一面牛皮盾牌，总负重约在八十余斤。通过了这关，才能进入步战、骑战等各种较武关，步战较武要在步军中名列前茅，骑战较武要在骑兵中名列前茅方可过关。之后，还要通过各种阵式结阵而战的阵战关以及各种兵器使用的较武关。据说，"十万秦卒出三千锐士"，秦国新军二十万，按上述标准选出的"铁鹰锐士"只有一千六百人。《荀子》对秦国军事实力有过高度的评价："齐之技击不可以遇魏氏之武卒，魏氏之武卒不可以遇秦之锐士"。

随着战争规模的不断扩大，战争样式的日趋复杂，作战的专业性越来越强，战争的胜负不仅仅取决于兵力投入的多少。历代战争实践也证明，军队人数虽多，但如果兵员素质差，也将无法取胜。那么，在组建军队进行招募士兵时，就要注意士兵的来源和素质，不是什么人都可以入选的，在通过一段时间的训练之后，再次遴选出体质和武艺等各方面素质的优异者，才能组建"选锋"队伍。明代于谦说："御侮之道，莫先于练兵，练兵之要，必分其强弱。故兵法曰：'兵无选锋曰北'又曰'兵以治为胜'，百万之众不用命，不如万人之斗；万人之众不用命，不如百人之奋，此言兵不贵多，贵乎精；多而不精，莫若少而精。"所以，军队并不绝对是人越多越好，而是讲究"精"，即拥有强大战斗力的军队才是最好。没有战斗力的军队，即使人数众多，上了战场也是一败涂地。

以宋代为例，实行冗兵政策，尽管兵多但战斗力低下，导致北宋在与少数民族政权的作战中频频失利。反之，军队的人数虽少，但如果都是经过挑选的精锐力量，军事素质高，战斗力强，战法运用得当，打仗则能够以少胜多，威震天下。《吴子·图国》中就说过："昔齐桓募士五万，以霸诸侯；晋文召为前行四万，以获其志；秦缪置陷陈三万，以服邻敌。"因此，精锐的兵锋部队是战争胜利的关键力量。

产生于冷兵器时代的"选锋"理论，在已经发展到高技术战争的今天依旧具有其价值和意义呢？尽管古今的战争样式已有天壤之别，科技已成为现代战争战斗力的主要组成部分，但是战争的基本作战原则和击败对手的作战目的没有变。如何有效地突破敌方体系，找到敌之要害并给予决定性的打击，仍是作战中的关键。

目前，世界上很多国家都非常重视特种部队、快反部队的建设，可以说这就是现代版的"选锋"。"选锋"的理论意义则在于提供了利用有效的冲击手段打破敌人整体战场系统的思路。如今信息化战争成为主要战争形态和作战样式，如何在多维立体战场上实现强点突破，从而夺取战场优势，是当前"选锋"部队面临的巨大考验。

三是要"弃任节食"，就是要士兵丢弃笨重的辎重，少带粮食，这是告诫官兵此次决战非生即死，激励他们要英勇杀敌、拼死一战。所谓"弃任"，指丢弃随身携带的衣服等生活必需品之类的辎重物品；"节食"指节制食物，仅带必需的口粮，没有多余的粮食。通过断绝后勤供应来激励将士敢打硬拼、冲锋陷阵，这种做法被历史上许多将帅所采用，例如我们都熟悉的成语"破釜沉舟"就是由一个著名战例而来。

秦末暴政，出现天下反秦的形势，秦王朝统治者调动军队进行镇压。公元前208年，秦将章邯率军包围了赵国钜鹿，并构筑甬道（两侧有土墙的通道），作为后勤供应路径，企图长期围困钜鹿，困死赵军，彻底平定赵地。当时，各路援军虽已抵达钜鹿附近，但畏惧秦军的强大，互相观望，谁也不敢出战，只有项羽下决心挥师渡河与秦军决战。率军抵漳水南岸后，项羽先派英布、蒲将军率二万精兵为前锋渡过漳水，切断秦军运粮的甬道，使秦军陷入缺粮的困境。接着，项羽亲自率领楚军主力渡河跟进，并下令全军凿沉船只，毁坏炊具，并规定每人只带三天口粮，以显示全军上下与秦军誓死战斗、决不后退的决心。这就是成语"破釜沉舟"的由来。楚军上下面临绝境，主帅身先士卒，全军士气大振，奋勇死战，无不一以当十，大败秦军。

在其他著名兵书中，也有类似的论述。如《孙子兵法·九地篇》中提到"登高而去梯""焚舟破斧"的作战方式，《孙膑兵法·延气篇》中强调在与敌人决战时，"令军人，人为三日粮……国使勿来，所以断气也"。

然而值得注意的是，用兵一定要灵活，切不可随便生搬硬套。"弃任节食"的使用一定要符合条件，否则难以奏效。这里也举一个从战争中来的成语——"灭此朝食"，其典故来自春秋时期的一个战例。据《左传·成公二年》中记载，齐国的国君齐顷公率军进攻鲁国和卫国，两国向晋国求援，晋景公派兵相助，晋军和鲁卫联军与齐军列阵对战。面对三个国家组成的强大联军，齐顷公却不把他们放在眼里，双方约定：翌日清晨决战。在会战前，齐顷公对将士们说："余姑翦灭此而朝食"，意思是，我们歼灭了敌人再回来吃早饭，他却连身上的盔甲都不披，就冲出作战。结果齐军却吃了大败仗，骄傲的齐顷公险些被俘。

"灭此朝食"这个成语的原意是先把敌人消灭掉再吃早饭，用以形容急于消灭敌人的心情或气概，但在这一场战争中，完全没有达到预想的效果。由此可见，"弃任节食"虽然能够在某些情况下激励士气，但必须要考虑因势制宜、使用得当的问题，不是说只要有此壮举，就一定能达到士兵拼死作战的"开人之意"，这样简单使用就成了纸上谈兵，后果将不堪设想。

附录

史记·司马穰苴列传

司马穰苴者，田完之苗裔也。齐景公时，晋伐阿、甄，而燕侵河上，齐师败绩。景公患之。晏婴乃荐田穰苴曰："穰苴虽田氏庶孽，然其人文能附众，武能威敌，愿君试之。"景公召穰苴，与语兵事，大说之，以为将军，将兵扞燕晋之师。穰苴曰："臣素卑贱，君擢之闾伍之中，加之大夫之上，士卒未附，百姓不信，人微权轻，愿得君之宠臣，国之所尊，以监军，乃可。"于是景公许之，使庄贾往。

穰苴既辞，与庄贾约曰："旦日日中会于军门。"穰苴先驰至军，立表下漏，待贾。贾素骄贵，以为将己之军而己为监，不甚急；亲戚左右送之，留饮。日中而贾不至。穰苴则仆表决漏，入，行军勒兵，申明约束。约束既定，夕时，庄贾乃至。穰苴曰："何后期为？"贾谢曰："不佞大夫亲戚送之，故留。"穰苴曰："将受命之日则忘其家，临军约束则忘其亲，援枹鼓之急则忘其身。今敌国深侵，邦内骚动，士卒暴露于境，君寝不安席，食不甘味，百姓之命皆悬于君，何谓相送乎！"召军正问曰："军法期而后至者云何？"对曰："当斩。"庄贾惧，使人驰报景公，请救。既往，未及反，于是遂斩庄贾以徇三军。三军之士皆振栗。久之，景公遣使者持节赦贾，驰入军中。穰苴曰："将在军，君令有所不受。"问军正曰："驰三军法何？"正曰："当斩。"使者大惧。穰苴曰："君之使不可杀之。"乃斩其仆、车之左驸、马之左骖，以徇三军。遣使者还报，然后行。

士卒次舍井灶饮食问疾医药，身自拊循之。悉取将军之资粮享士卒，身与士卒平分粮食，最比其羸弱者。三日而后勒兵。病者皆求行，争奋出为之赴战。晋师闻之，为罢去。燕师闻之，度水而解。于是追击之，遂取所亡封内故境而引兵归。未至国，释兵旅，解约束，誓盟而后入邑。景公与诸大夫郊迎，劳师成礼，然后反归寝。既见穰苴，尊为大司马。田氏日以益尊于齐。

已而大夫鲍氏、高、国之属害之，谮于景公。景公退穰苴，苴发疾而死。田乞、田豹之徒由此怨高、国等。其后及田常杀简公，尽灭高子、国子之族。至常曾孙和，因自立为齐威王，用兵行威，大放穰苴之法，而诸侯朝齐。齐威王使大夫追论古者《司马兵法》，而附穰苴于其中，因号曰《司马穰苴兵法》。

太史公曰：余读《司马兵法》，闳廓深远，虽三代征伐，未能竟其义，如其文也，亦少褒矣。若夫穰苴，区区为小国行师，何暇及《司马兵法》之揖让乎？世既多《司马兵法》，以故不论，著穰苴之列传焉。

[译文]

司马穰苴,是齐国田完的后代。齐景公在位时,晋国攻打齐国的东阿、甄城两地,而且燕国也趁机侵犯河上地区,齐军惨败。齐景公对此感到非常担心。宰相晏婴于是向齐景公举荐了田穰苴,说:"穰苴虽然是田氏的庶子,但是他在政治上能令众人归附,在军事上能够慑服敌人,请您试用这个人吧。"齐景公就召见田穰苴,和他讨论了一些军事方面的事情之后非常满意,于是就任命穰苴为将军,命他统领军队抵御燕国和晋国的军队。田穰苴说:"我一向身份低微卑贱,大王您把我从平民中提拔为将军,置于大夫之上,士卒们还不能亲附我,百姓还没有真正信任我。人的资望轻微,权威还树立不起来,所以我想请您派一位受到大王您的信任,同时也受到国人尊敬的大臣来做监军,这样我就可以承担起统帅军队的重任。"齐景公应允了他的请求,并派宠臣庄贾担任监军。

穰苴向齐景公辞行后,和庄贾立下了约定,说:"明天中午在军营门前见面。"第二天,穰苴提前赶到军营,并且立下了木表、漏壶,等待庄贾。庄贾一向都很骄傲,地位又很显要,他觉得既然是统率自己的军队,而且自己还是监军,就用不着太着急;亲戚和身边的朋友都为他喝酒饯行。到了中午,庄贾还没有到。穰苴于是推倒木表,打破漏壶,进了军营,开始巡视营地,整顿士兵,宣布各种规章号令。等部署完毕后,已是傍晚时分，庄贾这才赶到军营。穰苴说："为什么约定好时间还迟到呢？"庄贾表示歉意解释说："有亲戚和朋友来送行，所以耽搁了一段时间。"穰苴说："军队的统帅从接到命令的那天开始，就应该忘掉自己的家庭；来到军队，接受军纪的管束，就应该忘掉自己的亲人和朋友；在擂动战鼓战况危急的关头，就应该忘掉自己的生命。现在敌人已经深入我国境内，国家内部骚乱动荡，士卒们风餐露宿在边境地区，国君睡不安稳，吃不香甜，所有人的性命都维系在您的身上，还谈什么送行呢！"穰苴叫来军中的执法官，问他说："按照军法，对于已经约定好的时间，但却延误迟到的人，该如何处罚？"执法官回答道："应当问斩。"庄贾非常害怕，赶紧派人骑着快马上报齐景公，请求救他一命。庄贾派出的人走了以后，还没有等到他回来，穰苴就将庄贾斩首，并提着他的脑袋巡行三军。全军将士都战栗不已。过了一段时间后，齐景公派遣使者手拿符节来到军中赦免庄贾，使者乘车直接驶入军营。穰苴说："将帅在军营中，对于国君的命令可以不必完全听从。"穰苴问军中的执法官："驾车直闯军营，按军法如何处置？"执法官说："应当斩首。"使者闻言大为惊恐。穰苴说："大王派来的使者不能杀。"于是就斩了使者的仆人，砍断了马车左边的夹车木，杀掉了左边驾车的马，并向三军巡行示众。穰苴让使者回报齐景公之后，自己就率领军队出发了。

士卒们住宿的营帐、掘井、立灶、饮水、饮食、就医、服药等各项事务，穰苴都会亲自过问并抚慰他们。把将军专用的资财和粮食全部拿出来，用于款待士卒，而他自己就和士兵一样，平均分配粮食，把身体瘦弱的士兵单列出来，对他们进行特别照顾。三天后便整训军队，准备出战时，连那些生病的士兵都请求跟随大军同行，奋勇争先地为他出战。晋国军队听说后，就撤兵离开了齐国。燕国军队听说后，也向北渡过黄河放弃攻齐的计划。穰苴率领军队追击敌军，一举收复了境内所有失陷的领土，恢复原来的边境后率军凯旋。齐国军队没有到达国都，穰苴就解除战备，取消战时规定，宣誓立盟之后才进入都城。齐景公率领诸位大夫来到郊外迎接，慰问犒劳军队的礼仪结束之后，齐景公才回到寝宫。齐景公召见穰苴，提拔他为大司马。田氏家族的地位也因为穰苴日益尊贵。

后来，大夫鲍氏、高氏、国氏等人设计陷害穰苴，在齐景公跟前说穰苴的坏话。齐景公因而罢免了穰苴的官职，不久穰苴发病而死。田乞、田豹这些田氏族人因此憎恨高氏、国氏等人。后来，田常杀死齐简公，把高氏、国氏两个家族全部诛灭。到田常的曾孙田和这一辈时，便自立为齐国国君，其孙为齐威王，依靠军事手段威慑诸侯，处处效仿穰苴的用兵原则和方法，各诸侯国都来朝见齐国，以示归附。齐威王让大夫们研究、讨论和整理古代流传下来的《司马兵法》，而且把司马穰苴的兵法思想也附在里面，因此定名为《司马穰苴兵法》。

太史公说：我读《司马兵法》，感到这本书博大精深，主旨深远，即使是夏、商、周三代的战争，也不能完全发挥出它所阐明的道理，像现在把《司马穰苴兵法》那样的文章，附在里面显得稍微有些褒奖了。至于司马穰苴，只不过是一个诸侯国的将军，哪里能与《司马兵法》相提并论呢？世上既然有很多《司马兵法》，因此我也就不再发表评论，就写了这篇司马穰苴的列传。